宋學探微（上冊）

林繼平◉著

蘭臺出版社

本書撰述大意

我治中國哲學路徑極爲曲折艱難，早年從馮友蘭哲學入門，研尋經年，了無所得。既而，轉向錢穆之理學與史學，用功甚勤。於其理學諸著，潛心鑽研，卻發現種種難題，似爲錢氏所未釋然者。於是折入禪宗，致力禪理之探索，不無會心，又旁及華嚴，因通其哲理。由於偶一機緣，得玩索清初「關中大儒」李二曲（名顒）諸書，始能解悟理學之奧義與玄旨。自是復讀陽明、白沙、象山全集，心領神會，明其底蘊。昔日所遇種種難題，皆可迎刃而解。於是由陸王會通程朱，並及濂溪、康節、橫渠之學，了無滯礙。同時，又由理學、禪學、華嚴、天台、上溯老莊，別有會心。然後回歸孔孟，才明悉理學與先秦儒學之歧異。如是輾轉曲折、衝破重重難關，其奔逸絕塵之詣境，已非馮錢二先生之學所能羈勒矣。

經此艱難困境後，始洞知中國哲學思想之核心，確爲儒（主要指理學）、道、釋三家思想之形上光明靈知之本體，多爲時賢所未見及者。成聖、成仙、成佛，皆必以此爲根荄。而宋明儒之內聖學，即由此鑄成。再融合先秦儒濟世之學，又鑄成宋明儒之外王學。而理學家所標立的「內聖外王之道」，似不踰越此一範疇。研尋至此，中國思想之真相，或可豁然脱出，中國思想之偉大價值，亦可展示於吾人之前。如言中國人文真理究爲何物？亦可由此獲得具體解答。再與西方思想比較對觀，非但中西思想分途，判然若別；進而更可洞察西方思想確以自然真理（科學真理）見長。中國思想又以人文真理（人生真理）爲優。就其價值衡評，中國思想絕不多讓。至此，確信中西思各有其輝煌成就，真可東西相互輝映而媲美。而中國思想發展之路向，及中國文化廿一世紀對世界文化之影響，亦不無端倪可尋。自念畢生學力薈萃於茲，故顏曰《宋學探微》（《明學探微》早已出版）。如以西化眼光來看本書，那就格格不入了。

作者簡介

林繼平教授

四川遂寧人，一九二二年生

國立四川大學中文系畢業

前台灣東吳大學哲學系教授

現任陝西師範大學中國思想文化研究所講座教授

著作有：㈠《李二曲研究》，台灣商務印書館出版，曾獲中山學術著作獎及中正文化獎。再版，商務已印行。㈡《陸象山研究》，台灣商務印書館出版，曾獲菲華獎。㈢《明學探微》，台灣商務版。㈣《孔孟老莊與文化大國》，台灣商務版。㈤《文史哲論集》，台灣書店出版。㈥《我的治學心路歷程》十二講，蘭臺出版社印行。㈦《宋學探微》，蘭臺出版社印行。㈧《王學探微十講》，蘭臺出版社印行。㈨《禪學探微十講》和㈩《中國哲學思想論集與中華文化出路》等（均待陸續出版）多種。

上冊目次

敘言

本書首篇〈對宋明理學的新認識〉，特別强調理學思想的核心概念，即形而上的光明本體，與時賢所見，多不相同。並非本書作者故意標新立異，獨樹一幟，而是經歷一段極艱苦的過程後，才獲得如此認知，如此堅信不移。縱然不是敝帚自珍，的的確確，也來之不易啊！

猶記對日抗戰期間，正統派哲學家馮友蘭先生的著作，風靡一時，青年人爲之傾倒。他的大著《中國哲學史》（民國廿五年上海商務版），更覺興趣盎然。儘管好多地方讀不懂，但也耐心讀下去。馮氏導我入哲學之門，不無啓迪之功。

後來引我進理學之門的，則是錢賓四（穆）先生。我以追求真理的精神，細讀錢氏有關著作，反復再三，不無所得，以爲「道在是矣。」然而復按宋明儒原書，卻問題種種，疑難重重，真有不知所云之感。讀不懂，莫奈何！心灰意冷，苦悶已極。因偶一機緣，折入禪宗，從事禪理的悟解，且亦著重禪修的工夫。也許由於宿慧外顯，解悟禪理，沛然無礙。由此通往華嚴，深覺心應手。於是返回理學門徑，復因偶一機緣，覓得清儒《李二曲全集》一部，悉心研閱，如獲至寶。尤其二曲「見道」時情景，敘述得最爲醒豁明朗，文筆生動，文詞典雅，更令人流連忘返。全集讀畢，有如大夢初醒。如何「見道」？至此，了悟於心，不復疑慮。最可貴的，莫過於由「見道」，而「虛明寂定」，而「經綸參贊」，最後臻於「無聲無臭」之妙境，皆能一一刻繪出來。二曲自述其成學經歷，特別清楚明白，而且把理學中的秘奧，全盤傾出。毫無保留。如說：「吐人不敢吐之隱，洩人不敢洩之秘」，在宋、元、明、清四代中，二曲可算第一人。

從此衝破重重難關後，再讀《陽明集》，《象山集》，甚覺了無滯礙，昔日種種疑團，由是冰消瓦解。形上光明本體究爲何物？我也徹底明白了。由理學可通禪宗、華嚴、上溯老莊，別有會心。此時，再作中西思想比較對觀，其間差異，判若天壤。作者所見與時賢不同，即由此而來。這一大段曲折艱苦的過程，至今仍覺回味無窮。

我老矣！自念畢生歲月，均在學問中渡過。深信昔年所著《李二曲研究》、《陸象山研究》二書（均台灣商務版），即可打開理學之門。既解陸王，必通程朱，而理學中的核心概念，即靈光照耀的形上本體，亦可展露於世人之前。

前在東吳大學哲學系講《宋明理學》，其中明學部份，十餘年前，即承「商務」出版，惟宋元部份，因故遲遲未能成書。今去西安，赴陝師大中研所講學之前，能續成此書，我也深感忻慰了。

99・7・11林繼平序於台北無用齋

壹・對宋明理學的新認識

提綱

一、宋明理學命名之繁多及其由來
二、宋明理學中的核心概念
三、從宋明理學觀點看代人生—核心概念的偉大功能之一
四、從宋明理學觀點看現代知識領域
五、研究方法的探討與選擇
六、宋明理學思想的來源
七、結論

一、宋明理學命名之繁多及其由來

我們今天講宋明理學，如果沒有深入研究，單就名稱一項來說，深深感覺命名繁多，令

人迷惘，不知困煞了多少人。現在把它歸納起來，分爲宋明時代的名稱和近代的名稱。茲先說前者。

在宋明時代，理學的開山祖師，當然是周濂溪，但與周濂溪同一時代的邵康節，論名望，他多與當時名公巨卿遊，可能他的名望還在周濂溪之上，爲何宋明理學家甚至近代講理學的先生們，多半推尊濂溪爲理學的鼻祖而疏遠邵康節呢？唯一的理由是，周濂溪是理學的正統，邵康節則是理學的別派。爲何如此畫分呢？因爲周濂溪是繼承聖學的正統，如云：「誠、神、幾爲聖人。」（《通書》）他的《太極圖說》，又把《易傳》的「太極」觀念推演爲理學家的宇宙論及人生觀。很明顯的，他是屬於王弼釋《周易》的義理派。這一派解釋的玄理，又爲大多數理學家所攝取，故宋明理學家就公認周濂溪爲理學的開山祖師了。反過來看邵康節呢？他的皇皇鉅著《皇極經世》一書，實爲承襲《周易》象數一派的巨大發展，可遠溯自西漢的「京房之學」，我們從《漢書·儒林傳》中不難找出脈絡來。邵康節走象數派路線，主要又把曆書扯在一起，固然是他個人的匠心獨運，才完成了他的得意之作。其價值如何？黃梨洲有很恰當的批評，如說：「康節之爲此書，其意總括古今之歷學，盡歸於《易》；奈《易》之於歷，本不相通，硬相牽合，所以其說愈煩，其法愈巧，終成一部鶻突歷書，而不可用也。」（見《宋元學案卷十·百源學案下》附梨洲〈皇極經世論〉）

我們撇開《皇極經世》不論，如仔細玩味邵康節的〈觀物內篇〉〈觀物外篇〉和《擊壤集》等書，情況就全然不同了。康節所謂觀物，實際注重觀心；觀心是走天台宗的路線，融會「一心三觀」的哲理，其所採用的基本工夫或方法，就是天台宗的《止觀法門》。當他工夫精湛時，的的確確見到了一個形而上的靈光四射的本體，這就是「心」，「心爲太極」。因此，他特別强調他所鑽研的這套學問叫做「先天之學」，故云：「先天之學，心也。」而先天一詞，即成了這個形上靈光本體的代號。太極、先天等，又來《易傳》，主要目的在闡發「千載不傳之秘」，這與周濂溪的思想就没有多差別了。

我們如不從這方面去深入探討，單就康節、濂溪各名其所學言，已經夠厭煩了。如把以後各家各派加在一起，更是問題多多，真困煞人也。

㈠宋明時代的名稱

1. **先天之學**：已如前說，邵康節定名爲「先天之學」。他說：「先天之學，心也；後天之學，迹也。」很明顯的，邵康節把整個學問系統畫分爲「先天之學」與「後天之學」兩大類。先天之學，即形而上學；後天之學，即形而下學。這樣換個名稱，不就醒目了麼？形下學易知，形上學難明。康節何以稱之爲先天呢？當然，取名來源於《易傳》。《易傳》說：「先天而天弗違，後天而奉天時。」這兩句話，《易傳》作者的本意如何，我們不去管它，現在要緊的是，康節何以稱之爲「先天」呢？這就緊密關連著前述形上靈光四射的本體了。

因爲這個本體是人人具足的，是本來就有，與後天形下學的經驗知識，了無關涉，只要工夫到家，這個靈光四射的本體就顯現出來了。康節所以命之爲「先天」，理由在此。

2. **聖人之學**：前述周濂溪《通書》說：「誠、神、幾爲聖人。」顯然，周濂溪是以學聖人自命的。既然以學聖人自命，稱之爲「聖學」，自無不可。的確，以後理學家們的共同認識，無不以聖學自命，無不以學聖人自期。然而這套聖人之學與先秦儒家孔孟相比，就有絕大的不同。何以說呢？《孟子》記述子貢說：「仁且智，夫子既聖矣。」是知仁智兼具，才是聖人的標準；而孟子卻自出心裁，認定：「聖人者，人倫之至者也。」孔孟對聖人標準的認定顯然不同。無論仁智兼具或盡人倫，都是很難做到的，所以周濂溪、邵康節以及其他理家們就把這個聖人標準作了徹底的改變。簡言之，只要我們能證悟到這個形上靈光四射的形上本體，就是聖人了。嚴格地說，這只是作聖人的起步。而此形上靈光四射的本體，又是先天的、人人具足的，所以人人都有作聖人的可能。豈不對孔孟的聖人觀作了大幅度的修正與長足的進展？

3. **道學**：周濂溪的大弟子程明道特別把這套高深學問，稱之爲「道學」。爲什麼？道學者，傳道之學也。傳什麼道？傳聖人之道也。然而聖人之道爲何？明道答曰：「先聖後聖，若合符節。非傳聖人之道，傳聖人之心也。非傳聖人之心也，傳己之心也。己之心，無異聖人之心，廣大無垠，萬善皆備；欲傳聖人之道，擴充此心焉耳。」（見《宋元學案卷十三明道學事上·語錄》）此處，明道把道學的意義詮釋得最爲精闢。所謂道學，即是傳聖人之道的學問；嚴格講，不是傳聖人之道，而是傳聖人之心；再推進一層說，也不是傳聖人之心，而是傳我們自己的心。何以故？因爲我們自己的心和聖人的心一樣一樣，只須工夫到家，這個形上光明本體無邊無際，自然「廣大無垠」；而又是道德的根源，自然「萬善皆備」，這就是儒與道、釋之不同了。理學家的區分是如此，竟究該怎麼樣？還有商榷餘地。況且儒、道、釋三家都以講道、修道爲共同的目標，如逕名之爲道學，也就容易混淆了。

4. **理學：**陸象山有鑑於此，他不採用道學的名稱，他自創一嶄新的名詞，叫做「理學」，如〈敬齋記〉說「國朝理學……」云云，便是。惜乎他亦不常講，似乎只此一處。然而象山何以稱之爲理學呢？他在《象山語錄》中不是常講「此理充塞宇宙」這一類令人難以捉摸的話嗎？而他所以命名爲理學，其基本取義在此。他的名句：「宇宙即是吾心，吾心便是宇宙。」照理講，他應該命名爲心學才對，何以要稱爲理學呢？這就牽涉到理學整體結構的問題了。這個「理」字是有很大學問的，惜乎近人都把它忽略了。如就象山自己說，它應包括「天理、人理、事理與物理」四大範疇之理則。天理雖源於〈樂記〉：「不能反躬，天理滅矣。」一語，但其廣大無邊之內涵，恐非〈樂記〉此語所能概括。我們如追本溯源，應與華嚴宗之「理法界」（本體界）有緊密關連。因爲當此形上靈光本體盡情展露時，確可朗照乾坤，充塞宇宙也。這是象山「此理充塞宇宙」一語的確話。明乎此，他的名句：「宇宙即是吾心」云云，就不難理解了。這是宋明理學的根本義，也是這個理字在理中的根本義。如不索解至此，整個理學的義理，就無法通透，如要求其脈絡貫通、條理分明，那就難乎其難了。其次是人理，乃指人倫綱常之理，由形而上的本體界落實到形而下的現實人生社會的人群相處之道，正是先秦儒家思想討論的重心。又次是事理，是指處理實際事務、事情、事件、事態、事體等等所謂世事，又極富於活動變化之規律，也是先秦儒家思想所面臨的、所要解決的諸多複雜問題。最後說到物理，擴張解釋，事物的基本法則以及事物與事物間的關係法則，如今天自然科學所探討的對象者。古今研究的深度和廣度縱然有霄壤之別，但是物理意涵，應該古今無殊。此天、人、事、物之理包括四大思想領域，才是理學的全部內涵；而陸象山所以名之爲理學者，應是這一意義。象山本人的思想領域，學問境界，亦必在此一意義界定之下，才可全部包括進去。

5.**心學**：樹立心學的大纛者，是王陽明。他在〈尊經閣記〉中高唱道：「聖人之學，心學也。」有明一代，我們可以說都是王學的勢力，尤其明代中葉以後，陽明弟子遍天下，無不講良知之學者。然而陽明何以强調聖人之學爲心學呢？這就與程朱之學，尤其朱子學緊密關連了。自元代朱子學定爲官學後，入仕途者，必讀朱子《四書集註》以獵取功名，朱子學一躍而顯學、官學，固然是朱子學的幸運；然而其流弊所及，朱子學竟成爲士人們獵取功名富貴的有利工具。如此惡質發展，愈演愈烈，到了明代更甚。所謂「彼一亦述朱，此一亦述朱」（陽明語），在此情況下，似乎朱學勢力遍天下；實則，這些唱朱學的大人先生們，絕大多數未必真懂朱學，只不過藉朱學作爲終南捷徑，造就一批大小官僚而已。陽明有鑒於此，才作徹底的「心靈改革」，所以才唱「聖人之學，心學也。」自然，這僅是外在的因素，至於內在的因素—良知哲學之形成及其曲折艱難過程，這裡，我就不便贅述了。真是扶得東來西又倒，王學演變至明末流爲狂禪或空疏之學，這又非陽明始料所及。

6. **心性學：**宋明理學家無不談心性者。最顯著的，在認識論方面，程朱主「性即理」，陸王「心即理」。爲了識心、識性而如何獲取知識的問題，程朱、陸王，幾乎水火不容。故談論心性問題是他們中心議題之一。既然心性問題是他們中心議題之一，故當時就有人稱「心性學」者。近人稱爲「心性之學」，亦取此義。可是空談心性的結果，亦流弊百出，如明末崇禎亡國時，一位鄒姓御史在殉國前，即以悲憤的心情寫道：「平生袖手談心性，惟有一死報昔君恩。」固然走火入魔，但心性學之偏弊，也就全部展露出來了。

7. **理學與心學之畫分：**明末劉蕺山（宗周）是一位極富於衛道精神理學家，學宗陽明，黃梨洲即出其門下。王陽明只倡「聖人之學，心學也。」可是，到了清代初年，黃梨洲寫《明儒學案》，卻以王學繼承者自命，並且，還把陽明倡導的「心學」加以無限的擴張，於是在《明儒學事》序文中，開宗明義地說道：「盈天地，皆心也。」同時，又把程朱、陸王之學作嚴格的畫分。他判定：程朱爲理學，陸王爲心學。主要的理由，程朱愛言理，陸王愛言心。梨洲這樣的畫分，實在大有商榷餘地。他似乎對這個「理」字的內涵，包蘊天理、人理、事理和物理等四個層面的意義，還不透澈領悟，才作出這樣的區分來。實際上，理學最高層面的意涵，朱子的認識最爲模糊，詣境亦極有限，故象山批評他：「朱元晦泰山喬嶽，惜學未見道。」回頭來，看象山、陽明的詣境，尤其是後者，真有天上人間的差別。故陽明曾評云：「影響尚疑朱仲晦，支離羞作鄭康成。」意謂朱子的形上哲學詣境影響不真也。再者，象山自認爲他倡的是「理學」，而不是心學；梨洲不察，逕判定爲心學，未免太突兀了。

8. **明體適用之學**：明末清初，中國學術界出了一位極傑出的人物，就是「關中大儒」李二曲（名顒，字中孚，號土室病夫，陝西盩厔（今名周至）人，學者稱二曲先生。）他堅苦力學，無師自通。他最佩服的，是諸葛武侯和王文成（王陽明謚文成）的才華和事功。如與同時代的顧（炎武）、黃（宗羲）、王（夫之）相比，他們在這方面，恐怕就無法比擬了。二曲享有高壽（終年七十九），形上哲學詣境之高卓超過陽明，形下學之淹博不亞於朱子，而主適用，故倡「明體適用」之學。他畢生學問，乃融合朱、王之長而去其短（朱子學問淹博而不適用。陽明的形下學在良知哲學系統中極不顯著，尤其高唱「心學」後，使其形下學更爲隱晦。）故主「明體適用之學」也。當時二曲高年弟子即譽爲「內聖外王之學」、「全體大用之學」（前者出《莊子·天下篇》，後者出朱子〈大學格物補傳〉。）即使三百年後的今天看來，二曲先生亦當之無愧。而宋明六百年的理學，要發展到清初李二曲，才算登於極峰而圓滿完成。

由以上各條的論述，宋明理學的名稱，單在宋明時代已夠繁多，令人眼花撩亂，如不是作者的論證疏解，就難免不糊塗，更不要說明其得失，知所採擇了。

(二)近代的名稱

1. **宋明理學**：最初定名的，是梁任公。任公對理學並無深度的瞭解，可是他能將黃梨洲畫分的程朱理學、陸王心學歸併一路，統名之曰「宋明理學」，這不能不說是任公的一番卓見。這與前述陸象山自稱爲「國朝理學」的見解不謀而合，至於他有否各個理境層次的了悟？我就不得而知了。以後錢穆賓四先生步其後塵，亦稱之爲宋明理學，且建議國府教育最高當局通令各大學開設專門課程講授，故宋明理學的名稱亦逐漸普遍化爲國人所知曉。惜乎真知宋明理學之底奧者不多，講授多年，效果不彰，早已式微了。所幸大陸有關各大學現今風起雲湧，大行其道，任公、賓四兩位先生也足告慰於地下矣。

2. **宋明道學**：過去博覽近人有關宋明理學的著作，發現少數學者仍沿用宋明時代的稱呼，謂之宋明道學。由於道學之名過於嚴肅，且偏而不全，不易爲國人所接納，似乎早已銷聲匿跡了。

3.**宋明新儒學**：這是近代部份學者的稱呼。表示宋明儒的思想與先秦孔孟思想有很大的差異，特標名爲宋明新儒學。其差異何在？內涵若何？在命名上亦難看出，流傳亦不普遍。

4.**心性之學**：這是沿用宋明儒「心性學」的稱呼。以偏概全，很難囊括理學的全部意涵，故亦難爲國人所普遍接納。

5.**性理之學**：性與理，都是理學家所積極探討的兩大中心議題，自然取義於理學的重要內容，但總覺有點含混籠統，難收綱舉目張之效。

6.**踐履之學**：宋明理學，主要以行爲主，行中求知，才是真知。如理學家說的「見道」或「悟性」，完全從行的工夫而來，謂之踐履之學者，決不爲過。奇怪的是，倡踐履之學者，必以邏輯方法爲利器，以分析文義爲能事，與踐履工夫渺無關涉，往往昧失本真，其迷途而不知返者久矣。

7.**宋明哲學**：這是比照西方哲學而來，比較容易爲國人所知曉、所接納。但是，命名西化，內容亦全盤西化，那就是理學的終結，還有什麼理學可言呢？更不要苛求理學之功效了。所以最容易被人接納的名稱、觀念等，亦未必合理。

總結以上條條所論析，作者以爲仍可步梁任公、錢賓四二先生的後塵，保持宋明理學的通用名稱，最爲妥當；不過，如用「關中大儒」李二曲所創的「明體適用之學」——「全體大用之學」——「內聖外王之學」，加以詮釋，單就名稱與內涵言，似可彌補得天衣無縫。

二、宋明理學中的核心概念

我們研究宋明理學，有關名稱問題的困擾，已經把它解決了，現在進一步剖析重要名言的困擾問題。

㈠名言的困擾

前面已涉及到這個重要名言問題，如邵康節名其學爲「先天之學」，其中「先天」一詞，就是重要名言，也是康節思想的核心。然而「先天」一詞的確切意涵究竟是什麼？可能就是一個謎。其次，如周濂溪言「太極」，言「誠」，這個太極和誠在濂溪思想中到底是個什麼東西？難道又不是一個謎團？再如程明道、程伊川兄弟似乎擺脫乃師濂溪路線，特別拈出「天理」一詞作爲他們思想的核心概念，故明道說：「天理二字，是自家體貼出來」，表示與濂溪沒有什麼思想淵源。真的嗎？未必然。如把「天理」（明道發明的）一詞的確切意含徹底明白了。上述問題也就迎刃而解。又次，說到張橫渠。橫渠在學問風格上與濂溪和二程兄弟都不同，卻獨樹一幟，故有「關學」之稱。他思想的核心概念卻名之爲「太虛」「本體」以及「太和」等等，單就名言上看，與邵康節、周濂溪、程明道、程伊川等，都截然不同。試問「關學」又是一套什麼學問？還不夠令人惶惑不解，莫知其所以嗎？

到了南宋，理學成了朱、陸對峙之局，「綜羅百代」的朱晦庵除大量汲取濂學、洛學、關學外，又創「理氣論」，作爲他思想的核心。其中理氣論的「理」字的意含，他解釋道：「理是箇淨潔空闊底世界」，什麼意思？恐怕要難倒近代多少學人。連提倡宋明理學的錢賓四先生爲此迷惘不已，即被譽爲哲學大師的牟宗三先生，亦把朱學排斥於「智的直覺」之外。

可見核心概念、名言上的困擾，不知困煞了近代多少學人。而陸象山更獨樹一幟，大倡「發明本心」及「此理充塞宇宙」等等重要名言概念，其義蘊究竟爲何？似乎哲學大師亦閃爍其詞，莫知其所以，這就難怪陸學式微了。

及至明代，朱子學仍定爲官學，並不爭氣；到中葉以後，王陽明良知之學竟成爲當時中國學術的中心。在陽明之前，有廣東（新會）陳白沙（憲章）崛起嶺南，大開理學之風，倡「自然爲宗」；如果僅憑文義上研判，豈不是老子的自然哲學在理學中又復活了麼？不然，絕對不然。那是什麼意思呢？誰知其底蘊？其次，說主流思想的王陽明，他倡良知之學，他常說的「良知本體」，到底是個什麼東西？他卅七歲困居龍場驛「大悟格物致知之旨」，措詞簡略，不易分曉；及到四十三歲，在滁州督馬政，送蔡希顏詩即有補充說明。如云：「悟後六經無一字，淨餘孤月湛虛明。」這又是什麼意思？和他說的良知本體有何關連？我很不禮貌地說，近人倡王學者未必能解答這些問題。還有到明末，程朱派的高景逸（攀龍），又以他所悟的「道」叫做「中庸」，並解釋說：「中者停停當當，庸者平平常常。」及到自盡前，闡述他的「到頭學力」說：「心如太虛，本無生死。」無生無死，不是證成了佛家的涅槃境界嗎？這就牽扯到儒、佛的思想關連了。單就景逸自稱其道曰「中庸」，豈不是霧煞煞，又成一個謎團？其最高境界無生無死之說，就更不必提了。

(二)研究的過程

以上所列舉的有關宋明理學諸多名言上的困擾、對核心概念之無知，無異作者的現身說法。如何突破難關，解決這種種難題，不得不再進一步，細說我的研究過程。

老實說，在大陸時代，對日抗戰期中及勝利以後，我是私淑馮友蘭先生的。當時被新聞界譽爲「正統派哲學家」的馮友蘭先生，我是五體投地的佩服。他的抗戰名著《新理學》《新知言》等等，以後日本人輯爲《貞元六書》，我是愛不釋手，讀了又讀，自然，對這位大師級的學人傾慕不已，惜乎當時没有親炙受益的機會。過後，在圖書館找到他的名著《中國哲學史》，因卷帙浩繁，讀來頗費工夫。而且好多地方都不甚解，只得一個模糊的概念。畢後因功課繁忙，無力兼顧，馮氏書，就没時間再讀了。然而引導我的興趣研究中國哲學，畢生向這方面發展，馮氏實與有力焉。故馮先生是我的哲學啓蒙師，我畢生不忘，但是幾十年後的今天，我敢於批評馮友蘭西化中國哲學，也是從那時奠的基礎。

第二個對我影響最大的，是錢穆賓四先生。早年讀川大時，即知這位名史學家，但也僅知其名而已。抗戰勝利後，大陸局勢突變，隨軍來台，因偶一機緣，觸及王陽明哲學，於是細讀《傳習錄》。翻來覆去，用心研讀，它的淺近處、易解處，以爲真的讀懂了，剩下來的高深處、玄遠處，儘管用功研索，左思右想，亦不知其所以然。過後陸續找到錢賓四先生早年寫的《王陽明》及其近著《宋明理學》與《中國思想史》等，下了番「死工夫」去研讀。讀來讀去，要想解答《傳習錄》中所曾遭遇的種種難題，總是無功而返，不免令人大失所望。但是，我的意志堅强，決不回頭，繼續向前奔馳，希望入寶山要拾寶而回，尤其對錢氏《中國思想史》，不知下了多少工夫。每讀一遍，於書末均記上年月日。唯一的收獲是，每讀一遍過去，覺得多懂一點。但總結那段閱讀過程來説，還是不太懂。在這樣曲折艱難的過程中，我又普遍閱讀錢氏史學有關著作。這方面我有基礎，興趣亦很濃厚，積學之餘，對錢氏史學思想，確可畫出一個綱領來。然而，深夜自思，如果這樣下去，繼續走錢氏路線，其最高造詣，不過作錢門的高徒，心有未甘。於是另闢蹊徑，開拓我自已的治學路線。到此地步，總算學問入門了。

首先，我採取懷疑的態度，不管對錢氏的理學、史學，都是如此。在史學方面，積日一久，總會找出一些問題來。尤其在理學方面，問題可就大了。問題何在？我發現了著書的秘竅：凡是自己認爲懂得的，就多引錄一點；不甚理解的，就少引錄一點，還可閃爍其詞，馬虎過關；至於根本不懂的，更可避重就輕，乾脆不錄。這樣的發現，對我來說，仍無用處，問題始終是問題，懸而未決，徒費精力時間而已。又因偶一機緣，折入禪宗的探討路徑。我不作公案、文字的鑽研，卻單刀直入，從禪功—修禪的工夫直接入門。靜坐時日，卻有意想不到的效果，亦發現不少的妙境；及讀近代禪宗高僧《雲虛老和尚年譜》，均可了然於心，一一契會。於是又回頭來，折入理學的探討。算我很幸運，在圖書館發現《李二曲全集》一部，民國丙寅年關中書院補刻版、成都翻版，土紙印刷，已接近破損階段。像這樣冷僻破舊的線裝書，一般讀者不屑一顧，我卻視若至寶，珍同拱璧。日以繼夜，反覆研尋的結果，卻有絕大收獲。凡是王學中所不解的種種難題，都可迎刃而解。由此，再讀王陽明《傳習錄》及其他有關著作，義理方面，均可明白暢曉。比如說，理學家所謂「悟道」、「悟性」或「見道」等等，究竟什麼意思，用二曲的「見道」情景、語錄文字，和陽明的比較對觀，也就明白了。回憶往昔讀陽明《傳習錄》所遭遇的種種難題，到此，才算獲得解決。譬如說，陽明卅七困居龍場驛，一夕「大悟格物致知之旨」，究竟悟的是個什麼？我也徹底明白了。已如前說，就是「孤月虛明」的良知本體而已。

自此以往，還有重重難關的考驗。必須通過重重難關，馴致登峰詣極，才算達到學問的終點。這和登山情景一樣，初步從山腳爬起，必須一步一步地向上爬，一直爬到山頂，才可終止登山的程行。對王學的探討，亦復如是。總之，我是以李二曲學說作橋樑，才徹底瞭解陽明良知之學的。既能了解陽明良知之學，那陸象山的本心之學，亦不難窺其究竟。由陸、王之學，又可通於程、朱之學。一通百通，北宋五子（周濂溪、邵康節、程明道、程伊川和張橫渠）之學，亦不難知其底裏。不特此也，還有想不到的意外收獲，就是由陸王之學，可旁通禪宗哲學；又由程朱之學，可旁通華嚴哲學。爲什麼？因「程朱近華嚴、陸王類禪宗」也。既能解悟禪宗與華嚴哲學，那天台與唯識，亦不難理會。既明佛理，更可上溯老莊，洞知其成學之究竟。回頭來看魏晉玄學，與原始老莊大異其趣，不過形似而已，實質絕然不同。能探索到這一地步，宋明儒何以「發千載不傳之秘」？理學何以異於先秦儒學？等問題，也就不難解答了。這是一長期的堅苦的探索過程。當我走完這一過程後，再回頭來看時人的研究成績，就不得不發議論了。

(三)最後證明

我的治學全部過程，大體如上述。現在單就宋明理學來說，長期困惑我的種種名言的紛擾、概念的模糊，都可徹底釐清而指出具體的東西來。試問前述邵康節的「先天之學」，其中的「先天」指的是什麼？就是理學中的形而上的靈光四射的本體。他與周濂溪說的「太極」和「誠」，儘管名稱有別，而本質上，絕對一樣一樣。因爲他們都用「主靜」的工夫

（就是靜坐）。只要同用這種工夫，必可證成相同的結果。即二程的「天理」、陸象山的「本心」，亦復如此。因爲他們的工夫都「主敬」也。主敬，含動靜兩面工夫，是把周濂溪偏重靜的一面工夫加以修正，便於應用在實際生活行動上。如程明道說：「寫字非是要字好，祇此是學。」學個甚麼？主敬工夫在動的一面之應用也。

其中唯有張橫渠比較特別。他的工夫是，主靜與禮制內外兩面兼用，尤其禮制一面用的特別多，而且，他多半從强力探索入手，所以他所鑄造的「關學」與洛學、濂學都不一樣，故朱子評云：「橫渠涵詠之味不足，思索之功多。」什麼意思？就是說，橫渠對理學中的核心概念形而上的靈光四射的本體，多半從苦心力索中得來的，而不是用涵詠工夫（即主敬工夫）證會而成的。如他主張「理一分殊」的哲理，實際上，是從華嚴宗的「事事圓融無礙法界觀」而來。但華嚴宗這一哲理境界，橫渠解悟是否至此？我不得而知。故橫渠所言「太虛」、「太和」、「本體」等等名言的義蘊，無不是指這個形上本體說的，只是措詞不同罷了。（按：橫渠言本體的意涵與濂溪、康節、二程等均不同，本書〈橫渠篇〉有詳盡剖析，理由俟該篇申述。）

現在來看南宋的朱子。他承伊川之學而主「理氣論」，其中「理」字確切義蘊，與程明道的「天理」的內涵，絕對無殊；不過，他進一層描出這個理境的形象：「理是箇淨潔空闊底世界」。這不是形上本體是什麼？這與華嚴的「理法界」有何區別？而朱子的解悟力極强，他說：「『月印萬川，萬川（之月）攝一月。』濂溪的《通書》，不過說底這些子。」按「月印萬川」，見唐代永嘉禪師《證道歌》，是禪宗哲學的最高境界，也是華嚴「事事圓融無礙法界觀」的最妙的譬喻。朱子能解悟至此，不得不令人置筆三嘆。

最後回到明代的理學。無論王陽明倡的「良知」，陳白沙說的「自然」，甚至高景逸喚作「中庸」，劉蕺山又叫「愼獨」，儘管用語措詞各各不同，但實際上，他們所指謂的，都是同一個東西，都是這個形而上的靈光四射的本體。何以故？因爲他們的工夫，都是「主靜」或「主敬」也。清初李二曲卻爲工夫與本體的關係，定出一條鐵則來。他說：「有工夫，纔有本體」，「有真工夫，纔有真本體。」我們只須在這方面下點真實的工夫，前面說的種種問題都可迎刃而解。只因我們處在隔絕理學三百餘年後的今天，不得不用思想考證的方法來疏解；如生在明末清初時代，也就不必浪費這麼多筆墨了。

現在總括一句說，無論「先天」、「太極」、「誠」、「天理」、「太虛」、「太和」、「本體」、「本心」或「良知」、「自然」（明代陳白沙「學宗自然」。其自然一詞，即取程明道〈定性書〉中「明覺爲自然」之意義，亦即《老子》「道法自然」之基本義。）「中庸」、「愼獨」、以及「道」、「理」（理的最高層境）、「心」「性」等等，無不是指理學中的核心概念說的；或則如朱子說的「理是箇淨潔空闊底世界」，仍脫離不了這個核心概念的範圍。然而，此一法力無邊、無所不包的核心概念，其具體內涵如何？簡言之，就是一個可以實證的、形而上的、靈光四射的、明覺智慧的、神不可測的、無窮大的、圓形的本體，或稱本體世界。（請參閱拙著《李二曲研究》所載「本體的意義及其內涵」一文，論之甚詳。民國69・12台灣商務印書館初版，88年再版。）我們鑽研至此，才可與西方哲學比較對觀，凡西方哲學中言心本體、物本體或神本體者，其意義內涵與中國哲學儒、道、釋三家，尤其宋明理學中所言之本體概念，絕對不同。至此，才不致於力促中西哲學比附會通，勉強牽合，亦才可以一掃過去國人籠罩在心靈上、認識上的陰霾。

三、從宋明理學觀點看現代人生——核心概念的偉大功能之一

(一)物質人生的層面

我們如把現實人生社會分作幾個層面來看，首先我們接觸到的，就是最現實、最實際的物質人生的層面。在這個層面的人生，卻有種種的差別。佛家所謂衆生相、世間相，都在這個層面的人生全部暴露出來。

1. **西方自由民主社會**：時屆廿世紀的末期，再過兩年，就是廿一世紀了。在這廿世紀末的年代，就全人類中自認爲是文明人的人生嚮往來說，西方自由民主社會，的的確確是他們

現實人生嚮往的唯一目標。在他們心目中認爲西方自由民主社會，就是人間的天堂；而他們原來居住的社會，對比之下，就無異是十八層地獄了。今天國際上所謂異議人士、民主人士，就是這種心態。然而，西方自由民主社會真的是人間天堂嗎？也未必然。老實說，今天西方自由民主社會，在政治上，是倡自由民主，也向自由民主的道路走去、可是在經濟上，其真實面貌，就慘不忍睹。在資本主義的背後，仍是一副帝國主義的猙獰面孔。對內對外，無不盡其刮削、掠奪經濟利益之能事。資本家以大量賺錢、集中財富爲人生之鵠的，而以尖端科技爲其賺錢—集中財富，刮削掠奪之有效工具。美其名爲自由競爭，實際上，仍是達爾文的「物競天擇，適者生存」的人間悲劇。不錯，自然界的物類、獸類，的確是如此；然而，我們畢竟是人類呀！孟子說：「人之異於禽獸者，幾稀！」現在連這「幾稀」一點點界限都沒有了，那人類和禽獸還有什麼區別呢？故單就經濟物質層面來看，如唾罵西方自由民主社會爲人間罪惡的淵藪，亦不爲過。而且，他們對外高倡自由、民主、人權等等，只是要的花招，實際上，仍不外藉這些迷人的花招來維護「霸主」—少數資本家的經濟利益。這與一般國民福祉又有什麼關連？

再就一般大衆來說，所謂「中產階級」，當然佔絕大多數，他們的生活水平，最大享受，在經濟上不虞匱乏而已。但是由於大量物質的刺激誘惑，家庭用具樣樣翻新，年年過著貸款度日的生活，就成普遍社會現象，不足爲奇了。再就貧富差距看，資本家成了大富豪，

「富可敵國」，可以左右政治、經濟等各種政策的走向，藉以達到維護資本家的經濟利益，富霸一方；可是，反觀黑人族群（少數白人亦如此）的貧困境遇，又豈止天上人間的差別？最悲慘的，莫過於印第安人的下場。他們被白人趕盡殺絕，只好逃到沙漠裡才有求取生存的機會。殊不知在這樣極端惡劣的環境中，如何生存得下去？若干年後，印第安人只有絕跡了。（這是作者年前由兒子開車旅遊美國西部各州時，親眼見到的悲慘事實。）試問：美國的人權在那裡？他們對外高唱人權，實在是不折不扣的陰謀論，絕非善意。

再就自由、平等來說，美國是個法治國家，在守法的範圍內，的確行動很自由，無可厚非；不過，提到平等，就有顯著差別待遇了。凡是碰上白人與東方人衝突、甚至發生兇殺案件（白人殺了東方人），這時，司法裁判，一定袒護白人，法律平等的觀念消失得無影無蹤。可見平等是有差別待遇、雙重標準的，何來平等？

又看他們的民主政治如何？三權分立，可以制衡，相互監督，避免專制獨裁，減少貪污腐敗現象，而且政權和平轉移，可以保持政局長期的安定。這的確不失爲一種優良的政治制度，值得國人所取法；但是，所謂民主，意即人民可以作主，這就大大有問題了。人民真的可以作主嗎？未必然。無論總統或議員選舉時，說得天花亂墜，以騙取選票，一旦勝選上台後，作的又是一套，你們老百姓又能奈我何！民主政治的實況，就是如此。

大家所嚮往的西方自由民主社會，是今天人類社會的天堂；可是，一旦把內幕揭穿了，不免令人失望吧！

2.**共產社會的轉型**：在過去一般自由人士心目中，所謂共產主義社會，「各盡所能，各取所需」，只是一種烏托邦式的政治理想，絕難實現；實際上，蘇聯塑造的共產主義社會的真實情況如何呢？它專制獨裁，抹煞人權，視人如物，普遍社會成了機械式的人生。它與自由民主社會相比，卻有很大的差別。後者是尊重人權（但如上述印第安人的悲慘命運，恰是美國尊重人權的反諷。）儘量追求物質生活的享受，人爲物役，變成了物化的人生。這物化人生，只知道追求物欲的滿足，雖然人生境界很低，但「食色性也」，也是人類生存的基本要求，無可厚非。維護人類的生存權，更有充分理由。可是，機械式的人生就截然不同了。把人看成機械一般，去工作、去勞動，所取得的報酬或食物，可能僅足溫飽，在一般生活水平以下。說明白點，這是一個貧窮的社會。以前的蘇聯社會就是如此。自蘇聯解體後，蘇聯社會的真相就全部暴露出來。儘管大衆普羅階級的生活窮苦不堪，但蘇聯最高領導階層的特權享受，説來也嚇人聽聞。日前讀98・6・14《世界副刊》載甘棠作〈貪官庸吏誤盡蒼生——讀葉爾欽自傳有感〉一文後，對蘇聯最高階層的黑幕，才有進一層的瞭解。爲饗讀者，特將此文作爲附錄之一，藉窺全貌。

蘇聯自91年一夕解體後，由原來的共產社會，搖身一變，已逐漸轉型成民主自由社會。這一驚天動地的消息，固然值得世人欣奮；但說食不飽，民主自由不能解決民生問題。故今日俄國總統葉爾欽，還須朝向經濟方面發展作長期的努力。

3.**第三世界**：大體說來，第三世界，普遍是貧窮的社會。此外，還有一個顯著特徵，就是宗教氣氛特別濃厚。宗教籠罩了整個社會，桎梏全部人生，如印度教瀰漫印度社會，回教又瀰漫阿拉伯世界，即其顯例。但政治上，卻又極端不同。印度脫離英國獨立後，而成一民主自由國家；可是經濟落後，普遍貧窮，加上九億人口的沉重壓力（按：目前已十億出頭了。），要想達到西方民主社會的生活水準，勢不可能。以一經濟落後的人口大國，生活自顧不暇，再勉爲其難地向核子强權發展，決非上策。印度「神牛滿街走」，如何現代化？這是印度的隱憂，任何當權者似亦無可奈何。印度要邁向世界大國，希望渺茫。

其次是土耳其，在回教世界中，建立一民主自由國家，形象比較凸出；但受傳統宗教的束縛，要想躋於西方世界之列，恐怕希望不多。至於有些阿拉伯國家，不是獨裁專制，窮兵黷武，就是關起門來仍做石油王國的美夢，前途堪虞，很難看出他們的遠景。

再次，是非洲國家。南非在非洲世界極爲凸出，靠白人經營兩百年的長期努力開發，才具有今天自由民主和現代化的規模，可算南非的異數。至於其他大大小小的非洲國家，絕大多數貧困不堪，甚至還在饑餓線上掙扎；加以獨裁專制，爭戰連連，這樣的社會，也就苦不堪言了。

4.**今日中國社會**：今日中國社會與五十年前全然不同，台灣由於長期發展經濟的結果，已由工商業社會取代了農業社會。在現代化的要求之下，一切跟著美國走，所以今日台灣亦步亦趨地變成資本主義社會。一切向錢看，以追求經濟利益、物質生活享受爲目標。物化人生，人慾橫流，與西方自由社會沒有什麼差別；可是，在政治上與西方民主社會又有顯著的不同。今日住在台灣的中國人，大家心知肚明，不必細說。由於政治上的壓力，已迫使鄉土學人發出：「我脫離不了中國文化心，也脫離不了台灣鄉土情。」的哀鳴。在「假民主，真獨裁」（香港政論家評語）的陰影下，台灣的民主前途並不樂觀。伴隨而來的政商勾結，貪污腐化，金錢賄選，已成普遍現象，見怪不怪。今日台灣社會要從哪個路向走？只有天知道。

反觀大陸中國社會又如何呢？自鄧小平實施開放改革以來，廿年中，在經濟上，有急遽的變化。現代化、工業化，當然是他們努力的目標。沿海一帶經濟發展與生活水平，與台灣情況差不多；內陸各省正在努力發展中；即偏遠的西北地區，據作者的實地考證，一般人民的生活水平與廿年前亦大爲改觀。尤其赤貧地區的河西走廊十六縣，據武威的友人說，已比過去好得太多了。大陸是偌大的中國，在十二億人口壓力下，要普遍做到豐衣足食，已經不容易了。廿一紀必然更有一番新氣象，物資豐裕，把生活品質再提高，就是萬民之福了。尤其難能可貴的，「民胞物與」的情懷，已灌注於各少數民族之間。對邊疆各少數民族，解決他們的生活問題，提高他們的文化教育水平不遺餘力。這和前述被趕盡殺絕的印第安人的悲慘命運，真是天上人間，不可同日而語。倡導人權的民主人士，也該反省自己了。至於民主自由平等精神，在大陸上不僅潛滋暗長，而且有些地方早就做到了。如上述對邊疆各少數民族「民胞物與」的情懷，難道不是平等精神的發揮嗎？根據作者最近去大陸考察，一個國民只要隨身攜帶身分證，就可通行無阻，走遍全國。這和在美國只要攜帶駕駛執照（相當於台灣、大陸的身分證），就可開車東西南北任意奔馳，又有什麽不同？個人行動不是很自由嗎？

最令人詬病的，是大陸上的民主問題。須知大陸上是偌大的中國，國情很複雜，過去教育並不普及，八億人口的農民，文盲佔多數；再加發展經濟起步不久，像美國般的中產階級還沒有建立起來，如果驟然實行民主政治，全國普選，結果跟台灣一樣，一團糟。佔全國人口絕大多數的農民，據我所知，他們迫切需要的，不是民主自由，而是解決最現實的生活問題，達到豐衣足食的境地。高唱民主自由的，只是少數知識份子，一般青年學生盲從無知，隨聲附和，才鼓動了民主風潮。台灣這麼小，都搞得一團糟，要治理大陸上偌大的中國，很難很難啊！沒有畢生的閱歷，很難了解治國之不易。光憑書上的知識，個人切身的感受，就高唱民主自由的書呆子們，他們真有本領把中國治好，達到富强康樂的境地嗎？誰也不會相信。所以大陸上的民主問題，個人的看法是，實行民主爲世界潮流所趨，要慢慢來，而且只能作，不能講，逐步開放言論自由，讓民主異議人士——極少數的書呆子們有發表言論的自由，不受政治上的鉗制和干涉，我想，他們就很滿意了。此外，某些幹部貪污，特權橫行，亦爲海內外人士所詬病；但是，大陸上最高當局，能以身作則，決心肅清貪污，懲治特權，已經很難得了，反觀今日台灣又如何呢？

至今最令國際人士指責的，莫過於「六四」天安門事件的處置問題。平情而論，據說，北京市長陳希同提供情報有問題，才造成鄧小平決策的錯誤，這應是可靠的事實。然而，趙紫陽亦難辭其咎。如果他老謀深算，洞悉國情，不贊同戈巴契夫的觀點和主張，對天安門示威學生不要採取放任態度，即可消弭於無形。殊不知趙紫陽認識民主不清，判斷事理不明，一味採取放縱態度，甚至同情示威學生的民主要求（老實講，學生們懂得什麼是中國民主的要求？不過，在一部份書呆子的慫恿下，盲動附和而已。）才造成不可收拾的局面。如果趙紫陽真的掌握實權，像戈巴契夫那樣幹下去，那中國豈不搞得四分五裂？正中國際人士的詭計，最後只剩一個「超强」獨霸世界，今日中國哪能成爲世界的「强權」？（最近美國總統柯林頓承認中國是世界强權，可與美國並肩攜手維持世界和平秩序。）而趙紫陽與戈巴契夫一樣，也都成爲歷史罪人了。這是作者對「六四」天安門事件及趙紫陽的持平之論，到底如何？祇有待歷史來公評。

現在撇開這種傷心的往事不提，大體說來，大陸中國社會，一般人也是向錢看，與西方自由民主社會無殊，經過共產社會的轉型，由機械式的人生漸漸趨向於物化的人生。

(二)精神人生的層面

1.**宗教信仰：**現實人生的精神層面，主要是宗教信仰。一般社會大衆，無不以宗教信仰作爲他們精神生活的唯一支柱和精神慰托。這種現象，以西方自由民主、工商業社會最爲普遍，上自總統，下迄販夫走卒，幾乎沒有一個不信教的。即以今天超强的美國而論，情況就是如此。不僅工商鉅子、各行各業的專家如此，即佔在時代尖端的精英份子、學界領袖，不信教的，恐怕亦寥若晨星。爲什麼?人生的歸宿問題。人到底從哪裡來?又回到哪裡去?顯然的，生死存亡乃係自然規律的科學解釋，實在無法滿足社會大衆的精神需求。但是，這其間又有嚴重的矛盾存在，如耶教的創世紀理論和神愛世人的基本觀點，是經不起嚴格的科學證驗和人們沉潛思考反省的。中國儒家對愛的來源，卻有重大的發現。它來於人性的本能和教育，與客觀而外在的上帝渺無關涉。這是基督教在教義上唯一的弱點和缺陷。對比之下，中國的佛教和道教就全然不同了。如果深知中國佛教和道教哲理及其修證工夫者，必然贊同作者說法之不誣。拙著〈禪宗思想形成的階段與方法——兼論華嚴、天台哲理之會通〉和〈揭穿道教神仙思想的神秘面紗——「從老莊哲學談起」〉兩專文，均有極深入的探討和論證，讀者可以參閱。（見拙著《孔孟老莊與文化大國》一書，台灣商務出版。）我可以說，他們都有顛撲不破的真理存在。他們是經得起科學的驗證。他們的實證方法雖是主觀的，卻近乎科學的。與前者反科學的觀點是截然不同的。因此之故，西方少數有識之士，鑒於西方宗教信仰的動搖，可能造成宗教的危機，爲了未雨綢繆，紛紛前來東方取經者，亦大有人在。至於人的一生，均爲宗教陰影所籠罩，幾乎過著全部宗教生活，如前述阿拉伯世界及印度神牛滿街走，似又缺少理性判斷，而近乎愚昧了。（回教的阿拉真神，由耶教教義蛻變而來，不外上帝的化身。印度教—婆羅門教的「梵天」境界，確寓有高深的哲理，如《奧義書》之所說者。釋迦牟尼創佛教，即由婆羅門教教義演變創新而來。然而，一般印度人真知他們宗教的教義嗎？不過，習慣成自然，傳統式的信仰而已。）

2. **文藝調劑**：文學和藝術是現實人生不可缺少的精神調劑，故文學、藝術也是精神生活的第二大支柱。文學以發抒情感爲主，寫景敘事次之。凡能激發讀者起共鳴的作品，就是好的文學作品。而最能激發人們情感的，除言情小說、武俠小說因受條件限制，可使讀者情感上一時滿足外，就是悲劇性的文學作品了。如李後主的詞，就是最典型的例子。如作家張愛玲，更是悲劇人生結局，慘不忍睹。如果不摻合其他的學問，純粹走文學路線，是很危險的。曹雪芹深諳佛理，寫男歡女愛、悲歡離合的情景外，往往又把禪宗哲理寓於其中，無異給現實人生一副清涼劑。其故事結局必趨於淡遠，去尋找人生的歸宿。而曹雪芹的現實人生，晚景很凄涼，幾乎三餐不繼，亦令人寒心。故以文學作品作精神生活的調劑，無論作者與讀者，如拿揑不穩，是有後遺症的。假使一味生活在文學的天地裡，更是後患無窮。

至於藝術，情況就不同了。藝術以追求美感爲主，故西方哲人言「藝術求美」，又是千真萬確的。因爲美感與情感的性質不同，美感可以美化人生，所謂藝術人生是也。美化人生，固然是精神生活的重要項目之一；但是，要求美化人生，並非人人可能做到，亦非人人所必須。文學則不然，情感對人生太重要了。如果没有情感的發抒與調節，跟一個冷冰的人相處，是不可想像的。故論感人程度之深，藝術遠不及文學。藝術作品，無論山水人物，其上乘者必須達到空靈美的境界，所謂技進於道是也。各種層次的美感，亦須令觀畫者先有好感（很可愛）、興趣與審美觀（主觀的），才能達到欣賞藝術品的目的。由於這種種條件的限制，藝術對現實人生的距離，也就越來越遠了。

其次説音樂、舞蹈，也是精神生活的調劑品。音樂雖以和協爲主，但它唯一表達的，是個人的志趣、願望、意向等。如古代有名的伯牙鼓瑟，志在高山流水，他人不知，唯鍾子期一人獨知，因此，鑄成千古知音的佳話。又如司馬相如以一曲《鳳求凰》而令卓文君寅夜私奔，傳爲文學美談。而「有曲誤，周郎顧」，是周瑜深知樂律的和協問題。至於現代有名的聶耳作〈義勇軍進行曲〉，在對日抗戰期中，已由個人的意向擴展爲民族的心聲，對軍民發揮了不少鼓舞作用。而孔子主張禮樂治國，更把音樂應用於政治上，作了極度的發揮。惜乎這一面，漢代以後就失傳了。故音樂於實際人生的用處，比藝術對生活的調劑，似乎廣泛得多。

而舞蹈呢？舞蹈可以說是文學、藝術、音樂的綜合品，尤以歌舞爲然。必匯聚情感、美感、和協於個人或團體，其所表現出來的節奏、旋律和神韻，才可達到最高的境界。至於現今西方流行的搖滾樂，除強烈刺激、震耳欲聾外，我實在莫明其究竟。

3.**第六藝術的調節**：由文學、藝術、音樂、舞蹈和現代彩色技術的綜合運用，遂發展出第六藝術。如彩色電影的製作，即第六藝術的綜合體。進一步和無線電、雷達的結合，靠無線電天線的發射、電磁波的感應，傳輸資訊到對方的接收台，無遠弗屆。先有雷達偵察敵情的軍事用途，進一步發展成彩色電視。這方面科技的發明，真是一日千里。「秀才不出門，能知天下事」，今天的確印證了。尤其娛樂方面，視覺、聽覺的享受，無奇不有，可以投你所好，任你選擇，包君滿意。然而，這一切娛樂方面的精神享受，自然是現代人生一大幸福，我們的上一代人是無從享受的。但是，我們必須認清一個事實，就是這種種現代化精神享受，都要受邊際效用的限制。例如天天看電影、電視，天天看錄影帶，甚至看滿足耳目之欲的黃色片，當你看多了，看膩了，也很倒胃口，仍覺心理空虛、苦悶與無聊。這就是邊際效用的限制，第六藝術的反效果。

4.**興趣的讀書**：書本爲精神食糧，是現實人生不可缺少的。讀書樂，乃古人經驗之談。在書中自然可以尋找樂趣，但亦可在書中求取其理。前者廣泛的閱讀，似無目的，如說有目的，也只限於求知慾的滿足。如多多閱讀人生哲理，涵養品德方面的書，便可陶冶性情、涵養品德、變化氣質，改頭換面，塑成一個高雅的文明人。後者是從博覽精深方面致力，恰如胡適之先生所要求的標準：「學問要如金字塔，又要博來又要高。」這個標準，實在定得很高，極難達成。即就胡適之先生來說，他自己定的標準，也未必能圓滿達成。他在博覽方面的，的確做到了，但精深的一面，還差一大概啊。可見做學問之不易。真要有成就，尤其有獨特成就，戛戛乎其難哉！但它的起點卻是從有興趣的讀書始。

有興趣的讀書，朝第二個目標走去，換個說法，就是做學問。做學問有兩條路徑可循：一是由博返約。由博覽趨於精深。當學問達到博覽的地步，回過頭來又從精深一面致力，很難達到預定的目標，南宋理學家朱熹就是最佳例證。做學問的第二條路徑，叫做由約而博。先從某一門學問的精深工夫入手，奠好基礎後，一面繼續求精深，一面開始博覽，其範圍可就力之所及，不必勉强。而且，其所博覽的知識，必與專精者有所關連。這叫做「專業通才化」（錢賓四先生語）。經過長期的努力，必可達到「通人」的地步。學問要做通了，才有大用。南宋理學家陸象山，又是最好的例子。今人做學問，都走專家路線，如何能通？以乎茫然。台灣各大學開設的「通識課程」，期冀發展通識教育，不免南轅北轍，白費工夫了。可見從興趣讀書始，真要做學問，治學路徑的明白和選擇，又是絕對重要的。

5. **人生的難題**：今天號稱多元化社會，沒有價值標準，適如俗諺所說：「公說公有理，婆說婆有理。」理在哪一邊？誰也拿不準。正如莊子所說：「彼一亦是非，此一亦是非」。

到底誰是誰非？誰也說不清楚。是非混亂已極，哪來價值標準？如勉强說有價值標準，那就是世界超强的超强觀：「經濟利益第一。」無怪過去有人嘲諷「日本人爲經濟動物」。其實不必過分苛責日本人，今天獨霸世界的超强者，又何嘗不是經濟動物？高據「萬物之靈的人」，竟自貶身價，淪爲與動物同科，連「人之異於禽獸者，幾稀」的一點點界限都沒有了。那是什麼世界呢？我姑且名之爲「文明的動物世界」。我們冷眼旁觀，雖美其名爲文明世界，然而，優勝劣敗、弱肉强食的自然法則，無時無刻不控制著這個世界。這個世界處處所表顯的是「力」，而不是「道」。力的無限擴張，不外運用五花八門的科學技術，作爲鬥爭的有利工具。動物世界没有這個能耐，只有被自然法則淘汰了。但人與動物一樣一樣，與草木同腐，所不同的是，人創造了上帝，作爲人生歸宿，聊堪自慰而已。耶穌傳上帝之道，道在哪裡？只有去問耶穌、問上帝了。故西方人的價值觀，勉强說，是不折不扣的「重力」的價值觀。在國際上的競爭如此，在國內的商戰又何獨不然？所不同者，國內賴有嚴格的法律規範來維持秩序而已。既然一切以力是尚，還有什麼價值標準可言？如奢談價值觀，那只是少數學者專家的事，與現實政治、經濟、社會和文化（低級的）實在太絕緣了。

由於對「人」自身的價值觀没有發現，没有樹立，伴隨而來的，没有人生目標，亦缺乏道德勇氣，更開拓不出文化理想。這個世界只得沉淪下去，變成人慾、獸慾交織橫流的世界。在這世界中，無論國家或個人無不以經濟利益爲第一位，而資本家又是經濟利益的主宰者。爲資本家服務的各級工作人員如各級主管和工程師等等，只不過在資本家控制之下討生活而已。如論尊嚴和自由，已如前說，在這「文明的動物世界」裡，資本家享有的自由和處處顯出的尊嚴，並不怎麼光彩；而且，他們背後唯一的支持力，就是這個「阿堵物」、「孔方兄」，一旦牀頭金盡，也就黯然失色了。至於爲資本一家所用的各級幫忙人物，所能享有自由就少得可憐了。他們是雇用性質，不需要，就滾蛋，還有什麼尊嚴可言？所以西方政治領袖，老是高唱尊嚴自由之可貴，如剝去美麗的包裝，也沒什麼值得驕傲了。

再說資本家永無休止的積累財富，目的是什麼？滿足個人的財富慾而已。財富再多，又有何用？俗諺說：「死了帶不進棺材。」這不能不說是資本家的悲哀。要解除這一悲哀的心境，也只好去求上帝了。至於大大小小爲資本家各級幫忙人物，也只有信上帝才能安頓他們的現實人生。在這樣多元文化的工商社會，既沒有發現人的價值，無法樹立人生目標，自然缺乏道德勇氣，更開拓不出文化理想來。一般社會大衆連資本家亦在內，當他們信仰動搖，或根本不信上帝，或個人撇開一切，沉思人生前途時，可以說，無不迷惘、徬徨、落寞、疏離，陷於虛無主義的深淵。這實在是西方人生社會的難題，西方人是無法解決的。

(三) 超精神人生的層面

西方哲人在這一面有深深覺醒的，是德國大哲學家康德。他提出「科學求真」「道德求善」「藝術求美」所謂「真、善、美」三個人生目標，乃近代國人所熟稔者；然而，科學求真，乃求取客觀事物的原理法則，正是今天科學研究發展的領域。嚴格説，與我們尋找「人」的自身的真理或價值，了無關涉。而道德求善的目標，似乎接近我們「人」的自身了；但必須徹底認清：西方的道德規範是屬於宗教領域，最後執掌道德實踐命令的，是上帝，或上帝的代言人耶穌，而不是我們自身的反躬實踐。這與我們中國儒家的道德觀，大異其趣，不啻相差十萬八千里。所以這一條路就中國哲學觀點來看，是行不通的。至於藝術求美，前面已經提過，藝術只可作爲現實人生的調劑品，決不可照唯美主義似的，作爲人生追求的目標。照我們的分析，真、善、美三者，決不可作人生追求的目標；如作爲價值判斷的標準，或則稀近之。

康德再深一層探討，卻有重大發現，他認爲宇宙萬物雖變化無常，但它們背後或自身總有一個不變的東西存在，叫做「物自身」或「物自體」（It's self of body）；如剋就人的自身來説，就是「真我」。而這「物自身」究竟是個什麽東西？什麽樣狀？康德説，他無法了解，只有上帝才知道。而這物自身又含有不可知的智慧，他叫做「智的直覺」，與感觸直覺和經驗知識是絶然不同的。如要真知這智的直覺的秘奧，康德説，他不知，也只有去求上帝了。（以上均見牟宗三《智的直覺與中國哲學》一書，大意如此。）我現在不得不加以説明：康德發現的「物自身」或「物自體」，確實近乎中國哲學裡的老莊之「道」，佛家的

「真如」，宋明理學的「本體」。但是，這個「道」、「真如」或「本體」，乃自證自知，與超越而外在的上帝絕無關連。而「智的直覺」，亦與這「道」、「真如」或「本體」所顯發的靈光萬丈的智慧之光，可能有些神似；但是，他是自發自顯，與超越而外在的上帝亦無關連。可見康德思想的核心，總脫離不了西方哲學中「神本體」的觀念。他縱有重大的發現，用邏輯推演到不知其究竟時，只有歸之於上帝，或求上帝來解決。

現在回頭來看中國哲學，與康德的思路全然不同。如藉用明末清初史學家黃梨洲的話來說，中國哲人的思路是「向內覓理」，西方哲人的思路，卻是「向外覓理」，康德在西方哲人中最具有代表性。現在撇開康德不談，專門講中國哲人「向內覓理」的具體作法。所謂向內覓理，就是向吾人內心深處去求取真理、發現真理。它使用的方法是內證工夫，即是向吾人內心深處去作深度的證驗、體驗、體認等工夫。除了美國哲學家詹姆士說的「生物我」「社會我」和「精神我」外，還可更上一層樓，覓取超越精神我之上的「真我」——真真實實的我。何以說是真真實實的我？因爲生物我的消失，是受自然法則的限制，是莫可奈何的事；社會我的消失，是受了種種社會條件的限制，隨時空的推移，也就被人遺忘了。所謂「人事有代謝」是也。至於精神我，照理講，是不會消失的。中國的「三不朽論」，所謂立德、立功、立言的三不朽，即在塑造個人的精神我，可垂名於後世。

這是中國揚名立萬的人生觀，極富於歷史意義、教育意義。所謂「其人身已歿，其名可永存」是也。這是要受很多條件限制的，不是人人可能的。而且把它看穿了，不外要求前人活在後人的心裡，適如杜甫悼念李白的詩句：「千秋萬歲名，寂寞身後事。」又有誰知呢？

現在中國哲人又作進一層探討，連這個無知的名望，也不要了。精神我仍虛妄不實。再超越精神我之上，直探人生之本原，赫然發現「人人有箇圓圈在」（王陽明詩）——「一箇圓陀陀光燦燦的東西」（羅近溪語）大放光明，不受時空推移，不受任何條件限制，永恒不滅的存在。這就是老子的「常道」，莊子的「至人」「神人」，佛學中的「真如」，禪宗的「真我」，理學中的本體等等，皆異名同實。而且是與生俱來的，人人本有的，用內證的方法，又是人人可以實證的。這就由主觀變爲客觀，合乎科學的實證了。他與西方哲學用邏輯推理全然不同。他與超越而外在的上帝絲毫沒有瓜葛，他即存在吾人之心性中。故康德的只有上帝才可認知的「物自身」或「真我」，與此是截然不同的。牟宗三先生把二者混爲一談，對中國哲學思想的探討和認知，還是太有限了。老實說，根據中國哲人前前後後幾千年證驗的結果，根本没有上帝的存在。上帝是從哪裡來的？「是人創造的」。康德深信上帝的存在，才有「物自身」的想法。他不知其所以，只好推之於上帝，難免不無遁辭之嫌。然而，西方哲學的思路方法等，就是如此，又何必求全責備一代大哲呢？

1. **道德人生**：我們由「向内覓理」的内證工夫，已如前說，即可覓得一個形而上的靈光四射的本體，作爲理學中核心概念。由此核心概念向外推演（意即此本體的靈光向其週遭放射），便可開出道德人生、藝術人生、宗教人生和科學人生，以解決現代人生的難題，而滿足現代人生各方面的需求。先說道德人生。

已如前說，西方人的道德基礎是宗教。即康德的「道德無上命令」，其發號司令，發出此項道德無上命令者，乃上帝的權責。用人造的上帝來管人間事，以今人的眼光看來，真是不可想像。中國的道德基礎則不然，它植根於人性之上。如父嚴、母慈、子孝、兄友、弟恭等等，都是基於人性的要求。如若不然，那人跟禽獸就沒什麼區別了。而這些道德條目，除極少部份是自發的，由人的本能而來（如母慈一項，動物亦然。人與動物所以能繁衍不絕者，全靠此本能的作用。）此外，絕大部份全由後天教育培養而來。何以要製作這種種教育措施？食古不化者，歸諸聖人之制「禮」，實際上，是人心共同的普遍的需求。古人如此，今人亦然。（即使承認聖人制禮，而此聖人制禮者亦是根據當時人心的共同普遍需求而來。）凡為人父母者，便可體會出此種心理需求來。明代理學家王陽明弟子魏良器說得好：「理無定在，心之所安即是理。」這是「人理」的最佳詮釋。如果沒有上述五倫的規範──倫理的運作，古人今人，都是一樣，心不安哪！這是明白易曉的人倫之理，不必細說。

可是，問題又來了。如把道德建立在人性基礎上，而人性有善有惡，又是古今同然的事實。既然人性中夾雜有惡的成份（事實上，比重很大。有時甚至絕滅倫常、無惡不作、或窮兇極惡、喪盡天良者、亦大有人在。）怎能作為道德基礎？或則道德基礎豈不因此而動搖？

從孟子主善、荀主惡，各執一說外，究竟孰是孰非？爭論不已。如漢代思想家揚雄調和孟、荀，主張「人之性，善惡混」，唐代古文家韓愈把人性分成「上中下三品」，實則，他們都沒有抓住問題的核心，沒有解決問題。直到北宋理學興起，理學家才把這個紛爭千餘年的人性問題徹底解決了。由於他們在這方面有重大的發現，用內證工夫直探人性的本源，從孟子性善論出發，也就是根據人性善良的部份，窮追不捨，才發現這個形而上的、圓陀陀的、靈光四射的本體，就是人性的根源。如張橫渠之所說，即是最好的例證。他把這形而上的、圓陀陀光燦燦的部份（按：橫渠未必有此自覺。），稱之爲「天地之性」；又把這形而下的極壞的，甚至負惡不悛的部份，稱之爲「氣質之性」，也是一般天性與習性的區分。就後天的習性，用教育的力量把它儘量改變，使先天的本性儘情展露出來，叫做「變化氣質」。這麼一來，孟、荀的人性主張都能成立，也把人性問題徹底解決了。從而道德基礎也就紮實了。

在形上學方面，橫渠如此認知（按：橫渠無此證驗工夫。），如此設計，如此安排，其的目，即在樹立堅强的道德基礎。由此，即可以此形上本體之核心概念（按：這是作者的認識，非橫渠的本意。）爲儒家哲學樹立道德主體，開出道德人生境界，而孟、荀以來難解的人性問題，在理學中也就解決了。同時，由此道德主體可以顯發孔子的仁心，耶教的愛心，都是自發的，而非外鑠的。研究耶教的哲理，如能認識到這裡，從這裡出發，那耶教在中國思想裡就可生根了。上帝不在天國，而在吾人的心中。只須一念之至誠，這個靈光四射的本體——上帝的化身，就可顯現出來了。

由此道德人生向下看，便可與形下學中的政治、經濟、軍事、法律、社會、文化諸元相結合，即可發展成一個自由平等的社會。而此自由平等的社會主要重「道」不重「力」，講理的社會亦由此產生。於是把西方在法治框架下、唯力是從的社會發展方向，便可扭轉過來而補其偏弊。

2.**藝術人生**：由此形上靈光四射的本體世界，又可開出藝術人生。這仍是一個形而上的境界，與形而下的藝術世界，是截然不同的。後者的目的是在求美。一件藝術作品能達到美的境界，可使人有愉悅的感覺，甚至百看不厭；但究其感覺的極限說，仍須受邊際效用的限制。爲什麽？因爲它是外鑠的，是由藝術品的美感引發的。如整日觀畫，豈不厭倦？這就是邊際效用的限制。即使達到畫的極品——畫的空靈境界，如東晉畫家顧愷之逞其玄思之智力遊戲。道出：「手揮五絃，目送飛鴻」的妙境，仍是形而下的。因爲它是意象的，人工造作的，仍須受邊際效用的限制。至於陶淵明的名句：「採菊東籬下，悠然見南山」，固然是他創造的空靈境界，但仍是形而下的，已達到忘我的地步，較顧愷之「手揮五絃，目送飛鴻」的意境，又優勝多了。陶淵明的〈飲酒詩〉又說：「山氣日夕佳，飛鳥相與還。此中有真意，欲辯已忘言。」試問：真意何在？忘言忘我，聽任自然，隨性率真而已。玄學家創造的空靈境界，說穿了，不過如此。玄學家美化的藝術世界，登於極峰，亦不過如此。

現在回頭來看理學家的藝術人生境界，就絕不同相，不免有天淵之別。程明道、程伊川弟少年時代曾問學於周濂溪，濂溪教他們「尋孔顏樂處。」這種教法，今人看來，非常怪異。殊不知這其中有大學問，今人不了解。試問：孔子、顏回究竟有什麼樂處？據《論語》記載：孔子說：「飯疏食（吃碗糙米飯），飲水（喝杯白開水），曲肱而枕之（疲倦了，捲著手臂當枕頭，睡他一大覺），樂在其中矣。（這種滋味可樂了。）不義而富且貴，於我如浮雲。」又記顏回故事說：「顏子居陋巷，一簞食，一瓢飲，人不堪憂，回也不改其樂。子曰：『賢哉！回也。』」就今人看來，孔子、顏回，過著這這般簡陋已極、窮困已極的生活，還有什麼樂趣可言呢？這不能不說是一大問題。而莊子書中卻有解答。莊子編造孔、顏一些故事，不免把孔、顏道家化；然而，其中卻有至理存焉。由以後禪宗工夫的證實，莊子說孔、顏如何？如何？其實，就是一種種禪定工夫。由禪定工夫產生的「禪悅食」（又稱「大快活」、「大自在」。），就有無窮樂趣。而莊子的《逍遙遊》篇，更是植基於高度的禪定工夫之上；不然，以莊子窮困的生活，如何逍遙得起來？而「其神凝」三字，即在描述這項工夫。當然，莊子與孔、顏容有工夫深淺程度之不同，但除了這項工夫可以享受自發的無窮之樂外，實在找不出什麼樂趣來。

因此，「尋孔顏樂處」，便成了以後理學家的大題目。黃山谷讚美周濂溪有「光風霽月」的人格，而這樣的人格修養來自何處？因濂溪能作到「塵視軒冕，芥視珠玉」也。濂溪何以能把高官厚祿、黃金珠寶視若塵土草芥?人人所欲者，濂溪卻鄙視之，爲什麼?因濂溪自有其樂也。這樣的樂在內而不在外，與他同時代的邵康節卻有最佳說明：「夜深人復靜，此境對誰言?」（康節詩）以後李二曲也說：「夜臨深院靜，此境對誰言?」這樣近乎詩情畫意的妙境究竟意味着什麼?由極高度的禪定工夫（主靜之極功）所持續不斷地呈露靈光四射的本體，由此本體發出無窮之樂也。他人不知，惟己獨知。這才是理學家「尋孔顏樂處」的正確解釋。由此即鑄成理學家的藝術人生。如與前述玄學家的人生境界作一對比，高下之分、不啻霄壤!

3.**宗教人生**：由這個形上靈光四射的本體，又可開出宗教人生。宗教人生，主要在討論人的死生問題，亦即人生最後的歸宿問題。再明白地說，就是死後向何處去的問題。在現今人類知識領域內始終是個謎團，沒法解決。西方哲人認爲這是屬於神學的範疇，不去探討；即使觸及到如康德一般，因一無所知，只好交給上帝了。上帝呀!上帝，占在科學立場講，始終是個謎。誰升天國?誰見上帝?又有誰人能證實呢?無可奈何，只有信仰罷了。

中國哲人的看法，就大大不然。他們極端重視這個問題，而且把這個問題作爲中心議題之一，如宋明理學家談死生問題，即是如此。尤其道家、佛家最爲重視，他們的深入研究，從根源上出發，徹底解決了這個難題，使人生獲得最大的滿足。

先秦儒家的著眼點，在現實人生社會的實際問題，對身後虛無縹緲的問題，多避而不談。如《論語》記載：子路問死。孔子答曰：「未知生，焉知死？」在孔子心目中，生的問題比死的問題更重要，故孔子回避了這問題的正面解答。但我們不妨揣測孔子想的是什麼？他的前輩——魯國哲人叔孫豹曾高唱：「太上立德，其次立功，其次立言。」三不朽的論調，這對晚輩的孔丘，不能不說沒有絕大的影響。我們可以深信孔子在立德方面下了很深的功夫，所以他的政治理念才以「德治爲主」，這就明白了。立功嘛！因際遇不同，他沒有份；至於立言，孔子不自覺地是徹底做到了。孔子以後，這三不朽理念，無形中成了儒家學者的宗教信仰，一直到兩千五百年後的今天。

現在又看道家想法怎麼樣？道家是從超現實的人生層面着眼，去探索我們「人」究竟有沒有永久存在的東西，老子、莊子在這一面都有極重要的發現。老莊之道及老子之自然（指根本明覺義），都是指的這個東西，具有永恒不滅的真理。莊子把他擬人化，特以至人、神人、真人來代替，就親切得多了。以後沿老莊這一脈的仙學家，經過若干修證功夫，等到「元神出竅」，謂之「尸解」（《莊子·養生主》叫做「懸解」）便可遨遊太虛，「與天地精神往來」了。

這種永恒不滅的價值的發現，非但道家如此，即佛家亦然。而且，他們的發現，更深度化，達致佛學的極詣。在這方面，禪宗最爲當行。因爲他們不重視佛學理論，而特別重視禪功——禪宗的修道工夫。所謂「行也禪、坐也禪、無時無處不安然。」到了工夫的極致，便可「了生脫死」，所謂「到家時節」是也。換個說法，即是永駐不生不滅的涅槃世界，亦即作者常說的形而上的靈四射的本體世界。對禪宗的修道工夫必須解悟至此，那重理論性格的華嚴「事事圓融無礙法界觀」及修《止觀法門》的天台的「中道觀」，甚至唯識學的「大圓鏡智」，才可一一貫通而無扞格之虞。（請參閱拙著〈禪宗思想形成的階段與方法—兼論華嚴、天台哲理的會通〉一長文，載《孔孟老莊與文化大國》一書，台灣商務版。）

佛學通了，理學便可迎刃而解。理學家的形上學與道佛二家無殊，可是形下學就全然不同了。他們是以佛家的消極態度做儒家的治平事業，他們很少談生死問題。只有明末高景逸（攀龍）很例外，他在絕命時對他的門弟子說：「心如太虛，本無生死。」這句話的意思是，只要這個形而上的靈光四射的本體如太虛般的持續不斷地顯現出來，即可常川住在這本體中，有生有死的身我早已退避，故此時就證道者自身說，是沒有生與死的界限。是無生死可言的。而王陽明臨終時亦說：「此心光明，夫復何言！」此處光明二字，不可淺看，絕非一般光明磊落之意；而是與高景逸一樣，心如太虛般的無限光明也。

但從側面觀察，表顯得最爲突出的，卻大有人在。如邵康節臨終前，司馬光與富弼在隔室密商康節身後事，過後康節對他們說：你們不必這麼麻煩了。這是什麼意思？邵康節此時展現他的神通（他心通）智慧了。陸象山在荊門軍任上，臨終前，吩咐家人爲他梳洗、穿官服，他說：他要走了。象山清清楚楚知道自己何時走，難道不神秘嗎？

還有王陽明的門弟子蔣道林，臨終前，更以詩句來表顯他的道學最高詣境，算是理學中的特例。蔣道林，湖南常德人，晚年講學桃花岡，他的絶筆詩說：「吾儒傳性即傳神，豈向風塵滯此身？分付萬桃岡上月，須要今一齊明。」這與禪宗的「月印萬川，萬川（之月）攝一月」的理境層次絶無差別，亦即達到「一多相涵」——中國佛學最高境界——「事事圓融無礙法界觀」。就禪宗的修證工夫說，就是「到家時節」，真可「了生脱死」了。

更有一特例從行動上表現出來。如王學泰州派的三傳弟子羅近溪，晚年講學不輟。一夕大風拔木，次晨對他的門弟子說：他要走了。門弟子們依依不捨，要求先生再留一日，解答疑難問題。近溪應允，弟子們團坐，繼續聽講。次日，近溪叫一弟子看日晷，午刻正即走。羅近溪的修道工夫竟能達到控制生死的地步，更令今人無從理解。

從正面説，「心如太虛，本無生死。」除高景逸外，在清初總結理學的「關中大儒」李二曲亦如此說過。二曲說的，絶非景逸的翻版，而是他的修道工夫早就臻於此境了。黃梨洲在《明儒學案》中引述乃師劉蕺山（宗周）的解釋說：「景逸循義而生，循義而死，是為無生無死，非釋氏之無生無死也。」須知劉蕺山是明末衛道精神最為強烈的理學家，他的曲解是不足取的。如照劉蕺山的解釋，理學的本義反而隱晦不明了。

最後再綜括地說，所謂理學家的宗教人生，是以體現「真我」為目的。而此形上本體之核心概念，即是真我之自身。此一真我，乃人生最後的實在，亦即人生之歸宿。「超凡入聖」，由此入門。錢賓四先生倡言中國人文宗教，其所追求實現的人生真理，即應奠基於此。這與西方宗教哲學中的上帝觀念，迴然各別，是不可混爲一談的。

4. **科學人生**：由這形上本體世界，又可開出科學人生。科學人生屬形下學範疇，與形上學性質全然不同，又如何銜接，如何調和呢？這就要用雙重的體用關係了。體用關係，最早見於《六祖壇經》。如說：「以定爲體，以慧爲用；定慧一體，不是二。」這是指形上本體世界說的，所謂境界的體用關係是也。以後圭峰宗密特創「體用一源」之說，程伊川把它汲取過來，爲以後理學家們所公認並廣泛地引用，來解決這形上形下兩個領域的智慧與知識的銜接問題。而王陽明特別强調：「即體而言，用在體；即用而言，體在用，故體用一源也。」雖創新說，實則與《壇經》意涵無殊。最爲含混的，仍是這形上學與形下學如何銜接的問題。一直發展到清初李二曲手裡，才把這個問題徹底解決了。二曲說：「有天地之體用，有人事之體……。」很明白的，二曲是把體用關係分作兩層看。所謂天地之體用，即是境界的體用關係；人事之體用，即是存在的體用關係。如此明確畫分，就把形上學與形下學銜接起來了。這在理學中不能不說是一大貢獻。必如此，科學在理學中如何栽根的問題，才能獲得解決。

此外，還有一個認識問題，就是知識來源的問題，亦須同時解決。在認識論（即知識論）上，程朱「主性即理」，陸王「主心即理」；而理字的意涵，已如前說，又要包含天理

（形上本體）、人理、事理和物理等四大範疇之理。如就科學觀點看，程朱比較接近，陸王在認識上則不無難題。因爲事理與物理，尤其是物理絕不能在心中求，應「向外覓理」；如「向內覓理」，那就與科學絕緣了。這是陸王在認識論上的難題。程朱則不然。程朱因主「性即理」，是要「向外覓理」，是要在事事物物中去求取其理則，朱子的「即物窮理」，最具特色。這就合乎科學精神了。但必須加以前提限制，即「性即理」之性，必須限制爲事物之性質，其理，亦須限制爲事物之理則，即在事物性質中去求取事物之關係法則，這就合乎科學要求了。如照程朱路線，又要在事物中去找天理，這是永遠走不通的死路一條。故程朱派的認識論必須如此修正，如此嚴格限制，由程朱派的理學中，即不難發展出科學來。

再就朱子研究的興趣說，他的確實際觀察過山上存留蚌殼、螺絲的遺跡，於是他斷定，這座山原來是深谷的突起。由於地殼的變遷，深谷甚至大海變爲丘陵，亦是常事，如四川盆地即是如此。故朱子判斷是正確的。以後折衷程朱、陸王的李二曲，在閱讀的範圍中，的確廣泛涉及到科學書籍。而我們今天從這條路線走去，有了理學基礎，再向科學道路發展，亦未嘗不無可能。作者早年有幸受過科學洗禮，故對科學知識並不陌生；而且了解科學之重要性，科學爲立國之根本。今天中國要富强，非大力發展科學技術不可。不過，話又說回來，如果沒有中國人文思想的涵毓，如前述道德人生、藝術人生和宗教人生等在思想上的啓迪和情感上的滋潤以及理智上的辨析，僅有科學人生是偏枯的人生，落寞的人生。今天好多科學工作者的人生，就是如此。作者為補偏救弊，才有是項設計與構想，諒必會得到識者的認同。

本來科學人生在理學中並不十分顯著，如把現代的科學人生——物質人生，融貫進去，加以適度調節，導引人生向上超拔，便可締造幸福、美滿、理想的現代人生。

四、從宋明理學觀點看現代知識領域

我們從宋明理學的觀點來看現代知識領域，儘管門類繁多，浩如煙海，但總括起來，似不外兩大類：一是智慧之學，即內聖學，一是致用之學，即外王學。這兩套大學問，已如前說，必須涵蓋「天、人、事、物」四大思想領域，亦即天理、人理、事理與物理，都必須囊括於其中，才能盡內聖外王學之精蘊。案「內聖外王之道」，本出於《莊子・天下篇》，雖係莊子後學所作，但可標出道家的人生嚮往、人生路向，直到宋明儒才傳承下來，並大張旗鼓，特稱之為「內聖外王之學」，如前述明末清初李二曲所創立的「體用全學」，即「全體大用之學」或「內聖外王之學」，即其顯例。如以現代眼光看，所謂內聖學，實即高度智慧修養之學；外王學，則為廣泛致用於人生社會之學。因此，不妨更名為智慧之學與致用之學，既接近實際，明白易曉，又可袪除濃厚的封建色彩，符合現代民主社會的要求。

1. **智慧之學：** 已如前說，宋明理學是以形下靈光四射的本體爲中心，而此靈光四的本體，即內聖學的基礎；因爲他是光明的、靈覺的，可以觀照宇宙內林林總總的一切事物，所以稱爲智慧的。他，可以化黑暗爲光明，化平凡爲偉大，化塵俗爲超逸，徹底使人脫胎換骨，「超凡入聖」，故稱之爲智慧之學。實際上，就是內聖學的修養。爲了便於言說，我們又稱之爲理學中的核心概念。如捨此核心概念，理學思想即無由形成，而內聖之學，就更無從建立了。

然而，這一不著形跡，超然物外，可以觀照宇宙萬物的大智慧，又是從那裡來的呢？我們排除理學家的衛道精神，我們根據嚴格的思想考證，他的的確確是從道釋二家思想來的，亦即從老莊與佛學來的。宋明理學家沒有不精通佛老思想的。他們「出入佛老，返諸六經」是什麼意思？所謂「出入佛老」者，即從老莊與佛學中下功夫也。他們鑽研佛老思想與今人很不一樣。他們除普遍閱讀道釋二家典藉外，主要的，更從他們的修道工夫入手。如老莊的工夫、千言萬語，就是「主靜」二字。主靜二字，即可概括一切工夫。理學開山祖師周濂溪，這方面最具有代表性。即使邵康節的「觀心」工夫，雖源於天台的《止觀法門》，亦脫離不了「主靜」工夫的範圍。

其次說佛家的工夫。禪宗修道，最重修持工夫，而不重視理論，甚至反對對佛理的詮釋（如講經、釋經等），俟工夫到家，一旦大覺大悟，這個不期而來的、莫明其所以的形上靈光四射的本體，持續不斷地呈現於目前，再回頭來讀佛經，一切奧義都可明白了。禪宗重修持工夫的理由在此，今人多不解禪宗哲理者，其理由亦在此。而禪宗的工夫，仍脫離不了「主靜」二字。拙著〈禪宗思想形成的階段與方法—兼論華嚴、天台哲理之會通〉一長文，載拙著《孔孟老莊與文化大國》一書，論之甚詳，台灣商務出版，可以參閱。

華嚴、天台又如何呢？華嚴的「法界觀」是最理論性格的。它的「事事圓融無礙法界觀」，達到中國佛學的最高境界。何謂「事事圓融」？這是純理論性的。因爲是純理論性的，不易爲人瞭解，永嘉禪師曾以水月取譬。如說：「月印萬川，萬川（之月）攝一月。」月比喻靈光四射的本體是也。但華嚴哲學始終是理論性的智慧之學。縱然配合十等位的修持工夫，期冀達到佛學的最高境界（即成佛的境界），非經幾世修持不可。所以華嚴不如禪宗之普遍，其故在此。至於天台哲理又如何呢？天台倡「一心三觀」之說，支持這項理論可以實踐的則是靠它的修道工夫——《止觀法門》。由這項工夫可達到「中道觀」的境界，仍是中國佛學的最高境界。與禪宗的「了生脫死」、華嚴的「事事圓融」，絕無差別。故天台哲學，可以說是理論與實踐相互配合的智慧之學。

老莊與佛家的智慧之學，被理學家以工夫作基礎，統統汲取過來，遂鑄成理學中的智慧之學。再回頭仔細端詳儒家的典籍，如〈中庸〉、《易傳》等，不免大吃一驚，呀！這不是儒家原來就有的嗎？這應是「出入佛老，返諸六經」的確詁，也是理學家排斥佛老思想的唯一依據。殊不知，根據我們的思想考證，《易傳》與〈中庸〉，早就滲入道家思想了。那是儒、道思想的混合作品，怎麼能扯在孔子和子思頭上呢？這一點，此處不必深論。

總之，理學家的智慧之學，是從老莊與佛家思想融攝過來的。它以覓求「真我」，實現「真我」爲目標，從而奠定内聖修養的基礎。而此形上靈光四射的本體，即是「真我」的化身，亦是「涵蓋乾坤」，觀照萬象的大智大慧。惜乎現代知識領域中，我們最缺少的，就是這方面的大智大慧，我們必須力加宏揚，才可望實現快活自在的幸福人生。

2. **致用之學**：我們不妨這麼看，道家老莊偏重内聖學以爲己，儒家孔孟則側重外王學以爲人。爲己在覓求真我、實現真我，而成其智慧之學。爲人則在濟世救民，福祉人群，必以用世爲主而成其致用之學。孔子倡「修己安人」之道，修己，正爲的是安人，其安人——治國的具體措施，不外禮的規範和樂的調節，故孔子特別强調禮樂治國。而農政、軍政亦爲治國之必備條件，如云：「足食足兵、民信之矣。」「有文事必有武備。」（《左傳》）至於刑罰更不可缺失，因「刑罰不中，則民無所措手足。」這種種措施，又必須植根於個人仁德修養的基礎之上。孔子在政治上的最大抱負，是恢復東周的「尊王攘夷」的政治局面。

孟子則不然。孟子生在戰國中期，確有「王天下」——統一中國的雄圖。但孟子太過分强調仁義的功效，而忽略歷史爭戰的事實。周文王、武王如不用姜太公奇謀詭計和軍事實力，如何能打垮殷紂王而建立西周政權？可是，孟子則說「文王一怒而安天下之民」，既不可能而又違背史實。故孟子的外王學——致用之學，近乎空泛而不切實際。至於「大而化之之謂聖，聖而不可知之謂神」，可以看成儒家內聖學——智慧之學的萌芽。

荀子注重博學而以禮制爲主。其禮制範圍極廣，幾乎無所不包，確不失爲致用之學。尤其强調軍事之重要，如〈議兵篇〉之所説者，爲儒家建立外王學之一特色。以後儒者談兵，不能説荀子没有發生啓迪作用。荀子門徒韓非、李斯一變而法家，乃致用之學必然的趨勢和發展，李斯相秦，如果没有結實的致用之學作基石，又如何能輔佐秦始皇統一中國？故以後外王學的發展，必以法家思想爲骨幹。偌大的中國，中央和地方各級政府如無嚴格的法治規範，如何能統一安定，而求其强大？即使孔孟復生，面臨大中國的新局面，以法典治國，輔以儒家思想的調劑，亦當無異詞。

宋明理學家似多不解此理，除陸象山、王陽明「通變不迂」（李二曲評語）外，其他的多半墨守儒家規範，迂腐不堪。如張橫渠因少年時代深受范仲淹的「儒者自有名教可樂，何事於兵？」的影響，硬把孟子言「井田制」的陳規，購地實驗，豈不迂得可笑？南宋大儒朱熹卻迷信堯舜事業的偉大，而鄙薄漢事功，如不是頭腦冬烘，怎會迂闊至此？漢唐盛世究竟具備何等條件？始能創建其烜赫之事功，朱子似未曾理會，一味迷信孔子所讚美的堯舜聖君，簡直近乎荒唐，迂腐透頂。

陸象山、王陽明則不然。象山之學，雖自言源於孟子；但是，他卻不受孟子思想的束縛，他很重視荀子的博學，尤其對宋孝宗說：人主「兼聽則明，偏聽則暗。」這是荀子的格言，他又極端欣賞。他深諳商鞅變法之所以成功，王安石變法之所以失敗，於〈王荊公祠堂記〉中卻有精到之剖析。他洞知兵學的重要性。兵學，雖與陸門家學淵源有關，但與荀子重視兵學的觀點，亦不謀而合。尤其他在荊門軍任內，主張並實踐講理政治，更是孟子以來民主政治的宏揚。而〈輪對五劄〉以及「醫國四物湯」，是針對當時南宋處境提出的富國强兵之策，規復中原之計，惜乎宋孝宗乃中材之主，眼前諸葛竟不識，以致坐失恢復良機。王陽明精通兵法，在平定宸濠戰役中，其用兵之神奇，與諸葛亮並無遜色。惜乎遭遇昏君闇主，不得盡其長才。我們可以說，陸象山、王陽明的致用之學—外王學，在理學中是最出色的。到了清初李二曲倡「明體適用之學」，即智慧之學與致用之學，始粲然大備，惟一所缺的，就是現代科學了。

當然，理學中的致用之學，多隨時空變化增省其內涵，如比附現代知識領域，包括人文科學（言人理）、社會科學（言事理）與自然科學（言物理），均可稱之爲致用之學。而智慧之學，又是永恒不變的真理；如以智慧之學爲主導，則可促使現代知識領域大爲改觀，而中國傳統的全體大用之學，亦可以嶄新的面貌出現。

五、研究方法的探討與選擇

由於作者畢生治學的經驗，極端重視研究方法的效果和研究方法的選擇。所謂「工欲善其事，必先利其器。」這句話改在於治學來講，利其器，就是指的研究方法言。研究方法的重要性，凡做學問者無不知曉，不必細說；但是，他所採用的方法是否有效果，這就值得考慮了。如漢儒皓首窮經，終無一成者，有的是，毛病出在哪裡？出在方法有無效果的問題上。又近人做學問，蹈此覆轍者，亦不知凡幾？故研究方法的選擇是非常重要的。譬如打開寶庫的鑰匙，鑰匙對了，可以使寶庫大門洞開。研究方法亦然。

1. **近人的研究方法：**近人研究宋明理學的方法，歸結起來，不外乎下列幾種。

(1)考據方法：考據方法乃清朝乾嘉時代研究漢學的方法，以原書文句文義的考證訓詁爲主。乾嘉考據的祖師爺戴東原有句名言，所謂「字義明則義理明」，可視爲考據方法之準則；殊不知理學中字義易曉而不明其義蘊者，可以說比比皆是。故使用考據方法的效果，極爲有限；而戴東原對理境層次意義（如含天、人、事、物之理）之混淆不清，遂有「以理殺人」之斷語，實足以顯示戴氏對理學認識之淺薄。

(2)邏輯推理：西洋哲學中的邏輯推理，近人視爲治學的唯一方法。如羅剛先生曾函示作者說：「我們中國思想最缺乏邏輯觀念，沒有思想系統，所以用邏輯方法可以彌補中國思想之不足」云云。邏輯方法，誠然很重要，但是，它必受前提的限制。如果前提的義蘊不甚明晰，甚至誤解、曲解，還自信滿滿地照推不誤，其結果難免不無學術誤人之嫌。如被譽爲「哲學大師」的某先生，其理學諸著，即犯此病。

(3)綜合分析：綜合分析方法，亦由西方思想移植而來，使用時，亦有其限制；不然，縱逞其玄思之智力，綜合分析的結果，不過發揮其臆說而已。如某前輩先生在其《象山學述》中即說：「通觀全書，抓住要點。」即是如此。此不僅某先生爲然，恐怕好多學者都是如此。

(4)比較研究：比較研究法亦由西思移植而來，應用於文學方面，有比較文學；應用於史學方面，有中西歷史比較研究，都能發揮其顯著效果。至於應用在哲學方面，則有謝扶雅先生的《比較宗教哲學》。他曾來函告訴作者說，他研究《比較宗教哲學》達五十年之久，可謂勤於精進，令人感佩。但是，他篤信耶教教義，於其文字著述中，每每愛以耶教之上帝比附中國思想中之本體，我總覺得擬於不倫。如果他對中國儒、釋、道三家思想有更深入理解，可能他的觀點就會改變了。故比較研究法的效果，還是有限的。

(5)體驗方法：體驗方法亦即內省法，乃中國傳統治學方法之一。如用於《論語》的研究，可以發揮最佳效果。孔子自言「述而不作，信而好古。」他所以能集古代中國文化思想之大成，主要就靠這種思想方法。及到宋明儒手中，又衍生出體認、體貼等方法。實際上，乃內省法的深一層工夫。孔子又創「無言」（如「予欲無言」）及「默識」（如「默而識之」）等方法，直接爲宋明儒所傳承，應用於他們的工夫中去了。就這一點看，儒、道二家的思想方法或工夫，或不無相通處。惜乎近代國人言這方面工夫者（主要講體驗方法），知的程度有限，遇上禪學、理學中的深奧問題，簡直一籌莫展，若非閃爍其辭，就是避而不談了。

以上各種方法，有一共同缺點，即碰上宋明理學中之難題，如「出入有無死生者，道也。」（邵康節）、「靜虛則明」（周濂溪）、「理一分殊」（張橫渠）、「仁者渾然與物同體」（程明道）、「沖穆無朕」（程伊川）、「理是箇淨潔空闊底世界」（朱晦庵）、「此理充塞宇宙」（陸象山）、「全虛圓不測之神」（陳白沙）、「知晝夜、即知死生」（王陽明）、以及「虛明寂定」之本體（李二曲）等等，均難以索解而求其義蘊之所在。

2. **作者的研究方法**：作者治宋明理學，在黑暗中經過長時間的摸索，才覓出治學路徑和研究方法來，可謂得之不易。關於治學路徑，已如前述研究過程所言，茲不贅叙。至於研究方法，略說如次。

(1)證驗方法：證驗方法，又稱證悟方法，乃宋明理學家治學的主要方法，舉凡體驗、體認、體貼、靜坐、默坐、居敬等等，凡是從個人心地上去用工夫者，皆可以證驗法概括之。

這正是走「向內覓理」的路徑。理在何處？理在吾人之心中，只須內省，決不可外鑠於事事物物中。然而此理何名？正俗諺所謂「天理良心」之天理是也。天理者，即形上靈光四射的本體之代號也。能解悟、證悟至此，才算摸索到宋明理學的門徑。以後還問題多多，難關重重，適如王陽明的詩句所描述：「悟後六經無一字，淨餘孤月湛虛明。從知歸路多相憶，伐木山山春鳥鳴。」陽明先生又在打啞謎了。誠然，不知者，確是一個謎、重重的謎；但要解此謎底，除仰賴個人深度的證驗工夫、求其解悟外，就必須用各種有效的輔助方法。

⑵輔助方法：前述考據、邏輯、綜合、比較、體驗等等，都屬於輔助方法，而且是最有效的輔助方法。在這長期治學過程中，思想上的考證可彌補工夫之不足，非常重要；不過，其所考證的，非清代考據學家僅僅侷限於字義明之訓詁而已。比較法亦爲治學過程所必須。由兩者思想詣境之比較，即可判知其詣境之高低。體驗法，從吾人內心之體驗，可以明白心理活動狀況，屬於「人理」研究範疇，上與天理貫通，下和事理銜接，乃學際天人之樞紐。而綜合法，此時可作廣泛使用，無論形上學與形下學之貫通而鎔成思想之整體，全賴這種方法發揮其綜合作用。研究工夫至此，可能五味雜陳，思路紛紛，爲使概念清晰，定義明確，文理暢達，就非邏輯推理不可。但必須了解，這是邏輯的侷限性，不可漫無限制的使用。

我們必須使用上述基本方法——證驗法，才能覓得宋明理學中的核心概念——形上靈光四射之本體到底是個什麼東西？或則說到底像個什麼樣子？有此穎悟後，便可解決上述種種難題真實含義之所在。實際上，他們所指的，仍不外這個核心概念及其代號，或則由此核心概念引伸出來的次級概念，及說明此核心概念之作用與義蘊之詮釋。總之，吾人必須覓得、認識、了解此核心概念後，才能開啓理學的大門，進窺其堂奧。

六、宋明理學思想的來源

宋明六百年理學思想是怎麼形成的？也就是理學思想組合成分及其結構問題，須得在此略加剖析。關於這個問題，有種種不同的看法，茲分說如次。

(一)宋明儒的看法

宋明儒對他們思想的來源問題，有一共通看法，就是他們的思想直接導源於儒家孔孟，與佛（主要是禪宗）老（還有莊子）思想沒有瓜葛，沒有關連。這一基本看法，可以程伊川說乃兄程明道「發千載不傳之秘」（見程伊川作〈明道先生碑文〉），最具有代表性。但我們今天看來，這是理學家排斥佛老思想、極端主觀的看法，我們並不贊同。

㈡近人的看法

近人對理學思想的來源問題，多半主張是儒、道、佛三家思想的混合物，似乎沒有什麼重大思想價值可言。這一看法，未免太膚淺，太皮毛，甚至對理學思想一無所知，妄加論斷，不值一提。又有人以西方中世紀煩瑣的神學來比擬朱子理學者，更是擬於不倫。還有愛作中西思想比較研究者，認爲程朱愛言理，斷定是唯理論，陸王愛言心，則斷定是唯心論，王陽明更是絶對唯心論。因見張橫渠愛説氣，就有人判定橫渠思想是唯氣論。真是議紛紛，莫衷一是。

在近代學人中最爲突出的，又是自信滿滿的某哲學大師的特殊看法。他堅信儒、道、佛三思想有他們的真理存在，認識至此，是很不容易的。他精研康德哲學。他以康德底「智的直覺」（約略近似靈光四射的本體）來會通中國哲學。他認爲儒、道、佛三家思想中都有「智的直覺」，不過，儒家思想卻是剛健的，積極的、入世的，道、佛二家思想則是消極的、出世的。這一認定，作者是贊同的。他的觀點與宋明儒相同處，仍是「發千載不傳之秘」的看法，即宋明儒在思想上的絶大發現，乃是對先秦儒家孔孟思想的大力宏揚，闡發其奥義，如「虛靈不昧之本體」等，與佛老思想没有任何關連。其不同處，宋明儒都持排斥佛老的態度，他卻反是，而是主張三家思想可以包容，可以並存。這位大師級學人的看法，作者並不完全贊同，請詳下文。

㈢我們的看法

我們的基本看法是，宋明儒是以儒家思想爲主軸，融合佛、道思想而鑄成宋明時代的新思想、新文化。此即文化思想「融合論」，與前述文化思想「會通論」者，是截然不同的。

我們必須瞭解，凡是有價值的思想的形成，必然要經過批判、汲收、融合、創新等階段，即是文化思想的鎔鑄工程，才會產生有價值的新思想。例如漢代揚雄雖然在學術思想上有重大抱負，卻昧於此理，他摹倣《易》作《太玄》，摹倣《論語》作《法言》，他不明白有價值的思想，豈是摹倣得來的？揚雄的《太玄》《法言》在後代默默無聞，即以此故。深諳此理者，荀子可謂發其端，《易傳》〈中庸〉〈大學〉〈樂記〉〈禮運〉諸作者踵其後，才造成秦漢以來儒家思想的重大發展。宋明儒更是此中老手，才有宋明時代理學思想之形成。

宋明儒對佛老思想是有精湛研究的，如張橫渠「出入佛老，返諸六經」，最具有代表性。他創「理一分殊」說，難道不是由華嚴的「事事圓融無礙法界觀」或「一多相涵」的理論胎息而來？朱子說：「『月印萬川，萬川（之月）攝一月。』濂溪《通書》，不過說底這些子。」因華嚴「一多相涵」的理論，實在令人高玄莫測，才有「月印萬川」的譬喻出現。

已如前說，這是中國佛學的最高境界。朱子能解悟至此，煞是難得；而他讚美周濂溪的理學最高詣境，如《通書》之所說者，與華嚴哲學的極詣「月印萬川」並無不同，這就更難了。試問：華嚴哲學的最高境界爲何會出現在理學中？絕非周濂溪把華嚴的理論硬搬過來，而是憑他極精湛的修證工夫穎悟得來。再以此境闡釋〈中庸〉和《易傳》，遂鑄成周濂溪的理學思想。又如王陽明有「金山一顆黍米珠」的詩句，亦寓此意。他從正面在《傳習錄》中則說：「心即性，性即理。心外無理，心外無事，心外無物。」這仍是華嚴哲學的最高境界，亦是由陽明極精湛的工夫穎悟得來，才鑄成陽明的良知哲學，並臻於思想的極峰。再如清初的李二曲，並不諱言讀遍《釋藏》《道藏》，更以《唯識學》的「大圓鏡智」來摹擬形上本體之樣狀而達於極峰者。爲了易於理解，以佛詮儒，有何不可？至於理學家批評佛老者甚多，要以王陽明的評語最爲中肯。如說，「佛老不能爲天下國家」，即前引某大師所言道家、佛家的形上光明本體世界「是消極無爲」之意。嚴格地說，他們的形上光明本體世界，根本沒有消極積極之分。道家以此成仙，釋家以此成佛，理學家則以此成聖，其間所差異者，理學家要做儒家的外王事業，所以形下學方面自別於道家、佛家也。（當然，在形上學方面，已如前說，要樹立道德主體，此爲佛老思想所無者。）

在此，我們不妨總括地說，宋明儒透過佛、道思想的探討路徑，對儒家思想作極深度的發揚，亦即經過批判、汲取、融合與創新等階段，才鑄成理學思想。其中含有儒家以仁爲主的剛健進取精神，亦有道家老莊尤其莊子逍遙自適的精神，更有佛家禪宗體現真我的精神。故宋明理學實是孔孟以來儒家思想最凸出的重大發展，儒、道二家共同嚮往、實踐的內聖外王之學，必待宋明諸儒大力陶鑄，始底於成；同時亦產生了宋明時代的新文化、新思想。此後中國文化思想的發展，似應步宋明儒之後塵，在國家富強、人民生活富裕的要求下，大量汲取西方科技文化，快速發展經濟，以充實國力，富裕民生；並以民主法治作基礎，奠定國家長治久安之政局。人民自由，人權申張，恢復漢唐雄風，與世界超強攜手合作，維持世界和平秩序，應是中國新文化發展的方向。

七、結論

綜合以上各節所論，都可顯示我們對宋明理學的種種看法說法，多半與時人的見解不大一致，甚至相左，故稱爲新認識。我們有了這番新的認識，自然，對理學中的最根本的問題，即形而上的靈光四射的本體世界，我們稱之爲理學中的核心概念，才有清楚明確的認識和深度理解，才不致於義理混淆，夾雜不清，墮入西方哲學思想的途徑。它是中國哲學的獨特思想，與西方思想發展思路，判然各別。從而可以展示出中國哲學的獨特精神，爲今日西方思想中所最缺少者。又從這獨特精神的具體內涵中，可以開出道德人生、藝術人生、宗教人生與科學人生四種人生境界，均爲現實人生所必需而不可或缺者。現代西方科技文化的發展最爲特出，而科學人生的享受亦最爲豐厚，過度的物質生活，不惜物力，已達到泛濫的程度。但物力是有限的，終必有枯竭之一日。故爲西方人設想，應回過頭來，從事道德人生、藝術人生、宗教人生之追求，既可彌補西方思想之不足，更可引導西方人生步入正途發展。

我們再從人類知識領域來看，宋明理學又可開出形上學與形下學兩大知識領域。形上學，嚴格講，不是知識，而是觀照宇宙萬物的智慧，爲中國哲學的獨特發展與獨特成就，即西方哲學家中之巨擘如康德者，亦望塵莫及。其所發現的「物自身」與「智的直覺」，不過洸洋恍惚之詞，連康德自己亦無所知，如進而求其實際樣狀，只好去問上帝了。這種濃厚的西方宗教色彩，與理學中視同「真我」的本體世界，無異霄壤之隔。力主中西哲學「會通論」者，只仗邏輯推理爲唯一方法，卻忽略中國傳統的治學方法—證悟法之重要性，竟陷於浮光掠影、似是而非之窘境而不自知。故「會通論」甚難成立。惟一可走的道路，如宋明理學家般只有中西文化思想融合之一途。在此思想融合過程中，必須肯定佛家、道家思想的正面價值；同時，由消極無爲的佛、道思想如何轉化成儒家剛健有爲的積極態度？這就是文化思想的鎔鑄工程，頗值得現代國人的深思和反省。而宋明理學，無異爲中國文化思想的出路，懸示出一盞智慧的明燈。

凡關心中國前途的走向、中國文化思想發展的現代青年，透過宋明理學的新認識，亦可紮下思想的根基，期其發揮理學的大用。

98・7・16於美西加州

貳・理學之興起、理學思想之形成及其前驅人物

提綱

一、理學興起之時代背景
二、理學興起之主因與動力
三、理學思想之鎔鑄過程
四、內聖外王學之完成
五、理學之前驅人物
六、結論

一、理學興起之時代背景

我們對宋明理學有了前述新的認識之後，現在接下來講第二個專題──理學之興起、理學思想之形成及其前驅人物。首先要講理學興起的時代背景。

㈠禪宗思想瀰漫全國

隋唐時代是中國佛學最興盛的時代。隋唐佛學很可以代表當時中國的主流思想，而禪宗思想由於跟中國儒家思想結下不解之緣，把高深的佛教哲理能通俗化、簡單化、再加文學化，真正做到雅俗共賞的地步，所以禪宗思想能普通深入各階層而歷久不衰。

印度佛教自東漢明帝傳入中國後，歷經三國、兩晉、南北朝，都是佛教經典翻譯的時期。在佛理解釋方面，以玄學作橋樑，往往藉老莊哲學來解釋佛理，叫做「格義」。這麼一來，佛教在中國算是初步生根了。然而究竟是印度思想、印度文化，它與中土思想、中土文化仍有若干距離，顯得很不調和，尤其與中國儒家思想非但格格不入，更是衝突矛盾，障礙重重。爲了解決這一文化思想上的重大難題，於是佛教中國化即由此誕生。所謂佛教中國化，就是占在中國文化思想的立場來接受、來容納印度佛教文化，也就是把印度佛教文化融入中國文化體系中，使它產生一種新文化、新思想，中國化後的隋唐佛學最具有代表性。而天台、華嚴和禪宗在中印文化思想鎔鑄工程上，各有其獨特成就，從形式上看，它們三家宗旨好像很不一致，但實際上，它們都能達到中國佛學的最高境界，也是印度佛學的最高境界。

天台宗由居天台山的智顗創立。智顗，世稱天台智者大師。他以《法華經》爲藍本，故天台宗亦名法華宗。早在北齊時代有慧文禪師依據〈中觀論〉及〈中道頌〉：「因緣所生法，我說即是空；亦即爲假名，亦即中道義。」發明「一心三觀」之旨。所謂一心三觀者，即空觀、假觀、中道觀是也。因爲一念心中，可以三觀具足，故如是云。及智者大師創立此宗時，講說《法華玄義》對三觀之旨大加闡釋，並配合修證工夫的《止觀法門》，於是理論方法俱備，天台宗的教義始底於成。惜乎理論過於煩瑣，如果沒有華嚴宗「四法界」的精義爲之分疏，很難明白「一心三觀」義蘊的究竟。縱然配有修道工夫的《止觀法門》，要想由三觀之旨趣及其路徑證成佛果，亦即達到中道觀的境界，恐怕比登天還難。這是天台宗教義上唯一的缺陷。

華嚴宗則不然。早在南陳時代，有杜順和尚作《華嚴法界觀》，爲此宗之始祖。再傳智儼，三傳法藏，世稱賢首國師。賢首作《華嚴探玄記》，爲法界觀開出「十門」（即十等位），以闡發法界觀之玄義。至此，華嚴理論臻于完備，唐初大爲盛行。賢首國師在宮中爲武則天講〈金獅子章〉，闡釋法界觀的玄義，聰慧絕頂的武則天亦不甚了了。由此說明華嚴理論亦遭遇到難題。難題何在？與天台宗一樣，理論太煩瑣也。及到四祖澄觀清涼國師，才把這一重大缺陷彌補起來，即把煩瑣的法界觀理論歸併爲「四法界」，就簡單得多了。五祖圭峰宗密先習禪宗，俟深造有得，再入華嚴，於是「四法界」，即「事法界」（現象界）、「理法界」（本體界）、「事理圓融無礙法界」及「事事圓融無礙法界」等玄義，宗密皆可一一證實。故澄觀、宗密對華嚴貢獻很大。其中「事事圓融無礙法界」，爲華嚴哲學的最高境界，簡稱「一多相相涵」或「一多相即」。其理境層次與台天的「中道觀」絕無差別。由於理論簡單化，又有宗密以禪宗工夫的證實，華嚴的缺陷似可彌補起來。但華嚴始終是理論性格的，以後全靠禪宗功夫的證驗，禪理與華嚴才可會通。而禪宗最重實踐，缺乏重理論的建構；如果沒有華嚴哲理的疏證，即使達到「成佛作祖」，「了生脱死」、「涅槃妙心」的最高境界，就修證者言，亦難作出系統的説明。禪理之不易爲人瞭解，其故在此。故禪宗與華嚴可以相輔相成，關係最爲密切。

禪宗的性格與天台、華嚴大不相同。它把印度佛教徹底中國化了。禪宗强調「明心見性」，似可稱爲「心性觀」。禪宗重行，但在行的證悟工夫中仍須要觀，故名之爲「心性觀」，似無不可。在先秦儒家思想中最愛討論心性問題的，是孟子。而禪宗的心性觀，不就與孟子結下不解之緣嗎？我們説禪宗把印度佛教徹底中國化，就是指這方面言。儘管二者言心性的深淺程度容有差別，但就心性一面的問題看，禪宗與孟子關係就很密切了。

禪宗徹底中國化後，進一步，又普遍化、平民化、甚至簡單化、都是禪宗六祖慧能的獨特成就與不磨貢獻。六祖以一嶺南不識字的樵夫，聽人講《金剛經》而「悟道」，遂往湖北黃梅寺參見五祖弘忍，在碓坊舂米八月，因因作一偈云：「菩提本無樹，明鏡亦非台；本來無一物，何處惹塵埃！」得五祖印可傳其衣缽，遂奠定此後禪宗發展的基礎。這豈不是天大的奇蹟?禪宗能平民化、普遍化，就是慧能開始的。六祖說：「但用此心，直了成佛。」又說：「見性成佛。」如照天台、華嚴的理論去修證，要想成佛，比登天還難；可是，經過六祖這麼一轉，成就佛果，就容易、就簡單得多了。這不能不說是一種破天荒的說法和教法。禪宗頓悟的教法，也是慧能開始的。此外，六祖又說：「菩提自性，本來清淨。」自性，就是佛性。因人人同具自性——佛性，故人人都可以成佛。佛又是什麼?「大覺大悟者」，仍不免抽象不易理會。現在六祖則說：佛就是「本來面目」，這就具體得多了，親切得多了。以後有禪師又把「本來面目」改爲「真我」，算又進一步，就更親切了。這些都是禪宗了不起的成就，都是從六祖開始引發出來的。

另外，還可大堪注意的，好多禪師都注重文學的修養，所以他們的機鋒妙語文詞斐然。如寒山、拾得，禪師又兼詩人，被譽爲詩僧，爲世人所諗知。在此，作者特引公案一則作例證。《傳燈錄》載：有人問天柱崇慧禪師，「如何是天柱家風?」師答：「時有白雲來閉户，更無風月四山流。」又問：「如何是道?」師答：「白雲覆青嶂，蜂鳥步庭華。」又問：「如何是西來意?」師答：「白猿抱子來青嶂，蜂蝶啣華綠葉間。」這些答語，都極富於詩意與禪機，因禪師們多半有足夠的文學修養，所以禪宗又可向上發展進入高層社會。再加六祖門下傑出弟子衆多，到處弘道説法，於是禪宗就興盛起來。其間最堪矚目者，是六祖門下有兩位最傑出的弟子，一是南嶽懷讓禪師，一是青原行思禪師。前者開出潙仰、臨濟兩派，後者又開出曹洞、雲門、法眼三派。我們試想，六祖以後，禪宗就發展成五派；再加六祖弟子荷澤禪師神會又從事文字著述，著《顯宗記》，爲乃師爭道統，於是禪宗蓬勃發展，盛極一時，幾乎有唐一代都是禪宗的天下。到了宋代，臨濟最爲興旺，下面又有楊岐、黃龍二支派，於是整個禪宗各自紛紛發展，遂成「五家七宗」，真是旖旎盛哉！及到元、明時代，雖然禪風漸衰，但是，在修證方法上，又與淨土結合爲一，是爲禪淨雙修，成佛的捷徑，故仍能興盛起來，直到今天。

由上所述，禪宗自六祖慧能奠基以來，歷經千餘年而不衰歇，絕非異數，其中實有至理存焉。宋明儒囿於門户之見，一味排斥佛教（主要是禪宗），是沒有充分理由的。禪宗思想不僅當時瀰漫全國，而且又東渡日本，成爲日本禪；甚至近代飛渡重洋，傳至美洲，這是宋明儒想像不到的。

(二) 道教思想雄據要津

宋明儒當時要排斥的，主要是佛家的禪宗思想，其次才是奉老子爲教祖的道教思想。道教的神仙思源遠流長，它與老莊思想有密切關連。老子「長生久視」之説，就是神仙思想的濫觴。而老子説：「道可道，非常道。」的常道——永恒不滅的真理，更是他們修道追求實現的目標。老子又説：「道之爲物，惟怳惟惚。」云云，即是常道的內涵。莊子把常道擬人化，謂之至人、神人、真人等等，就更親切得多了。莊子特創「真人」的名稱，意味特別深長。謂真人者，與假人相對，世間王侯將相、凡夫俗子，都是假人也。以後道教就把真人看成神仙的化身；禪宗更把證成的佛祖，視爲「無位真人」。由此說明老莊思想對道教與禪宗影響之深遠，尤其老莊思想塑造了道教思想的靈魂；如果沒有先秦時代的老莊思想，就不可能有此後道教的創立。

再就修證工夫說，老莊與道教不但緊密關連，而且更是一脈相承。老子書中說了很多工夫，但可總括一句，不外「致虛極，守靜篤。」六個字。再簡化爲「致虛守靜」四字，就成了以後道教修道時惟一的，必備的工夫。莊子講「其神凝」、「吾喪我」，以及「心齋」「坐忘」等等，仍不外從「致虛守靜」的基本工夫中衍生出來的。老莊這些工夫語，非但道教奉爲圭臬，即禪師們證道時，亦離不了這些工夫。老莊與禪宗無論在思想上、工夫上，都有極深厚的淵源。這是近人多半忽略的。

神仙思想的發軔，應在戰國末期。當時燕齊方士們即倡神仙之說；而方士們不一定懂老莊思想，也許有他們的政治目的。及到秦始皇統一六國後，這種神仙的傳說，更盛囂塵上。爲了達到政治上的目的，不得不設法與君主接近；而秦始皇統一天下，滿志躊躇，爲了長期掌握政權，頂好長生不老，故與方士神仙之說一拍即合。秦始皇派徐福入海覓瀛洲、方丈的神仙，取得長生不老之藥，又是最佳例證。秦始皇並未如願以償，結果在河南沙丘地方遇刺暴斃。雖中副車，秦始皇亦由驚嚇過度而死。

這樁驚天動地的刺秦案，卻又引出一個謎樣的人物來。傳授《太公陰符經》與張良的圯上老人，絶非方士之流，而是一深具韜略的黃老學者。黃老學者絶棄政治，潛心闇修，即踏入修證神仙的思想路徑。張良以後功成身退，與赤松子遊。這個神秘人物的赤松子，難道不是圯上老人的化身？說他是隱士，可以；說他是神仙般人物，亦未嘗不可。

漢初，政治上重黃老思想，指點宰相曹參「爲政不在多言，顧力行如何耳。」的蓋公，當然是一黃老學者。而太史公司馬談（司馬遷之父），也是一位在朝的黃老學者。這其間又有位傑出的神秘人物，就是河尚公。相傳河尚公爲漢文帝寫《老子註》，即傳於後世之《老子河尚公註》。他曾築茅庵於河上（應是河的岸邊比較合理），隱姓埋名，註釋《老子》。寫畢，即騰雲駕霧而去。這種傳說，未必全部可信，但就今本《老子河尚公註》來看，的的確確，仍是一位漢初的黃老學者。既然隱姓埋名，不願爲世人所知，當然與政治絶緣。哪裡去了？恐怕跟赤松子的情況差不多吧！都是道家的隱淪人物，神仙思想的追求者。

儘管漢武帝一改漢初黃老無爲而治的政治路線，採用以法家爲骨幹，以儒家爲外表的治國方針；但是，神仙思想仍在潛滋暗長，向前推進。即就漢武帝爲心愛的李夫人招魂一事來看，不僅是燕齊方士的翻版，而且，他們更可使用招魂的法術了。（是否有效？姑不具論。）及到後漢末期，又出現了一批比方士之流更高明的道家隱淪人物，如《後漢書・方術傳》之所記載者。其中如華佗爲中國古代最傑出的醫學家（按中國醫學亦由道家傳出。）今人家喻户曉，姑不具論外，最值得特別矚目的，是左慈這位極端神秘的人物。因爲他的法術太高明，曹操驚嘆不已，並深忌之。曹操顧及個人的安全，必置左慈於死地。於是派兵追殺。那知左慈變化多端，時現時隱，與追兵捉迷藏。追兵莫可奈何，才不了了之。以後左慈，不知其所終。我們今天試想，左慈其人，到底是何方神聖？除神仙般人物外，恐怕也無法解釋了。

道教在東漢末年才由張道陵創立。張道陵爲張良後裔，以符籙禁咒行於世，對一般民衆頗具吸引力。以後道教的符籙派，即始於此。另有東晉葛洪好神仙煉丹之術，著有《抱朴子》《神仙傳》等書。以後道教的丹鼎派，亦始於此。而神仙思想與道教扯上關係，並作爲修道之目標者，葛洪似不失爲一關鍵人物。到了北魏，寇謙之奉老聃爲教主，張道陵爲大宗，道教的正式名稱，才由此建立。道教除上述兩派外，另有由精、氣、神三要素致力於修證工夫者，一旦「元神」出竅，即爲神仙之始，是爲修證派。這一派與原始老莊的精神血脈最爲吻合，與禪宗思想、方法等，亦最爲接近。早在漢朝，有吳人魏伯陽習道術，著《參同契》，倡丹汞爐火之説，爲修證派之濫觴。不過，此言丹汞爐火者，全指鍊内丹説，與丹鼎派之鍊外丹者，絶然不同，爲兩派之差異。

到了唐代，道教盛行，幾與佛教分庭抗禮。老子既奉爲道教教主，老子姓李，又與唐王朝同姓，故老子和道教在唐代格外到受尊崇。唐睿宗酷好老莊，頗有薄帝王而不爲之意。唐玄宗一代英主，對道教更是推崇備至，尊奉老子爲太上老君玄元皇帝，崇敬之意，無以復加。然而唐代帝王受道教之禍亦最深，如唐太宗、唐高宗、唐武宗均因服食丹汞靈藥而中毒身亡，可見道教盛行於唐代者，厥爲丹鼎一派。至於符籙派流行於民間，直迄於今，仍擁有不少信衆，如全目之爲迷信，似亦近乎武斷。如現今西洋開始發掘之「靈魂學」，期冀採索幽冥世界的究竟，早已超越科學知識領域，如《前世今生》一書之所記錄者。由此可知人類的知識領域正在不斷地擴展中。

宋代北方又有全真教興起，鎔冶儒釋道三教於一爐，是爲道教之全真派。此派是否即爲修證派，作者不敢妄斷，然據明末清初《伍柳仙蹤》一書之所論述，似乎依稀近之。拙作〈揭開神仙思想的神秘面紗──從老莊哲學談起〉一長文，載《孔孟老莊與文化大國》一書（台灣商務版），讀者可以參閱。而宋初的陳摶、元代的邱處機，更是修證派的出色人物。他們深受帝王的崇敬，絕非偶然。

由上所述，可知從老莊衍生出道教的神仙思想，已有兩千多年的歷史。在這漫長歷史演進過程中，經過長期探索驗證的結果，道教的神仙思想（指修證派言）與禪宗一般無二，確有其真理的存在與不磨的價值。況且道教在唐代定爲國教，雄據要津，自有一定的影響力。宋明儒不察，似乎囿於一偏之見，大力排斥佛老思想──佛教的禪宗與道家老莊和道教，就我們今人看來，是站不住腳的。但是，占在他們當時的立場，排斥佛老思想亦有其不得已的苦衷。

㈢儒家思想之沒落

佛教禪宗思想在唐代盛極一時，老莊道教思想在唐代亦占重要位置（唐代宮中設道觀，公主可以入觀為道士，可見重視道教之程度。）已如前說。現在看儒家思想在唐代又如何？我們知道，漢唐尊周孔（尊崇周公、孔子），宋明則尊孔孟。漢唐是中國歷史上的盛世，宋明，尤其是宋代，則是中國歷史上的衰世。兩漢經學盛行，隋唐佛學盛行，宋明則理學盛行。盛世與衰世是否與學術思想有必然關連？這就很難說。為什麼？學術思想固然是一個重要因素，如隋末文中子王通講學河汾，的確培育了不少的人才，如魏徵、房玄齡、杜如晦、長孫無忌、李靖等等，都是些傑出人才，輔佐唐太宗打天下、安天下，都成了開國元勛。這是由學術培育人才的顯著效果；但是，另外一個幾乎成了歷史的命定因素，就是雄才大略的英主不世出的問題。假如當年不出像唐太宗那樣的命世之才，這批開國元勛們即無此依托，中國歷史必然改寫。這一歷史命定因素，就與學術思想沒有多大關連了。又如後周世宗柴榮，本郭威養子，生賦異稟，雄才大略，趙匡胤不過是他的屬下，位居「殿前都點檢」。趙匡胤見了這位英主，只有乖乖的聽其驅使，敢生反叛之心？那知天不假年，卅九歲去世，留下孤兒寡婦，才予趙匡胤有可乘之機，演出「陳橋兵變、黃袍加身」的醜劇。如果周世宗不死，不僅內部可以統一十國的紛亂局面，甚至北伐契丹，驅逐關外，令其臣服，很可望恢復漢唐盛世，又造成大一統的中國。那知歷史隨着命定因素發展、卻不如此；接下來的，則是一位大將人才的趙匡胤來掌握歷史命運，宋代焉得不衰？這樣的歷史演進，作者亦不知其所以然，只好名之爲「歷史命定因素」了。這與學術思想毫無關連。縱使理學興起，亦挽救不了宋代積弱不振的命運。由此足以説明漢唐尊周孔，宋明尊孔孟，不可據此判定盛世與衰世之主因，不過好事之徒强爲説詞而已。

回頭來再看唐代儒家思想，實在微不足道。孔子後裔孔穎達的《五經正義》，不過就兩漢經學註上加註，於義理並無發揮，更談不上什麼思想？我可以斷言，唐代興盛與孔穎達的《五經正義》没有關連。而《五經正義》正代表唐代的儒家思想。儒家思想之式微、之没落，可以説到了黯淡無光的地步。縱然有韓愈倡導古文運動，排斥佛老，闡揚儒家孔孟思想，亦没有什麼影響力。至於有儒家懷抱的大詩人杜甫，因官卑職小，只有在詩中發抒個人感歎而已。至今仍受世人崇敬的身後名，那是另外一回事了。然而人才上那裡去了？有人説，唐代第一流人才跑到佛門中去了，一點不錯。我們看唐代禪宗出了多少大師級人物，禪宗思想能盛極於唐代，絕非偶然。至於第一流人才何以要跑入佛門？那就是此後理學興起的主因了。

㈣五代十國爲中國歷史最混亂時期

縱觀中國歷史，治世少而亂世多，明主少而昏君多，在歷代君主世襲制度下，才造成治亂興衰循環不已之歷史結局。此非歷史的必然，而是人爲因素造成的結果。即以唐朝與五代十國的關係來說，從表面觀察，由於唐朝自安史之亂以後，造成藩鎮長期割據的局面，以迄於唐朝滅亡。唐亡於藩鎮割據，而藩鎮割據又直接造成五代十國的混亂之局。藩鎮之力量大者，入主中央，即成梁、唐、晉、漢、周五代；其力量小者，割據一方，即先後成前蜀、吳、吳越、閩、南漢、南平、楚、南唐、後蜀、北漢等十國。此時中國歷史混亂極矣。如果唐王朝自肅宗以後能出幾位强而有力的賢明的君主領導中央政府，絕不會造成藩鎮割據之局，而中唐以後歷史必然改寫。五代歷史與唐中葉以後亦有所不同。所謂「五代八姓，五十三年，十三君中，明、世惟賢。」五代史很短，僅僅五十四年，在此短暫時期中，卻出了個像樣的仁而不明的後唐明宗，更出了一位雄才大略的後周世宗，極爲突出。茲據《新、舊五代史》有關資料，略說如次。

歐陽修《新五代史·周本紀第十二》說：「世宗柴榮器貌英奇，善騎射，略通書史黃老，性沈重寡言。」這就註定了是位偉大政治領袖的形象、性格和才具。尤其「略通書史黃老」，更值得矚目。通書史，必明歷代治亂興衰的緣由；通黃老，再加善騎射，必成軍事奇才，既可衝鋒陷陣，又可掛帥出征，無往不利，無敵不克，唐太宗即具備這樣的本領。

周世宗新即位，即有河東劉崇（按：《新五代史》作劉旻，《舊五代史》作劉崇，實係一人。）與契丹大將楊袞聯軍南侵，頗有進窺中原之志，帝召群臣商議親征，宰相馮道等力持反對意見，以爲命將禦寇即可。帝曰：「劉崇幸我大喪，聞我新立，自謂良便，必發狂謀，謂天下可取，謂神器可圖，此際必來，斷無疑耳！」馮道等以帝銳於親征，因固諍之。帝曰：「昔唐太宗之創業，靡不親征。朕何憚焉。」道曰：「陛下未可便學太宗。」帝又曰：「劉崇烏合之衆，苟遇王師，必如山壓卵耳！」道曰：「不知陛下作得山否？」帝不悅而罷。（見薛居正《舊五代史卷一百一十四、周書五、世宗紀第一》）世宗與馮道君臣的對話，值得注意的有兩點：一是周世宗的確以唐太宗自命，二是自號「長樂老」的老官僚馮道，是無法瞭解這位「英武果敢，親臨寇敵」的英主決心和抱負的。果然，世宗決意親征，與「劉旻戰於高原，敗之；追及於高平，又敗之。」於是破北漢與契丹聯軍，從此奠定了後周的軍事基礎，以後軍威所到，無不望風披靡，臣服於周。

周世宗的班底十分健全，真可謂人才濟濟。其中最出色者，有二人，一是軍師人才王朴，一大將人才趙匡胤。茲先說前者。據《新五代史‧周臣王朴傳》記載，世宗新即位，擊破北漢、契丹聯軍後，大事整軍經武，慨然有統一天下之志。王朴獻〈平邊策〉，深得世宗的激賞。其策略曰：「……攻取之道，從易者始。當今惟吳易圖，東至海，南至江，可撓之地二千里。從少備處先撓之，備東則撓西。備西則撓東，彼必奔走以救其弊，奔走之間，可以知彼之虛實，衆之強弱，攻虛擊弱，則所向無前矣。勿大舉，但以輕兵撓之。彼人怯弱，知我師入其地，必大發兵以來應。數大發兵則民困而國竭，一大不發兵則我獲其利。彼竭我利，則江北諸州乃國家之所有也。既得江北，則用彼之民，揚我之兵，江之南亦不難而平之也。如此，則用力少而收功多。得吳，則桂、廣皆爲內臣，岷、蜀可飛書而召之。如不至，則四面並進，席卷而平蜀矣。吳、蜀平，幽可望風而至。唯并必死之寇，不可以恩信誘，必須以彊兵攻，力已竭，氣已喪，不足爲邊患，可爲後圖。方今兵力精練，器用具備，群下知法，諸將用命，一稔之後，可以平邊。」

王朴平定十國的策略，豈不全盤托出？以後周世宗即照此策略規畫逐步實施。按當時十國中，以南唐版圖最大，實力亦最強。自李弁取代吳國政權後，先後滅掉閩國和楚國，其所轄地區掩有長江中下游及淮河一帶廣大地土，甚似三國時代的東吳，故王朴建議先取吳（李弁取代吳國政權，改國號爲唐，史稱南唐。時，李弁已死，其子李璟繼位爲帝。）再取蜀（前蜀亡於後唐明宗，孟知祥又據蜀稱帝是爲後蜀。）最後以強大兵力滅北漢（北漢劉旻爲後漢劉知遠的親弟弟，後周郭威取代後漢政權，劉旻恨之入骨，故北漢與後周有不共戴天之仇。）完成中國內部的統一。進一步逐契丹於關外，並臣服契丹爲中國藩屬，絕對可能。（按：此時，契丹強人耶律德光已死，其侄耶律兀欲爭立，被殺；於是德光子述律繼位。述律「畋獵好飲酒，不恤國事」，爲十足的昏君闇主。）契丹既服，西夏李元昊早就稱臣了，漢唐一統天下的盛世，豈不再造於後周？（按：北伐契丹，乃周世宗的宏圖。顯德六年，周師取三關，瀛、莫等州，兵不血刃，可見後周軍威之盛。作者根據周世宗的宏圖，才演繹出一統天下的構想。）

回頭再說王朴。《新五代史·周臣王朴傳》「世宗之時，外事征伐，而內修法度。朴爲人明敏多材智，非獨當世之務，至於陰陽律曆之法，莫不通焉。顯德二年，詔朴校定大曆，乃……爲《欽天曆》。六年，又詔朴考正雅樂……樂和而成。」

「朴性剛果，又見信於世宗，凡其所爲，當時無敢難者，然人亦莫能加也。世宗征淮，朴以樞密史留守京師，廣新城，通道路，壯偉宏闊，今京師之制，多其所規爲。其所作樂，至今用之不可變。其陳用兵之略，非特一時之策。至言諸國興滅次第云：『淮南可先取，并必死之寇，最後亡。』其後宋興，平定四方，惟并獨後服，皆如朴言。」顯德六年春，王朴卒，時年四十五。（據《舊五代史·周書王朴傳》）世宗慟之。

綜觀王朴之才，不亞於諸葛亮、王猛、李泌之流，又爲一代英主所信賴、所倚重，竟爾盛年謝世，惜哉！

周世宗所重用的大將人才是趙匡胤，無論南征淮甸，北伐契丹，都離不了他。不過，趙匡胤，論才具，始終是位出色的大將人才，絕非開國的帝王之器。他頗有自知之明，對周世宗所倚重的軍師人才王朴，極端敬畏。《舊五代史・周書王朴傳》夾註引《默記》云：「周世宗於禁中作功臣閣，畫當時大臣如李穀、鄭仁誨之屬。太祖（趙匡胤）即位，一日過功臣閣，風開半門，正與朴象相對，太祖望見，卻立聳然，整御袍襟帶，磬折鞠躬。左右曰：『陛下貴爲天子，彼前朝之臣，禮何過也？』太祖以手指御袍云：『此人在，朕不得此袍著。』其敬畏如此。（《舊五代史考異》）如果王朴還在人間，以他足智多謀的才具，輔佐後周幼主，趙匡胤要想黄袍加身，亦絕不可能，故如是云。而他取代後周政權後，平南唐、取蜀、最後服北漢，仍是按照王朴的策略進行。他的軍師人才是趙譜。趙譜僅以「半部論語治天下」，其與王朴相比，無異霄壤之隔。他没有征服契丹的雄心，只求中國內部的統一，才令元昊坐大，形成宋、遼、西夏鼎立之局。再加「燭影搖紅」，有篡弑嫌疑的趙匡義，權力薰心，只會小人行徑，就更不必說了。這些，才是趙宋積弱不振的基本原因，也是它的嚴重缺陷和致命傷。至於「杯酒釋兵權」，已是次要問題了。但就後周王朝來看，趙匡胤仍不失爲一位大將人才；如與周世宗相比，其才識氣度，仍不啻有霄壤之隔的距離。

現在來看史家對周世宗的品評。《舊五代史・周書世宗紀》評云：「世宗……嗣守鴻業（時年卅三），不日破高平之陣，逾年復秦、鳳之封、江北、燕南、取之如拾芥，神武雄略，乃一代之英主也。加以留心政事，朝夕不倦，摘伏辯姦，多得其理。……故帝駕馭豪傑，失則明言之，功則厚賞之，文武參用，莫不服其明而懷其恩也。所以仙去之日（時年卅九），遠近號慕。……而降年不永，美志不就，悲夫！」

《新五代史・周世宗本紀》評云：「……世宗區區五、六年間，取秦隴，平淮右，復三關（瓦橋關、益津關、草橋關，俱在今河北省。）威武之聲震懾夷夏，而方內延儒學文章之士，考制度，修《通禮》，定《正樂》，議《刑統》，其制作之法皆可施於後世。其爲人明達英果，論議偉然。……嘗夜讀書，見唐元稹〈均田圖〉，慨然歎曰：『此致治之本也，王者之政自此始！』乃詔頒其圖法，使吏民先習知之，期以一歲大均天下之田，其規爲志意豈小哉！其伐南唐……後克淮南……其英武之材，可謂雄傑。及其虛心聽納，用人不疑，豈非所謂賢主哉！其北取三關，兵不血刃……其料彊弱、較彼我，而乘述律之殆，得不可失之機，此非明於決勝者，孰能至哉？」

五代十國爲中國歷史最混亂時期，適如歐陽修在《五代史・一行傳》中，語帶悲憤地說：「嗚呼！五代之亂極矣。傳所謂『天地閉，賢人隱』之時歟！」際此混亂末期，卻出了一位雄才大略的周世宗，幾可與唐太宗相頡頏。如天永其年，非但可撥亂反治，更可再造漢唐盛世。無乃英年崩殂，棟樑先摧（謀臣王朴於顯德六年——西元九五九年謝世，年四十五，世宗則於同年六月崩逝，年卅九），致有趙匡胤陳橋兵變、黃袍加身之醜劇發生，而成宋代積弱不振之局。此乃中國歷史發展之不可解處，已如前說，姑名之曰：「歷史命定因素」、或「歷史命定論」。質諸史學專家，不知以爲然否？

二、理學興起之主因與動力

前面論述理學興起之時代背景，可謂理學興起之客觀條件，現在則說理學興起之主因與動力，則是它的主觀條件。

㈠韓愈倡道統觀念之影響

韓愈倡道統觀念，對宋明理學之興起影響甚大，非但是理學興起的客觀條件之一，而且更是理學興起的原動力。韓愈的志抱很大，想積極振興先秦儒學，恢復儒家精神，所以特倡道統觀念，而且更以繼承先秦儒家道統自命。他有名的〈原道篇〉即其代表作。他把儒家道統從堯、舜、禹、湯、文、武、周公、孔子，排列下來直到孟子，他又大聲慨嘆，「軻之死，不得其傳焉。」那漢代以來孟、荀並稱的荀子，又占什麼位置呢？他認爲荀子大醇而小疵，思想上總有點毛病，不夠格繼承儒家的道統，所以孟軻以後，儒家道統就中斷了。千餘年後，直到我韓愈起來，才是道統的唯一繼承者。他的口氣固然很大，可是問題多多。即就道統觀念來說，荀子絕不能排拒於外。荀子對先秦儒家思想貢獻之大，決不亞於孟子，故漢代孟荀並稱，韓愈也太不瞭解荀子思想了。而道統觀念之倡導，亦非從韓愈始，早在孟子時代，孟子即以擔當道統自任。如《孟子》篇末，孟子就大大地慨歎道：「由堯舜至於湯，五百有餘歲……。由湯至於文王，五百有餘歲……由文王於孔子，五百有餘歲……。由孔子而來至於今，百有餘歲。去聖人之世，若此其未遠也。……然而無有乎爾！則亦無有乎爾！」言下之意，孔子以來直到今天，道統沒有傳人，除我孟軻外，還有誰呢？孟子的使命感是偉大的。他以天降大任於斯人自任，當然，他就是道統觀念的繼承者。可是，千餘年後，韓愈又以繼承道統觀念自任，就顯得心有餘而力不足了。爲什麼？下文自有解答。真正完成道統觀念的，是宋明理學家，而非韓愈。

韓愈的〈原道篇〉的創作有兩種手法：一是破，一是立。破的一面，是抨擊佛、老思想，排斥佛、老思想，然而，韓愈對佛、老思想只懂得一點皮毛，怎麼能破呢？非但如此，其實，他對先秦儒家孔孟思想的理解，也是有限得很。如〈原道篇〉開宗明義即說：「博愛之謂仁，行而宜之之謂義。由是而之焉之謂道。足乎已無待於外之謂德。」這就是韓愈對仁義道德的詮釋，也是他爲仁義道德下的定義。首先他對仁字的解釋：「博愛之謂仁」，顯然由《論語》記孔子說：「泛愛衆而親仁」一語引伸而來。泛愛義與博愛接近，但泛愛並非仁（者），孔子亦難以仁（者）許人，可見爲仁之不易。韓愈喜言「博愛之謂仁」，無異說「泛愛就是仁」，這就與孔子原意（對衆人普遍友善後再親近仁者。）相乖，故以博愛釋仁，極爲不安。其次釋義，「義者，事之宜也。」乃古誼，還差不多。再次釋道，他說：

「由是而之焉之謂道。」這更值得非議了。當然，韓愈這樣的解釋，也有他的根據，孟子曾說：「夫道若大路然，豈難知哉！」殊不知孟子是方便說法，以大路來比喻道；《禮記・中庸篇》的說法，就不同了。「君子之道，夫婦之愚，莫不知焉。及其至也，察乎天地，雖聖人亦有所不能焉。」這就對了。道的全部義蘊都可概括進去。道的真實情況，要以登山來比喻才洽當。因爲以走大路爲喻，從這裡到那裡（由是而之焉），只是平面的，實際上，修道的進程是立體的。故以登山爲喻，從山腳起，一步一步地向上爬，經過山腰，再勇往直前，一直爬到山頂，登峰造極，登山行程才圓滿達成，修道情況，亦復如此。故韓愈對道的解釋，未免太膚淺了。至於德呢？古誼是「德者，得也。」韓愈說：「足乎己無待於外之謂德」，與古誼吻合；不過，韓愈得的什麼道？只有他自己明白了。雖然如此，韓愈卻很自負。他的〈調張籍詩〉說：「蚍蜉撼大樹，可笑不自量。」他要排斥佛、老，振興儒學，似乎太不量力了。他不考慮政治上的利害問題，竟向唐憲宗〈上佛骨表〉，這樣，他卻闖下大禍，謫貶潮陽。他又滿腹牢騷，寫詩道：「一封朝奏九重天，夕貶潮陽路八千。本爲聖朝除弊政，那堪衰朽惜殘年。知汝遠來應有意，好收吾骨葬江邊。」這時，韓愈多大年紀？不過四十出頭，正值盛年，他的道在哪裡？又這麼洩氣。

韓愈是一古文家，而非思想家，蘇東坡看得很清楚，讚美他「文起八代之衰」，一點不錯。他想振興儒學，並不成功；但是，他發起的復興古文運動，卻是很成功的。儘管如此，韓愈倡的道統觀念，自有其正面價值，頗值得肯定。它對宋明理學的興起，影響是很大的。它賦予理學家的原動力，直接以繼承道統自任，是不可抹煞的。

(二)戚同文開創書院講學之風

中國講學之風遠始於孔子，姑且不談，在隋朝末年有王通講學於河汾，就值得注意了。因王通講學，確實培育不少卓越人才，如唐初開國的將相人才房玄齡、杜如晦、長孫無忌、魏徵、李靖等等，皆出其門下。因有這些卓越人才輔佐唐太宗李世民，才打出天下來，締造貞觀之治，也是自漢武帝以後，中國第二個盛世，是謂漢唐盛世，爲現代中國人所誇耀，所羨慕，深深值得效法者。

距此三百餘年後，正是五代最混亂時期，又有戚同文在應天府講學，爲北宋初期作育了不少人才，其中最出色的是范仲淹。戚同文在亂世首開講學之風，對宋儒的講學影響很大，所以我們對戚同文不得不加以重視。

茲節錄《宋史・戚同文傳》如次。

戚同文，字文約，宋國楚丘（故城在今山東曹縣東南）人。世代習儒業，幼孤貧，祖母攜育於外祖家，奉養以孝聞。

同文聞邑人楊慤教授生徒，一日過其學舍，因授《禮記》，隨即成誦，日諷一卷，楊慤異而留之。不終歲誦畢《五經》，楊愨以妹嫁之。自是以後，同文彌益勤勵讀書，累年不解衣帶。時值後晉末年，喪亂已極，同文絕意仕途，且思見宇內混一，遂以同文爲名。楊愨嘗勉之仕進，同文曰：「長者不仕，同文亦不仕。」楊愨當時在應天府將軍趙直家教授蒙童，一病不起，遂以家事托同文，同文爲楊氏三代喪事善加料理，於是將軍趙直厚加禮遇，爲築學舍，聚徒講學，來從學者不遠千里而至。登進士第者五六十人，宗度、許驤、陳象輿、高象先、郭成範、王礪、滕涉等，皆踐台閣。同文門弟子中最知名、亦最傑出者，則爲范仲淹。據《宋史·范仲淹傳》：仲淹既長，知其身世，廼感泣辭母，去應天府，從戚同文問學。按應天府故治在今河南省商丘縣南，是知戚同文曾講學於此。

同文爲人厚重尚信義，人有傷者力拯濟之，宗族閭里貧乏者賙給之。不積貨財，不營居室，有人勉之，同文輒曰：「人生以義爲貴，焉用此爲！」由是深爲鄉里所推服。有不循孝悌者，同文必諭以善道。頗有知人之鑒，所與遊者皆一時名士。樂聞人善，未嘗言人短。與宗翼、張昉、滕知白爲友。生平不至京師。長子戚維任隨州書記，迎同文就養，卒於漢東，年七十三。同文好爲詩，有《孟諸集》廿卷。詩友楊徽之與其門人追號堅素先生。

同文次子綸，名顯於世，《宋史》有傳。〈綸傳〉說：「（戚綸）歸隱後，得十年在鄉閭講習，亦可恢道濟世。」

宋真宗大中祥符二年（一〇〇九年），應天府民曹誠，即同文舊居旁造學舍百餘間，聚集圖書數千卷，來學者甚眾。詔賜匾額爲「應天府書院」，命綸子舜賓主之，曹誠爲勵教，由應天府督導。

是知戚同文祖孫兩代，爲宏道濟世，皆以講學爲務；而「應天府書院」正式名稱，亦自其孫舜賓始。這對此後宋儒講學，關係可大了。

㈢恢復儒學的尊嚴

已如前說，漢唐尊周（公）孔（子），宋明尊孔孟。尊周孔，重事功，尊孔孟，重學術。尊周孔，故漢唐事功烜赫，造成中國歷史頂盛的朝代。尊孔孟，故宋明儒學（即宋明理學）昌明，締造中國歷史學術光輝的時代。

在學術上，兩漢重經學，可以說是儒家的天下。儘管政治上，是「儒表法裡」，這是可以理解的。漢武帝以武功創造偌大的中國，中央地方相距幾千里，又實行郡（國）縣制，中央政府與各級地方政府機構繁多，如果没有嚴格的法令約束，那政令的推行，要達成政令的目的，收到政令的政果是絶對不可能的。孔子如生在那個時代，對漢武帝治國方針，想必亦無異詞。當年秦始皇如果兼採儒家的懷柔政策，早立扶蘇爲太子，執掌國政，那秦朝歷史必然改寫。故賈誼寫的《過秦論》，兩千多年後的今天，我們讀來，他的基本觀點：「仁義不施，而攻守之勢異也。」還是對的。

唐太宗的武功最盛，他締造出偌大的、統一的中國，他以天可汗之尊，君臨天下，並安撫各邊疆民族，還是用的儒表法裡的政策，不過，他的儒家思想比較濃厚，法家思想比較淡薄，這是漢武帝和唐太宗的差異處。儒法並用的基本方針，不論今後中國如何演變，要維持强大統一的中國，是值得當政者三思的。

現在再就儒學的地位而論，唐就遠不如漢了。唐朝的儒學可以說衰歇已極，出了一個孔子後裔孔穎達寫《五經正義》，還有以古文家想振興儒學而又乏力的韓愈外，恐怕只有數大詩人杜甫了。杜甫在後代名氣很大，千餘年後的今天，還是如此。只要稍爲涉獵詩詞的、甚至稍有文化水平的，没有一個不知道這位大名鼎鼎的詩人。但杜甫很看得開：「千秋萬歲名，寂寞身後事。」他享有身後的大名，這對他生前又有什麼補益呢？提起杜甫的生前，可慘極了。「殘羹與冷炙，處處逢艱辛。」這便是他當時的境遇。幸好，他交到一位詩朋友西川節度史嚴武，保薦他作工部員外郎，是他的正式官銜；實際上，留在成都爲嚴武作幕僚。所以後人稱他爲杜工部，他的詩集叫《杜工部集》。這段時間，杜甫全家大小的生活還算比較平順；好景不常，嚴武離職他調，杜甫頓失靠山，生活又陷於絶境，他的〈茅屋爲秋風所破歌〉，就在這種慘境下寫出來的。杜甫縱然有儒家濟世愛民的情懷，流露於他的詩篇中，這對現實環境來說，又有什麼用呢？所以儒學在唐代是走倒楣運，前途暗淡極了。

再就考試制度來看，唐代科舉取士，詩文第一。進士科以詩文爲榜首，明經科只得敬陪末座。所謂明經，又叫「墨義」，即以經義取士，令其筆答問題，曰墨義。又有口頭回答問題，叫口義。可見儒學在唐代式微之極，連考試取才標準都訂得這麼差。這方面，漢朝就高明得太多了。漢武帝有名的「賢良對策」，實在是選拔人才的好方法，董仲舒就是以《天人合一論》的策文，被漢武帝選中的。這種取才方式最高明，亦最實際。後代中國政治領袖要選拔你需要的人才，漢武帝「賢良對策」的方式，是值得效法的。對比之下，唐代的明經取士，實在太沒有智慧了。所以錢穆賓四先生曾說，唐代第一流人才都跑到佛門中去了，一點不錯。所以佛學思想才占據了隋唐時代思想的重心，儒學不過點綴裝飾，因而黯淡無光。及到混亂已極的五代，儒學更掃地出門。宋儒要恢復儒學的尊嚴，無論就那方面來說，都是絕對須要的。

(四)提倡名節觀念

名節觀念是中國優良傳統觀念之一，肇始於春秋時代。孔子即很重名，故說「君子疾歿世而名不稱焉。」其實，這一觀念，又由孔子的前輩魯國叔豹的「三不朽論」而來。立德、立功、立言、均可以不朽，都可留名於後世。再通俗化，即所謂「人死留名，豹死留皮。」這就成了中國人的傳統觀念，已近乎宗教信仰，至今不變。至於節，是指個人的氣節或節操，裏面包含忠字的意義，古今來，有很大的變化。早在春秋戰國時代，就建立了一個標準，適如孟子所說：「君事臣以禮，臣事君以忠。」故由節操觀念衍生出來的忠君觀念，是相對的。這是春秋戰國時代的標準。到了漢代，由於漢武帝建立起强大統一的中國，這個標準就有大大地改變，由相對的節操觀念——忠君觀念，一變而爲絕對了。董仲舒倡「三綱五常」之說，最具有代表性，漢武帝大爲欣賞，亦執行得最爲徹底。如他處置李陵投降匈奴事件，即其顯例。蘇武不屈，歷劫歸來，亦博得武帝的嘉獎和重用。（按李陵答蘇武書說：蘇武歸漢，位不過典屬國。典屬國，相當外交部長，乃九卿之一，官位不低了。）相對比照，賞罰分明，其中關鍵問題，忠與不忠而已。司馬遷爲一大史學家，自稱「通古今之變」；可是，這個忠君的節操觀念，古今即起了巨大的變化，他昧而不察，徒以墨家俠義的精神，自認爲仗義直言，爲李陵事向武帝鳴不平，結果弄得宮刑下場。司馬遷對歷史這一思想觀念的劇烈改變，他亦忽略了，才遭此横禍。而這一觀念直至現今，又有改變，由忠於君主一變而爲忠於國家，乃國民的基本道德，也就不必說了。

在中國歷史上，最重視名節觀念的是東漢，漢光武統一天下後，「息馬論道，投戈講藝」，也就是偃武修文之意。漢光武何以在戎馬倥傯後特別講求治國大道？因爲他的文化水平高，是西漢末年的太學生，也是中國歷史上高等知識份子當皇帝的第一人。他鑒於王莽之亂，特別强調名節觀念的重要性。所謂幫閑人物的嚴光，便是一個典型的例子。范仲淹作〈嚴先生祠堂記〉所謂「先生之風，山高水長。」永遠值得後人的景仰。對比之下，「劇秦美新」的揚雄，就不堪入目了。以後諸葛亮可謂名節雙全，其識見之高遠，爲三國第一人。可是中唐詩人劉禹錫把他們兩人扯在一起：「南陽諸葛廬，西蜀子雲亭。」就不倫不類了。

魏晉政權由篡奪而來，自然名節掃地，才有東晉桓溫的豪語：「大夫人不能留芳百世，亦當遺臭萬年。」可謂衝破藩籬，爲了奪取政權，就不顧一切了。這種露骨的奸雄心態，後代史家該如何品評？南北朝時期，因有南北兩個政權相互對立，又偶有使節來往。對名節尺度的要求，似有雙重標準。如南朝（梁）的庾信使往北朝（西魏），以後留在北朝（北周）作了大官（驃騎大將軍開府儀同三司。）世人稱爲庾開府，反以爲榮嘞！

到了唐朝盛世，中國復歸一統，名節觀念的認知，名節尺度的要求，又嚴格起來。如盛唐宰相蘇味道，乃一官場最圓滑的人物，甚至說出：「笑駡由他笑駡，好官我自爲之。」至今還引爲話柄，實在太没格了。可是，他碰上精明果斷的武則天，下場亦很悽慘。及到晚唐衰世，中央政府大權旁落，地方藩鎮早已割據一方，唐政權危在旦夕，名節觀念的網絡，徹底瓦解。由此演變成五代，混亂已極，根本没有什麼名節可說了。長樂老馮道，又是典型的例子。我們如以孟子說的：「君之視臣如手足，則臣視君如腹心。君之視臣如犬馬，則臣視君以國人。君之視臣如草芥，則臣視君如寇讎。」的相對標準來看馮道的行徑，又在政權迭次更換的特殊情況下，馮道作爲四朝元老（梁、晉、漢、周），亦未可厚非；但是，以歐陽修甚至宋儒大一統的標準來看，馮道其人，就大大值得非議了。

總之，身逢亂世，一切解體，名節觀念幾乎蕩然無存，這在宋儒眼光看來，實在太可怕了。所以宋儒提倡名節觀念，在當時政治環境要求下，又是必須的。以上所說，是論述理學興起的主觀條件，也是理學興起的主因與動力。下面則析述理學思想是怎麼鑄成的？歸入本題，就很有深度了。

三、理學思想之鎔鑄過程

理學思想之鎔鑄過程，也就是今天所說的文化鎔鑄工程，是十分艱鉅的，茲就下列各項作有條統的說明。

㈠汲取佛老思想的精華

宋儒要振興儒學、宏揚儒學，該從哪裡著手？這實在是個難題。走漢唐的老路，從註疏入手，顯然這是一條絕路，走不通。如跟著韓愈路線走，又顯得皮毛膚淺，難以顯出儒學的精微奧義，這條路子還是走不通。於是，他們考慮到思想上極嚴重、極現實的問題，佛學（主要是禪宗）與老莊（主要是道教）爲何盛行於唐代，至今不衰？莫不是佛老思想中有天大的秘密，有不可磨滅的真理存在，才有這麼大的魔力，一般斗升小民不必說，即士大夫階層甚至連帝王將相如梁武帝、唐太宗、武則天等等，都爲之傾倒？於是，他們放下儒者的身段，專門從事佛老思想的深入研究，並且亦不避嫌地與高僧來往，甚至執經問難。這條路子走對了，早在唐代韓愈的門人李翺（亦說介於師友之間），就是走的這條道路。他對佛理的確有很深造詣，於是回頭來以佛理釋〈中庸〉，即成就了他的名著《復性書》。現在宋儒要走的，正是這條路子，張橫渠最具有代表性。橫渠「出入佛老，返諸六經，廿餘年。」他在佛老思想中轉來轉去，又返回儒家思想來，用了廿多年的工夫，當然有很大的收獲，到底收獲的是什麼？下文再說。宋儒既入佛老的寶山，當然要取寶而回。取的什麼寶？佛老之「道」是也。佛老之道，概括地說，就是《老子》說的「道可道，非常道」的常道，也就是永恒不滅的真理。道家以之成儒，佛家以之成佛，儒家（指宋明理學家）則以之成聖。（按：近人釋老子的常道，多認爲是宇宙最高原理，已經西化了，如何能成仙、成佛、成聖呢？）爲了便於言說，作者常常稱之爲形而上的、靈光四射的本體世界。他不僅是智慧，而且更是無窮無盡的智慧，故華嚴宗稱爲「智慧海」，又說「性海圓明」。因爲這個本體像大圓鏡似的，故稱爲圓。明，即光明義，可以觀照宇宙萬物（實際上，宇宙萬物可從本體中印出來，像照相一般。）唯識家謂之「大圓鏡智」。明代王陽明泰州派的三傳弟子羅近溪，更把他通俗化，說是「一箇圓陀陀光燦燦底東西」，這就容易明白了。他們覓得此寶後，便下山來，又回到儒家的門牆，從事儒書的闡釋，我們試以周濂溪的《通書》爲例，便不難窺知其中的秘竅。朱子説得好：「月印萬川，萬川（之月）攝一月。」濂溪《通書》不過説底這些子。」須知「月印萬川」，即「一多相涵」的比喻，這是中國佛學的最高境界，即禪宗的「了生脫死」，衝破了生死關，修證工夫達到這一境界，便可成佛作祖，功德圓滿，直登聖域。此時，釋家的佛菩薩，已改頭換面，成爲儒家（指理學家）的聖人了。濂溪《通書》說：「誠、神、幾，爲聖人。」從表面看，儒佛懸隔，無異天壤；實則，他們的本質（指此形上本體言），絕無差別。佛老思想的精華，就是這麼汲取、這麼融攝過來的。

㈡探討佛老思想的修證過程

所謂佛老思想的精華——佛老之道，宋儒又是怎樣去汲取呢？根據我們今人的瞭解，凡是一位偉大思想家思想的形成，必然有一長期的思想鎔鑄過程，其中有思想的起點，也就是思想的發軔；經過中間階段一步一步地演變發展，然後登峰造極，達到思想的頂點，才完成了全幅思想的鎔鑄過程，也就是佛老的修道過程。茲以儒家宗師孔子爲例，他的思想鎔鑄過程（古人叫做爲學次序）説得很清楚：由十五志學開始，直到卅而立，四十不惑，五十知天命，六十耳順，七十不踰矩，這漫長的過程中，不是明白地刻畫出思想的起點和頂點嗎？以此例彼，佛老思想亦必如此，只不過探索費力，没有孔子這麼顯著罷了。

現在用佛老思想作具體的説明，先以佛家的禪宗例。六祖慧能先説「即心即佛」，這當然是他思想的起點。中間階段就不容易探索；但是，他的思想圓融境界、也是他思想的顛峰，在《壇經》裡面好些話語中就全部展現出來。如說：「……離世覓菩提，便如求兔角。」「煩惱即菩提。」如用華嚴哲學來分疏，即是「事事圓融無礙法界觀」，或「一多相涵」的境界，已如前說，這是中國佛學的最高境界。以後馬祖道一乾脆把全部修道過程說出來，如說：「即心即佛」、「非心非佛」、「不是心，不是物、不是佛」；過後，禪宗大德根據馬祖的話定出「禪宗破三關」的全部修道過程，這就很完整、很明白、很清晰了，不必再去摸索，白費工夫。禪宗距宋代很近（指六祖、馬祖言），可是一千多年前的老莊，這樣探索起來就很難了。先看《莊子》，還有一點線索可尋，《應帝王篇》有則寓言可大堪注意。寓言是什麼？寓言就是莊子編造的哲理故事。故事這麼說：「鄭有神巫曰季咸。」這一大段文字中，有「杜德機」、「吾善者機」、「吾衡氣機」及「未始出吾宗」等列子與壺子的對話，或可視為莊子的全部修道過程。至於老子呢？就更模糊了。

這方面，老子雖然模糊，但是，如仔細探尋，亦可發現一些蛛絲馬跡來。老子首章「道可道，非常道」，這裡，開宗明義標出「常道」——經常不變之道—永恒不滅的真理，很顯然是老子思想的顛峰。至於他的全部修道過程，似可以十六章來作說明。十六章說：「致虛極，守靜篤。……歸根曰靜，是謂復命。復命曰常。知常曰明。……知常，容。容乃公。公乃王。王乃天。天乃道。道乃久。」我們想想，這不是描繪出一個長期修道過程嗎？這條線索對老子思想要作深度的研究，實在太重要了。其意涵如何？這裡不作說明；但是，我們從這全部修道過程中，可以看出老子思想，仍是有起點的。之後，經過一系列的階段達至「道乃公」的極詣，各個階段就很清晰明白了。以後道教的修證派根據這些暗示和他們自己極湛深的修道工夫，定出「初關、中關、上關」，所謂三關的全部修道過程來。及到上關修證完成，元神出竅，即世俗所謂神仙，白日飛昇，遨遊太虛，真莊子所謂「與天地精神相往來，與無終始者爲友」的高度智慧的精神境界，並非不可能，只不過這裡才破上關，乃是證成神仙的初步工夫；以後還要「鍊虛還無」，真可做到老子說的「道乃久」了。關此，拙著《揭開神仙思想的神秘面紗——從老莊哲學談起》一長文，原刊東方雜誌，後輯入拙著《孔孟老莊與文化大國》一書，台灣商務印書館出版，讀者可以參閱。

以上所說，乃是作者畢生沉潛於儒、道、佛三家思想中的經驗之談，宋明儒要汲取佛老思想的精華——佛老之道，想必不會很例外。

(三)沿用佛老思想的修道方法

宋儒最顯著的，是沿用佛老思想的修道方法或工夫。前面引述老子「致虛極，守靜篤」，就是老子的基本工夫。以後莊子的「其神凝」（〈逍遙遊〉）、「吾喪我」（〈齊物論〉）以及「心齊」「坐忘」（〈大宗師〉）等等，無一不是老子致虛守靜的工夫的變相說法。至於禪宗的參禪工夫，儘管名目繁多，實際上，仍脫離不了老子致虛守靜的基本工夫。明乎此，理學家沿用佛老的修道方法，就容易明白了。

周濂溪的〈太極圖說〉云：「主靜立人極」。立人極，就是建立人生努力的目標。人生努力的目標，何以要主靜呢？這就值得推敲了。顯然，孔孟思想並不完全如此。孔子講的是修己安人之道，孟子講的是王天下之道，這與理學思想的關係，並不密切。然而，問題並沒解決，周濂溪何以要主靜呢？這就值得深入思考了。邵康節在這方面卻有答案。他說：「院深人復靜，此景對誰言？」所謂院深人復靜，就是深度地主靜工夫；而意味最深長的，就是下句：此景對誰言。如果在這方面有幾許實證工夫者，就不難判知其真意若何。明白地說，就是作者常說的，這個形而上的靈光四射的本體湧現出來了。甚至作極深度地湧現，這與先秦儒家孔孟思想就有一些差別，在此，不可不辨。因爲孔孟思想，尤其是孔子思想在這方面是不十分顯著的。

好了，周濂溪的主靜工夫，在宋明理學工夫證驗上，打下了極結實的基礎，他的兩位傑出門弟子程明道、程伊川不得不沿此工夫路線走去。但明道與濂溪在這方面，似有青出藍之感。明道認爲主靜工夫太偏重靜的一面，實際上，人們的活動事爲在動的一面更多，所以明道就把濂溪的主靜工夫改作「主敬」工夫了。這與孔子講「執事敬」的意涵，就比較接近。明道說：「寫字非是要字好，祇此是學。」學個什麼？主敬工夫實際運用而已。程伊川又把乃兄修正的主敬工夫作意涵上的詮釋：所謂主敬，就是「主一」。明代王陽明更妙，「主一」是什麼？就是「主一箇天理」。至此，主敬工夫的義蘊才全部顯豁出來。錢賓四先生在其大著《宋明理學》中有關程明道的主敬工夫，他解釋說：「就是精神集中。」對了，只嫌不夠深入。要去實際做工夫，深深體會到伊川言主一的意義及其重要性，就差不多了。

現在要特別一說的，在思想淵源上，自言與佛老無關而源於孟子的陸象山，他的工夫是如何做法？象山的基本工夫，還是脫離不了「主敬」二字，故其《敬齋記》說：「敬，其本也。」便是明證。象山自言他的學脈源於孟子，為什麼他的《語錄》中有些話（如包顯道錄）被人譏評為禪語呢？這就涉及到工夫問題了。象山並不諱言讀過佛書，如《楞嚴經》、《楞伽經》、《圓覺經》等等，單憑讀過這幾部佛經就能通禪學，也必未然。象山讀《孟子》，實在讀得很特別，與一般人不一樣。他讀《孟子》，是從《孟子》的工夫踐履入手。如《孟子》說「勿失其本心」、「收放心」、「良知良能」、「存其良心」、「先立乎其大者」、「集義養氣」、「過化存神」、（「所過者化，所存者神」）。等等，非但瞭解其文義，進而更作實踐的工夫。這樣讀下去，深覺「此心至靈，此理至明」，「此理充塞宇宙」，亦即是「宇宙便是吾心，吾心即是宇宙。」再明白地說，就是形而上的靈光四射的本體湧現於前，究其量「至大無外」，可以充塞宇宙，故象山始如此云云。他自言「因讀《孟子》而自得之於心也。」這就是他讀《孟子》獨特的心得，非但和一般人不一樣，即《孟子》歷來註釋家如趙岐、朱熹，以以近人劉震寰《孟子本義》等等，都不一樣。這說明了什麼？即從《孟子》工夫踐履入手，的確可以通禪學。非獨象山如此，即此後的王陽明，他教人從《孟子》言養氣、「必有事焉」的工夫切實做下去，就是「致良知」，實際上，這就是通往禪學的路徑。這說明了儒學與禪學從工夫上講，是可以會通的。這一切的一切，一句話歸總；仍是主靜或主敬的工夫。它源於佛家與老莊。宋明儒沿用佛老思想中的修道方法來作爲他們的基本工夫。這一面，對理學之鑄成，非常重要，容俟下文申說。

(四)從證驗過程中認識佛老思想

宋儒認識佛老思想，並非單從字面上、文義上去瞭解，而是沿用佛老的工夫去證驗，要從證驗過程中去認知佛老之道究竟是個什麼東西。這種追求真理、實證真理的治學精神，我們今人就望塵莫及了。周濂溪說：「靜則明。」以後李二曲加以補充地說：「靜極則明生。」如果沒有一點主靜工夫，根本無從瞭解他們說的真實意義。又如邵康節說：「若未通天地，焉能了死生？」這從思想的起步（見道），就爬到頂峰了。已如前說，禪宗的「了生脫死」破了第三關，就相於華嚴的「事事圓融無礙法界觀」，已達致中國佛學的極詣。另外，程明道的《定性書》又說：「（性）無內外，無出入。」這不是說得很玄妙了嗎？就我們今人的理解，（人）性怎麼會無內外，無出入呢？如無主靜工夫，深知其奧義，則明道此語，實不可解。須知明道此處說的「性」，實際上，就是佛老之道的異名。這個道體——形而上的靈光四射的本體，沒有空間（內外）時間（出入）之分的。他一來就來，一去就去，已超越了時空的限制，故明道才如是云。非特如此，無論靜態環境（主靜）或動態環境（主敬），只要有極湛深的定功，他都會湧現出來。所以明道又說：「動亦定，靜亦定，合內外之道也。」

此後陸象山在這方面，就說得很粗略，如「此心至靈，此理至明。」「此理充塞宇宙」等等，或「宇宙即是吾心，吾心便是宇宙。」這些話，前面已經引述過。他十四歲時說：「纔一警策（用主敬工夫），便與天地相似。」

爲什麼會與天地相似呢？他的意思是說，這個光明本體稍加主敬工夫，便可湧現出來，究其量之極致與宇宙天地一般。這與他十三歲時開悟後說的：「宇宙即是吾心，吾心便是宇宙。」意義內涵完全一樣。可是，以後王陽明描述這個形上光明本體世界，就比象山細膩得多了。如陽明詩說：「悟後六經無一字，淨餘孤月湛虛明。」這孤月湛虛明，說得多麼細膩呀！禪宗修道叫「指月」，就是指的這個東西。而禪宗指月的秘竅，陽明在詩裡已全部吐露出來。由此可知陽明批評象山的話：「象山用過心地功夫，只是粗些；但細看，有粗處。」他們指謂的東西，完全一樣，由於描述方式不同，就顯得象山粗疏了。牟宗三先生不解其中奧義，竟以揣測之詞，認定是象山、陽明風格之不同，未免太離譜了。（見牟宗三著《從陸象山到劉蕺山》一書，首篇陸象山。）牟氏最重視邏輯推理。他推明的程朱、陸王之理學，不免令人太失望了。

我最欣賞的，還是王學泰州派三傳弟子羅近溪刻畫的最傳神、亦最通俗，已如前面引述的：「一箇圓陀陀光燦燦的東西。」佛老之道，就是這個東西。禪宗要悟道，就是悟的這個東西，理學家要見性，也是見的這個東西。由老莊而仙學，修鍊神仙，還是鍊的這個東西。明儒羅整庵（程朱派）曾描繪他自己驗證的心得：「萬象森羅於心目間……。」這不是禪宗「涵蓋乾坤」的境界嗎？試問：宇宙萬象怎麼會羅列於心目之間？因爲這個圓陀陀光燦燦的形上本體，好像一面大圓鏡（無限大）似的，宇宙萬象不可勝窮，但它們都可從這大圓鏡般的本體中全部印出來，所以叫做涵蓋乾坤。羅整庵的話，亦是此義。

此外，我更欣賞讚佩陽明弟子蔣道林的《絶筆詩》，在宋明理學中最爲出色。蔣道林，湖南常德人。先從學於陽明，過後，又向湛甘泉請益，是融合了王、湛兩家之長，而潛修密詣。晚年講學常德桃花岡，臨終前有《絶筆詩》云：「吾儒傳性即傳神，豈向風塵滯此身？（指老莊及道教修鍊神仙言。）分付萬桃岡上月，要須今夜一齊明。」這就是華嚴「月印萬川，萬川（之月）攝一月」、或「一多相即」、或「事事圓融無礙法界觀」，已如前說，這是中國佛學的最高境界，蔣道林都印證出來了。非但蔣道林一人如此，其他好多理學家亦莫不如此。（朱子可能例外。）這項證驗工夫，完全以主靜或主敬爲基礎，說來容易，做卻實難。陸王派並不主張著書立說，他們畢生的工夫用到哪裡去了？這就是他們的答案。

(五)最後印證儒家典籍——理學思想之形成

宋明儒對佛老思想的驗證過程，是很艱苦的。張橫渠說的「出入佛老，返諸六經」，花了廿餘年的時間，是多麼漫長的歲月啊！先在佛老典籍中細心研尋，反覆思考，並加以驗證，然後確有所得，再返回到儒家典籍來，闡釋儒家思想，便是橫渠這句話的確詁。茲以程明道釋〈中庸〉作爲最佳例證。

按《禮記·中庸篇》，原在《小戴記》中，自漢唐以來，並無特殊的學術地位，自程明道大力表彰後，便成爲儒家經典之作。當然，在明道之前，還有周濂溪的《通書》，大體上是依據〈中庸篇〉來解釋，故明道是步乃師之後塵，作更有系統地闡釋而已。

〈中庸篇〉，宋儒認定子思所作，是大有問題的。根據最近大陸在湖北荊門市郭店村的楚墓中發現了《竹簡老子》外，還有不少儒家典籍，可填補由孔子到孟子百多年來學術思想上的空白，非常有價值。惜乎作者至走筆時爲止，尚未讀到，深以爲憾。但是，我們可以推論：從孔子、子思到孟子百餘年來，儒家思想的衍進是有很大變化的。〈中庸篇〉的思想與孟子較爲接近，但它成書的年代，又在孟子後幾百年了。爲什麼？我們單就《中庸篇》來考察，首先發現這並不是一篇文義連屬的文章。它由兩篇文章湊合而成。根據朱子《中庸章句》的首章，是講「天命之謂性」，可是，自廿章起則是講「自誠明，謂之性。」「誠者，天之道也。」是以天道之實然釋誠。由實然之誠達到明的境界，叫做性。這兩者的意義顯然是不同的，怎麼能組合成一篇文章呢？稍加對比，即可發現其中的差異。

再從思想上考察，問題就更多了。首先要追問「天命」的確切意義是什麼？孔子「五十而知天命」，到底知的是什麼？這須得從「天」字說起。按金文的天字刻畫得像巨人（ 𠆢 ）一般。這就是天即人格神、可以主宰一切的象徵意義。《尚書》不必說，即《論語》、《孟子》書中的天字，仍是這一意義。可是，到《荀子》就變了，天變成人文化的自然（這與《老子》的自然亦有區別），人格神的意味全部消失了。

至於天命一詞的意義，應由人格神可主宰一切的意義衍生而來。即是人格神可以命令世人如何如何！《詩經》中的「天命靡常」，天命的意義應如此，孔子「五十而知天命」，其天命意義，亦應如此。錢穆賓四先生曾釋爲外在格局的限制（見錢著《論語新解》），恐怕不妥，這與天字的本義沒有關連。現在說到〈中庸〉首章「天命之謂性」的問題。按〈中庸篇〉晚出，由〈哀公問政章〉與〈禮運·大同章〉哀公問仲尼云云，都應在中國大一統時代才能產生的思想，其成書年代當在漢武帝時或以後。漢初，黃老思想盛行，《老子》自然觀念顯赫於世，不難理解。而戰國末年到漢初在儒學發展史上，是荀子學派的天下（如荀子學生張蒼，在漢文帝時作宰相，即是明證。）故荀子人文化的自然觀念，必爲其門弟子所傳承。至此，可以判知〈中庸篇〉的作者是誰？或者與荀子派的學者不無一些關連。這從「天命之謂性」一語可以看出其中消息來。如果以古老觀念人格神或主宰力所命（或付與）令於人們的，叫做性，於理不通；必須從《荀子》或《老子》的自然觀念來解釋，即自然所付給人們的東西，叫做性，下文「率性之謂道」，便順理成章。而今天率性、率真二詞的普遍使用，亦是順乎人性自然之意。這說明了〈中庸篇〉是儒，道思想的融合作品。

再看天道—誠與人性的關係。《論語》子貢說：「夫子之言性與天道，不可得而聞也。」人性與天道，顯然扯不上關係。但是《中庸篇》第二十章則說：天道就是誠。由誠而明，叫做性。非但把天道與人性緊密連接起來，而且賦予甚深哲學意義。按天道古老的意義，仍與有主宰力的人格神有關，如《尚書·湯誥》：「天道福善禍淫。」即其明證。又指天象之占驗言，如《左傳》子產言：「天道遠，人道邇。」即是其例。但其中的天道仍隱含人格神宰制吉凶禍福的意義。（按《老子》：「天道無親，常與善人。」亦是此義。）及演變到〈中庸篇〉作者手裡，這些都變了，所代替的，仍是《老子》、《荀子》的自然義，故云：「誠者，天之道也。」即自然現象之實實在在，之真實無妄，故謂之誠。而此真實無妄之理，又是自明的。以此自明之理作爲人性的根源，故云：「自誠明，謂之性。」這較首章「天命之謂性」的意義，又深入一層，與《老子》的淵源更深了。從這些精微處，又可看出〈中庸篇〉是儒、道思想的融合作品。

由上面的思想考證，可以說明〈中庸篇〉是儒、道思想的融合作品，絕非子思所作，其成書年代甚晚，當在漢武帝時代或武帝以後。更重要的，就天命、天道祛除了人格神的意義代以自然新義後，程明道之釋《中庸》，就沒有窒礙了。朱子《中庸章句》篇首即引明道〈中庸解〉的話說：「……其書始，言一理，中散爲萬事，末復合爲一理。放之則瀰六合，卷之則退藏於密。其味無窮，皆實學也。」

已如本書第一個專題所說，這個形而上的靈光四射的本體世界或本體，是鑄成宋明理學的核心思想，各家因援引儒家的典籍不同，故其名稱亦異。如周濂溪叫做「太極」（〈太極圖說〉按：〈太極圖〉非儒家典籍，例外。）及「誠」（《通書》），邵康節叫做「先天」，程明道、程伊川叫做「天理」，張橫渠叫做「太虛」「太和」，陸象山叫做「本心」，朱子就簡稱爲「理」，王陽明叫做「良知」，高景逸（攀龍）叫做「中庸」，劉蕺山（宗周）又名爲「慎獨」。試想想，這五花八門的名稱，已夠令人眼花撩亂，如果對這「虛靈不昧之本體」（朱子釋《大學》）「明明德」或「靈昭不昧之良知本體」（王陽明《大學問》）沒有透徹的了解和認識，單就這些雜多的名稱，已夠令人困惑了。幸而作者早年衝破這一關，故不爲雜多的名言所迷亂，並且認定這個形而上的靈光四射的本體，就是宋明理學的核心。其唯一依據，仍是在主靜或主敬的工夫上。

現在程明道釋〈中庸〉，自然離不了這個核心思想。首先，他以這個靈明本體釋「天命」，並作爲天命的具體內涵。已如前面的思想考證，天命觀念，已由人格神轉變爲荀子或老子的自然；而自然又有三義；一是自然現象義，二是自然法則義，三是自然明覺義。（程明道說：「明覺爲自然。」而明代理學家陳白沙（憲章）更「以自然爲宗」，當然是根據自然明覺義而來。）現在程明道以自然明覺作爲天命之具體內涵，而自然明覺，即此本體的作用，以作用代替本體，亦無不可。故天命觀念在理學家心目中，即是這個靈明本體的化身，非僅明道一人如此認定，即其他理學家亦莫不如此認定。故云：「其書始，唯一理。」而此理字，則是此本體的代名，源於華嚴的「理法界」，因爲儒書中沒有這麼高的境界。那「中散爲萬事」，又怎麼說呢？這指〈哀公問政章〉言。一個大一統的中國，國家大政，經緯萬端，當然是萬事了。但此處用「散」字義值得推敲。因爲這個靈明本體，其量之大可以涵蓋乾坤，透過雙重的體用關係，向週遭發射，可以涵攝宇宙人生一切現象，國家大政，自然亦在涵攝之列。所謂散，即此本體向四周發射也。國家大政有它客觀的存在，並非自此本體中流出，而是此本體可以涵攝經緯萬端之國家大政也。這個道理，再簡單明白地說，就是以道德領導政治之意。這其中的主人公，並非一般愚夫愚婦，而是指居高位的君子、聖人或哲王。當他日理萬機後，燕居閒處，「凡事一過便了」（陸象山語），使此涵攝萬事之本體復歸於寂，又回復到「湛然常明」（李二曲語）的狀態，故云：「末復合爲一理」。這裡是指〈中庸〉末章引《詩經》「『上天之載，無聲無臭』。至矣！」的話而言。根據我們的思想考證，〈中庸篇〉本身所含的哲理未必有這麼高深，這就是宋明理學與儒家典籍，儒家思想之最大差異處。而理學思想亦因透過儒家典籍的印證、詮釋，而由此形成。

四、內聖外王學之完成

宋明理學在「北宋五子」（周濂溪、邵康節、程明道、程伊川、張橫渠）手中即已形成，程明道之釋〈中庸〉最具有代表性。程伊川讚美乃兄「發千載不傳之學於遺經」，也是就這方面說的。不過，我們今天可以這麼看：與其說「發千載不傳之學於遺經」，毋寧說是宋儒融合佛老思想後所鑄成的新思想，才比較合乎思想演進發展的史實。

由北宋而南宋，形成朱、陸對峙之局。朱子遙承伊川思想，陸象山則與明道性格極為接近。（按象山自言其學脈源於《孟子》，自然與明道無關；但就性格言，他們極為近似。而象山的「本心」與明道的「天理」，在本質上，又絕無不同。）朱、陸異同的爭辯，亦因此鑄成。到了元代，朱子學定為官學，明代因之，及王陽明的良知之學崛起，遂造成朱、王對峙之局。由宋而元、而明，歷時六百年，半個世紀以上，其中出了不少傑出人才，我們不妨追問：他們為學的目的到底是什麼？藉用《莊子·天下篇》的話說，就是追求、實現、完成「內聖外王之道」。這中間不無重內輕外之別，但大目標應該是一致的。

㈠人格之展現

黃山谷說：「濂溪先生胸懷灑落，如光風霽月。」周濂溪何以會胸懷灑落，展現出光風霽月的人格？黃山谷是詩人，未必瞭解其中秘竅。周濂溪有兩句名言：「塵視軒冕，芥視珠玉。」軒冕是代表權力地位，珠玉則是代表金錢財富。權力與財富爲世人所畢生追逐者，尤其現今西方資本主義社會，資本家更以追求財富爲人生之目的。有了財富，便可換取權力地位；有了權力地位，更可擁有大批財富。此理，古今無殊，周濂溪何以輕視權力財富的價值如塵土草芥一般？這就值得推敲了。

權力地位如過眼雲煙，轉眼就消失了。孔子「視富貴如浮雲」，就是看得開，不執著，不迷惘，如斯而已。至於財富看穿了，猶如亞歷山大帝所說：「我赤裸裸地來，亦赤裸裸地去。」人生到此終點，可以說權力、地位、財富、金錢，凡爲世人所艷羨、所奪取者，統統一無所有，所謂「人生到頭一場空」的悲觀意識，即由此而來。權力顯赫人物如王安石，罷相後，外放金陵節度使，去蔣山（即南京鍾山）學佛，尋找人生的歸宿。王安石到此覺悟了。而有些權力人物至死不悟者，亦大有人在。至於一般芸芸衆生，渾渾噩噩過一生，就更不必說了。

理學家則至然。理學家要戡破的有兩關：一是名利關，即人生到頭一場空之意。這關戡破了，還有生死關。戡破生死關，極爲不易，非工夫到禪宗了生脫死的地步，是很難戡破的。到此，便可說到周濂溪的理學詣境了。濂溪《通書》說：「寂然不動者，誠也。」已如前說，天道之實然，謂之誠；可是，濂溪則說「寂然不動者」是誠，義指奚啻霄壤之隔？爲什麼？濂溪是把佛老的本體思想來詮釋儒家典籍〈中庸〉的。不獨文義上的詮釋，他的真實工夫已達致「寂然不動」的本體世界，適如前引朱子評《通書》的話說：「釋氏『月印萬川，萬川（之月）攝一月。』濂溪《通書》不過說底這些子。」果如朱子所評，濂溪有關內聖一面的修持工夫，已達到「了生脫死」的境界。也就是濂溪的真真實實的、永恒存在的「真我」早就覓得了。其樂無窮，既無生死的界限，人生也就不空了。試問工夫到此，即使貴有軒冕、富有珠玉對他還有什麼用呢？這是消極的一面。但是，他還要「感而遂通者，神也。」又要積極起來，盡他人生的本份，政治上的責任。既消極，又積極，乃理學家的人生態度，非僅濂溪一人而已。要作這樣深入地分析，濂溪何以會展現出光風霽月的人格，也就不難理解了。

㈡事功之期許

理學家的人生態度，正好用老子「無爲而無不爲」的話來形容。人格之展現是無爲的一面；事功之期許，則是無不爲的一面。前者可以自主的，沒有條件限制的；後者除了具足知識才能條件外，更重要的，必須受外在環境的種種限制，即前人所謂遇合是也。孔子之道不行，則是受人事環境的限制。以後孟子、荀子無不如此。賈誼得漢文帝的賞識，應有遇合了；可是，文帝「不問蒼生問鬼神」，這又受了時代思潮的限制。（文帝重黃老與賈誼主儒術，在思想上亦格格不入。）惟有諸葛亮的遇合，是超越古今的。（姜太公遇文王，亦與諸葛相似。）諸葛亮高卧隆中，對天下大勢瞭如指掌。劉備用諸葛，可謂絶處逢生；諸葛遇劉備，才造成三國鼎立之局。如若此時不生諸葛亮，曹操必然統一中國。這是中國歷史不可解處。九十年以後，王猛遇苻堅，幾乎統一了大半個中國；可是王猛一死，苻堅違背王猛不伐東晉的遺言，竟不旋踵而敗亡。安史之亂，李泌的遇合就太差了。他遇上唐肅宗這位庸主，本可一舉蕩平叛逆，恢復盛唐舊觀，可惜肅宗無識無量，竟把大好機會錯失了，甚至造成以後藩鎮割據之局。

現在説到北宋的邵康節，他「進退古今，表裡人物」，可算是北宋中葉的奇才。他與當時名公巨卿如富弼、司馬光、呂公著等來往，可見其名重一時。胡秋原先生曾對作者説，如果邵康節用世，不知情況又如何？早有湖北才子之譽的胡秋原，他對邵康節的推重，亦可想見。邵康節爲什麽不出山？這就值得推敲了。邵康節與諸葛亮、王猛、李泌都不一樣，他是位具有深度神通智慧的修道者。他能預知世局未來的演變。以他這樣的本領，這樣的不世之才，在當時改治環境中，他能出山嗎？無大有爲之君，那來大有爲之臣？孟子爲王天下——

統一中國開出的禮遇條件是：「將大有爲之君，必有不召之臣」，朝廷徵逸士，被薦授一團練推官，康節當然不赴任。像宋神宗這樣平庸的君主，能奈大局何？沒有特殊知人的智慧，竟用一書呆子加傲骨的王安石爲相，把國家大政弄得一團糟。當時的政治目標不外是，修明內政，振興經濟，充實國力，尤其要擁有强大的軍事實力，像周世宗效法唐太宗的氣魄和作爲，把遼人趕出關外，臣服中國；西夏不費一兵一卒，仍舊納入中國版圖，再造漢唐盛世。宋神宗非大有爲之君，王安石更非大有爲之臣；論才具器度，邵康節或是適當人選，但遇上一位平庸君主，也就無可奈何了。南宋朱、陸在這方面，亦頗值得一提。朱子與象山這方面的見解很不一致，這可從朱子與陳同甫論漢唐事功書看出來。陳同甫極積主張恢復漢唐事功，當然，他的立論基礎是根據當時南宋的偏安之局，朱子則不然。他很鄙薄漢唐事功，是行霸道，不是行王道。要行王道政治，必然跟孔子看齊，去效法堯舜。老實說，眼前的偏安之局，竟無動於衷，還要好高騖遠去效法堯舜的禪讓政治，豈不太荒唐了嗎？宋神宗以堯舜自命，大力支持王安石變法，最後弄得天怒人怨，朱子不去反省，卻要效法堯舜，這是理學家的迂腐處。陳同甫大力鼓吹漢唐事功，亦有其嚴重缺失。漢唐所以能締造烜赫的事功，自有其主客觀條件，絕對不容忽視。這些重要史實，陳同甫都置之腦後，竟以文學的手法，粗獷的性格，去鼓吹漢唐事功，能於事有濟、能補時艱嗎？

陸象山則不然。他是主張王霸兼用的。他很看重商鞅變法之成功。他認爲商鞅變法，是腳踏實地，是一步一步來，是緩進；王安石變法，與商鞅背道而馳，所以一敗塗地。（見〈王荆公祠堂記〉。）象山不談堯舜事業，他積極主張，恢復中原，這與詩人陸放翁、將軍詞人辛稼軒、史學家呂東萊等等，他們的政治見解完全一致。象山恢復中原的大計，載於他的《輪對五劄》中，他又有「醫國四物湯」，惜乎宋孝宗乃中材之主，眼前諸葛竟不識，恢復中原的機會也就錯失了。象山對事功的期許，確有一番偉大抱負，惜乎不遇明主，徒喚奈何！（可參閱拙著《陸象山研究》一書，台灣商務印書館出版。）

以後王陽明在事功上確有烜赫的成就，無怪太虛大師在〈王陽明論〉中，稱爲「仲尼以來第一人也。」陽明所遭運的是「太保皇帝」明武宗（胡秋原評語），怎能有功業的期許和建樹？這就是王陽明的運合了。宦官劉瑾被誅後，他從龍場驛貶所調陞廬陵知縣，不久，就調回北京吏部任主事、員外郎、郎中，後調升南京太僕寺少卿，去滁州督馬政，轉眼之間，又陞南京鴻臚寺卿。雖是閒職，但官位不低，相當於今天的中央級部長。王陽明由九品芝麻官的驛丞，四、五之間，就陞到中央級的二號大員，不可謂不是官場的異數和奇跡。他否極泰來，官運亨通極了。何以會如此？這就是陽明的遇合了。他得到吏部尚書楊一清的賞識，所以在官場中才一帆風順，平步青雲。同時，他建立功業的機會也來了，又深得兵部尚書王瓊的激賞。王瓊早知寧王朱宸濠有謀反意圖，認定將來平此大難者，非王陽明莫屬。於是調他出任南贛巡撫，平定贛南及福建汀州、漳州一帶的盜賊；並賦予軍事指揮特權——「給旗牌」，於情況緊急時，可徵調地方部隊支援作戰。果然，王陽明不負長官厚望，平賊任務剛剛完成，寧王朱宸濠就叛變了。王陽明立刻應變，不必請示朝廷（兵部），倉猝之間，調集地方雜牌隊伍三萬五千人，僅僅十多天工夫，即把號稱十萬之衆的叛軍（實際上約六萬人）全部擊潰，並擒宸濠於鄱陽湖。在這次戰役過程中，王陽明陞江西巡撫，大難平，又陞南京兵部尚書，封新建伯。不久，明武宗暴斃，明世宗立，又奉詔征討桂、粵五嶺山區百餘年難平的逋寇，官拜四省（廣西、廣東、福建、江西）總制，權重一時，相當於今天的五星上將。僅僅半年時間，就把盤踞五嶺山區的大股土匪全部肅清，並籌妥安定地方事宜，有疾，即班師回朝，途中病加劇，卒於江西南安。所以太虛大師說：「王陽明爲仲尼以來第一人也」。其功業之烜赫，也沒有第二人可以和他比擬。

(三)內聖學之鑄成

宋明理學家畢生所期冀的，就是實現內聖外王之道。前述人格之展現，即內聖一面的修養；事功之期許，則是外王事業的建立。外王事業須受種種條件限制，並非人人可能，除王陽明外，就不太顯著了。陸象山在這方面也是能手，惜乎不爲宋孝宗所知，懷才不遇。及到晚年，因宰相周必大的推薦，才外放荊門軍，賦予次級邊防重任。僅僅治理一年餘，即把湖北荊門建設成抵禦金人的次邊防線之堅強堡壘。軍民合作，教化有聲，寓政於道，實行講理政治，政績卓著爲當道所稱許。無奈天不永年，蒞任一年餘，即卒於任所，惜哉！此創建功業之所以難也。

內聖修養則不然，多半與外在條件無關，只要自己有志於此，即可完成。陽明先生的確指出一條光明大道：「人人有箇圓圈在，不向蒲團坐死灰。」前述羅近溪體悟出來的：「一箇圓陀陀光燦燦的東西」，就是「人人有箇圓圈在」的確詁，亦即作者常說的一個形而上的靈光四射的本體之意。因爲人人都有這個本體，故人人都可成聖。這實是孔、孟、荀以來儒學最大的發現，無怪陽明門下泰州學派連農夫、樵夫、陶匠都可致良知也。

占在儒學立場講，王陽明發揮的「萬物一體之仁」，以及張橫渠「民胞物與」的理念，都建築在這本體基礎之上。然而，如占在佛、道立場講，這本體就具足神通智慧的作用，理學家卻不輕易洩漏天機。但亦偶有例外者，如邵康節對歐陽棐講述他自己的身世，便是一例。歐陽修的兒子歐陽棐前往洛陽，臨行前，歐陽修特別叮囑他到洛陽時，一定要向康節先生請益。棐遵命前往，可是，康節專門叙述自己的身世不及其他。談話完畢，即送客出門，還拜托，廿年後，請他幫忙。歐陽棐百思不解，又不便追問。直到廿年後，歐陽棐任太常博士，朝廷爲康節定謚號，即交太常博士擬議。這時，歐陽棐才恍然大悟；而康節之謚號，亦由此而來。（見《宋元學案上·百源學案》）。這是什麽智慧？宿命通也。

又如陸象山任荆門軍時，治理盜賊的故事，也值得一提。有賊人某某老是爲害地方，象山命捕快到某處、某户，把某某抓來，經審問後即釋放，並不治罪。不久又犯，象山如法炮製。三擒三縱，强梁某某良心發現，伏地謝罪，說道：如再做賊，願以死謝陸大人。於是，象山給耕牛銀兩，勸他以後要作良民。這是什麼智慧？「天眼通」也。象山說他有三長。知人是他三長之一。他觀察人，不看外表，「直透人之心肝。」曾國藩看人憑相術，陸象山看人，則憑智慧；什麼智慧？「他心通」也。（以上有關象山治荆門政績及其奇異事蹟，拙著《陸象山研究》一書敘述最詳，台灣商務印書館出版，讀者可以參閱。）

還有王陽明的前知經驗，與國家邊防有關，更值得一叙。陽明征思（恩）、田（州），戰事結束後，處置地方善後事宜，離去時，告誡屬員守將某某說：可挑選精壯士卒六百名，駐守邊城某要塞，以防不測。果然，廿年後，安南王室發生動亂，廣西邊城因防範於先，未被波及。（見〈陽明世德紀〉）此事固可解釋防患於未然，但亦可說明此邊防部署，何嘗不是陽明先生前知經驗的展現？什麼前知經驗？與邵康節一般具有宿命通的智慧也。同時，由陽明評康節「洩漏天機」的話看來，更可證實王陽明與邵康一樣，都具有「宿命通」的智慧。又如陸象山在臨安時，楊慈湖（簡）來訪，不必問明來意，即知慈湖來訪的目的。象山不願驚世駭俗，引起非議，卻說他「直透人之心肝」，是把「他心通」的智慧換個說法也。非但邵康節、陸象山、王陽明如此，其他好多深造有得的理學家亦莫不如此，只是秘而不宣罷了。

我們研究宋明理學，如果不從這些奇異事蹟來說明他們與佛家、道家一般，都具有神通智慧，是無法深知理學底奧的。我說人人同具這個形上光明本體，是從正面說；此處專言神通智慧，則是就此光明本體的作用說。理學發展到王陽明手裡，「人人有箇圓圈在」，人人有良知（本體），單從理論上說，人人都可作聖人；人人是否都能超凡入聖？那就要看各人的證悟工夫如何了。孔子的聖人標準是仁智兼盡，孟子是盡人倫（如說：「聖人者，人倫之至者也。」）荀子則是力行博學（如說：「塗之人可以爲禹」及荀子自身之博學。）老實說，這些標準都太高、太難了。現在，王陽明教人卻從各人內心中去尋求、去探索，只要證得這個「靈昭不昧」的良知本體，就是聖人。（作者按：這只是作聖人的起步，以後還有多少工夫在。陽明所謂靈，即神通智慧之意；所謂昭，即光明之意。靈與昭，同時而來，能持續不斷地呈現，故云不昧也。）這與六祖慧能說「即心即佛」，無甚差別，只是換個說法，「即心成聖」而已。必如此，理學中的內聖學或智慧之學，才能徹底鑄成，不待外求也。

(四)外王學之融貫

外王學，即致用之學。致用之學，要以「適用」爲主；學而不適用，就是迂腐，脫離了現實。在宋明理學家中，這方面近乎迂腐的，是張橫渠。橫渠對孟子說周代「井田制」，十分嚮往，因在他的第二故鄉陝西郿縣橫渠鎮（張載，原籍河南洛陽。）購田一區，實驗井田制的可行性，這不是近乎迂腐是什麼？自商鞅變法以來，徹底實行土地改革，還能恢復井田制嗎？由此一端，可以說明張横渠的致用之學不無可議之處。

致用之學最爲踏實的，是陸象山。以象山的家學淵源，除注重道學修養外，有關歷代興衰存亡的史學、經濟之學（包括經世濟物之學）、以及保家衛國的兵學等等，乃陸氏家學的必修科目。更重要的，爲了維持百口以上的破落户的大家族，全族生計資源、家政管理，極爲不易。故陸門子弟必須輪流擔任家政管理工作。象山注重「事上煉磨」，他的致用之學，就是在這種環境中磨練出來的。以後他知荆門軍，所以有輝煌政績與他的家庭環境不無密切關連。王陽明跟陸象山在這一面，就截然不同。他的父親王華狀元出身，官拜南京禮部尚書，顯係官家子弟，未與實際事務接觸。不過，他入仕以後，經過龍場驛九死一生的磨難，深知世途之艱險，徹底改變了他的行事風格與政治態度；而且，自龍場驛悟良知（本體）後，倡「知行合一」、「事上磨練」，這與象山就接近了。簡言之，陸、王的事功建樹，是植基於實際事務上的。由於象山的時代背景不同，特别强調事功的重要性。惜乎他晚年才受知於宰相周必大，如天永其年，能負方面之任，在事功上，一定有更大的建樹，這是可以肯定的。

建樹事功，必須具備廣博的知識條件，陸、王在這方面，都不十分顯著，程、朱着重知識的探討，或可補陸、王之不足。程伊川講「格物致知」，他的「涵養須用敬，進學則在致知」的見解，與老子的「爲學日益、爲道日損」的主張，如出一轍。伊川由致知說到格物，他說：「今日格一件，明日格一件，（時日一久，）自有脫然貫通處。」這是融貫知識的基本理論。以後朱子遙承伊川之學，擴大其範圍，由格物又說到窮理，於是致知、格物、窮理三者連接起來而成一知識系統。朱子學問之淹博，在宋明儒中可能無出其右者。他的治學標準「豁然貫通」「全體大用」，他的〈大學．格物補傳〉，即是最佳說明。惜乎朱子形上學的詣境不夠湛深，他的治學標準甚難達成。因爲形下學方面，日積月累，經過長時間的思考融會，的確有豁然貫通之一境出現；但是，要把形上學與形下學一齊融貫起來，陶鑄全體大用之學，這就難了。我們可以肯定，朱子在這方面的努力並不十分成功。真能陶鑄全體大用之學的，只有明末清初的「關中大儒」李二曲先生。

李二曲名顒，字中孚，陝西盩厔（今名周至）人，自署「二曲土室病夫」，學者稱二曲先生。他聰明絕頂，無師自通，顧炎武有文讚美他：「堅苦力學，無師自通，吾不如李中孚。」二曲學問之淹博，不亞於朱子。《釋藏》、《道藏》，甚至《奇門遁甲》、《西洋教典》，凡是他當時能搜羅到的書，都讀遍了。他的讀書範圍，可能比朱子還要廣博；由於他目擊明末流寇之亂，蹂躪地方之慘，他特別強調兵學之重要。因此，他嚮往的歷史人物，不是什麼堯舜、周公，而是諸葛亮與王陽明。他說：「自來儒者中，惟有諸葛武侯與王文成通變不迂。」（按：諸葛亮屬法家兼黃老思想，並非儒者。）言下之意，其他歷史人物都迂腐不堪，其自負之高，可以想見。他對形上學造詣之精湛卓越，可能超過象山、陽明，因爲他獨享遐齡也，梁任公評定他是「王學後勁」（見梁著《清代學術概論》），徐世昌編《清儒學案》，又認爲他「折衷程朱」，這些評論都是皮相之見，似是而實非。宋明理學要到清初李二曲手裡，才算集理學之大成，錢賓四先生在其大著《宋明理學》中，認爲明末劉蕺山（宗周）爲理學之「結穴」，亦非的論。如究其結穴處，非二曲學莫屬；二曲之後，後繼無力，即成絶響。然而，二曲學的最大貢獻，的的確確完成了理學中的內聖外王之學。這是宋明儒夢寐以求的，二曲卻完成了，實現了。二曲其人，志抱宏偉，少年時代即著有《帝學宏綱》、《經筵僭擬》及《廿一史糾謬》等書。他宏觀歷代興衰存亡之由，以王佐帝師自命，故有此等著作。中年時代受知於川陝總督鄂善，禮聘至關中書院講學，並向康熙帝推薦，其薦書有云：「學爲帝師，道足王佐，一代真儒，曠等遺才。」康熙極爲欽佩，曾三次詔書徵辟，二曲均拒赴京，甚至以死明志，始免於徵。及到二曲暮年，康熙臨陝，傳旨召見，二曲以年高有疾辭。康熙無已，只得頒賜巨形匾額：「關中大儒李二曲，操志高潔，康熙四十二年御筆。」才了卻畢生求才若渴之心願。故當時學術界即譽爲「（清初）三大儒之一。」另二位是河北孫夏峰（鍾元）、江南黃梨洲。至於梁任公以顧亭林、黃梨洲、王船山爲清初三大儒，那已是晚近的事了。總之，李二曲在清初有他崇高的學術地位。他以超越程朱、陸王之卓絶造詣，使內聖學達于極峰，外王學又作多方面的融貫，並特創「天地之體用」與「人事之體用」（即牟宗三所謂「境界的體用關係」與「存在的體用關係」之意）等雙重體用關係，把形上學與形下學融成一個整體。其形下學方面，又以「適用」爲標尺；因此，二曲教人，特別强調「明體適用之學」。其高年弟子又稱爲「全體大用之學」或「內聖外王之學」。老實講，無論朱子的「全體大用」也好，宋明儒所嚮往的「內聖外王之道」也好，必待李二曲崛起後才徹底鑄成；這項艱鉅的文化思想鎔鑄工程，亦必待李二曲崛起後始底於成。（有關李二曲其人其學，拙著《李二曲研究》一書論之甚詳，台灣商務印書館出版，再版已出書，讀者可以參閱。）

五、理學之前驅人物

理學之前驅人物，據《宋元學案》記載，有胡瑗、孫復、石介三人。

㈠胡瑗

胡瑗字翼之，泰州如皋（即江蘇如皋縣）人。七歲善屬文。十三通《五經》，即以聖賢自期許。鄰父見而異之，謂其父曰：「此子乃偉器，非常兒也。」家貧無以自給，往泰山與孫明復、石守道同學。攻苦食淡，終夜不寢，一坐十年不歸。得家書，見上有平安二字，即投之澗中，不復展閱，恐擾心也。

後以經術教授吳中，范文正愛而敬之，聘爲蘇州教授，令諸子從學焉。……滕宗諒知湖州，聘爲教授。先生倡明正學，以身先之。雖盛暑必公服坐堂上，嚴師弟子之禮，視諸生如子弟，諸生亦愛敬如父兄。

其教人之法，科條纖悉具備。設經文治事二齋，經文則選擇其心性疏通，有器局可任大事者，使之清明六經。治事則一人各治一事，又兼攝一事。如治民以安其生，講武以禦其寇，堰水以利田，算歷以明數是也。凡教授廿餘年。慶曆（宋仁宗年號）中，天子召下蘇、湖取其法，着爲令於太學。

皇祐（宋仁宗年號）中，……授國子監直講。……嘉祐（宋仁宗年號）初，擢天章閣侍講，仍專管太學。四方之士歸之，至庠序不能容，旁拓軍舍以廣之。既而疾作，以太常博士致仕。東歸之日，弟子祖帳，百里不絕，時以爲榮。年六十七。……學者稱爲安定先生。

是時，禮部所得士，先生弟子，十常居四、五，隨材高下而修飾之。人遇之雖不識，皆知爲先生弟子也。

熙寧（宋神宗年號）二年，神宗問劉彝曰：「胡瑗與王安石孰優？」彝對曰：「臣師胡瑗，以道德仁義教東南諸生，時王安石方在場屋中修進士業。……臣師以『明體達用之學』授諸生，夙夜勤瘁二十餘年。初切學校，始於蘇、湖，終於太學。出其門者，無慮數千餘人。故今學者明乎聖人體用，以爲政治之本，皆臣師之功，非安石比也。」

先生初爲直講，有旨專掌一學之政。遂推誠教育多士，亦甄別人物。故好尚經術者，好談兵戰者，好文藝者，好尚節義者，使之以類，群居講習。先生亦時時召之，使論其所學，爲定其理。或自出一義，使人人以對，爲可否之。或即當時政事，俾之折衷，故人人皆樂從而有成效，朝廷名臣，往往皆先生徒也。（以上節錄《宋元學案卷一·安定學案》）

㈡孫復

孫復字明復，晉州平陽（故城在今山西省臨汾縣南）人。四舉進士不第，退居泰山，學《春秋》，著《尊王發微十二篇》。石介著名山左，自徂徠而下，躬執弟子禮，師事之。既而石介爲學官，作〈明禮篇〉以語於朝曰：「孫明復先生，畜周、孔之道，非獨善一身，而兼利天下者也。四舉而不得一官，築居泰山之陽，聚徒著書，種竹樹桑，蓋有所待也。……先生非隱者也。於是范仲淹、富弼皆言先生有經術，宜在朝廷，除國子監直講，召爲邇英殿說書。徐州人孔直溫以狂謀捕治，索其家得詩，有先生姓名，坐貶。久之，翰林學士趙槩等言，孫復行爲世法，經爲人師，不宜使佐州縣，乃復爲直講，年六十六卒。

初，先生四舉進士不第，退居泰山之陽，枯槁憔悴，鬚眉浩白。故相李迪守兗州，見之歎曰：「先生年五十，一室獨居，誰事左右？不幸風雨，飲食生疾奈何？吾弟之女甚賢，可以奉箕帚。」先生固辭。迪曰：「吾女不妻先生，不過一官之妻。先生德高天下，幸壻李氏，榮貴莫大於此。」先生曰：「宰相女不以妻公侯貴戚，而固以嫁山谷衰老藜藿不充之人，相國之賢，古無有也。予安敢不承？」其女亦甘淡泊，事先生盡禮，當時士太夫莫不賢之。（《澠水燕談》）（以上節錄《宋元學案卷二・泰山學案。》）

全祖望於《宋元學案卷首・序錄》評曰：「宋世學術之盛，安定、泰山爲之先河，程、朱二先生皆以爲然。安定沈潛，泰山高明；安定篤實，泰山剛健，各得其性稟之所近。要其力肩斯道之傳，則一也。」

(三) 石介

石介字守道，兗州奉符人。進士及第，歷渾州、南京推官。篤學有志尚。樂善疾惡，喜聲名，遇事奮然敢爲。以論赦書，罷爲鎮南掌書記。代父丙遠官，爲嘉州軍事判官。丁父母艱，垢面跣足，躬耕徂徠山下，以《易》教授其徒，魯人稱徂徠先生。入爲國子監直講，直集賢院，學者從之甚衆。嘗患文章之弊，佛老爲蠹，著《怪説三篇》及《中國論》，言去此三者，乃可以有爲。又著《唐鑑》以戒姦臣、宦官、宮女，指切當時無所忌諱。

慶曆（宋仁宗年號）三年，呂夷簡罷相，夏竦罷樞密使，而杜衍、章得象、晏殊、賈昌朝、范仲淹、富弼、韓琦等同時執政。歐陽修、余靖、王素、蔡襄並爲諫官。先生喜曰：

「此盛事也。」及作〈慶曆聖德詩〉有云：「衆賢之進，如茅斯拔；大奸之去，距如斯脱。」衆賢指杜衍等，大奸斥夏竦也。泰山見之曰：「子禍始此矣。」先生不自安，求出判濮州。未赴任，卒於家，年四十一。會孔直溫謀叛，搜其家得先生書，夏竦因以報復，且中傷杜衍等。因言介詐死，北走契丹，請發棺以驗。詔下。時杜衍守袞州，以語屬官龔鼎臣，願以闔族保介必死。提點刑獄呂居簡亦曰：「介果走契丹，孥戮非酷；不然，國家無故剖人塚墓，何以示後世？且介死必有親屬門生會葬。苟召問無異，亦足應詔。」於是衆數百同保，乃免斲棺。子弟羈管他州，亦得還。

先生家故貧，妻子不免凍餒，富弼、韓琦共買田以贍養之。有《徂徠集》行於世。

葉水心《習學記言》評曰：「救時莫如養力，辨道莫如平氣。石介以其忿嫉不忍之意，發於褊蕩太過之詞，激、猶可與爲善者之心，堅、已陷於邪者之敵。群而攻之，故回挽無毫髮，而傷敗積邱陵，哀哉！然自學者言之，則見善明，立志果，殉道重，視身輕，自謂〈大過〉，上六當其任，則節有足取也。」（以上錄自《宋元學案卷二・泰山學案・泰山門人》）

六、結論

綜合以上各節所說，可作結論如次。

一、中國思想的演進發展有幾個重要階段：一是春秋戰國爲百家爭鳴時期。近人常稱爲中國學術思想的黃金時代；實際上是中國思想奠基的時代，無論儒、道、墨、名、法各家莫不如此。墨家從秦漢以來，一變而成游俠，無關思想外，名家學說已成絕響，剩下來的儒、道、法三家，占據重要位置。其中法家思想自秦漢大一統中國後，在政治上，實居於主流地位，儒、道二家思想則互爲消長。

二、兩漢經學時期，只是儒家典藉的保存、整理與詮釋，沒有拓出思想發展的空間，才有魏晉玄學的興趣。但玄學的本質，是藉「名理」，「清譚」出來的一套哲學，其「智力遊戲」，與西方思想極爲近似。因而，又有隋唐佛學的興起。佛學中自有不磨的真理存在，故唐代禪宗思想才能瀰漫全國。這時，由於唐王朝與老子同姓，於是道家（包括道教）遂據政治要津；儒家思想早已没落，僅能妝點門面而已。

三、隋唐佛學能把印度佛學中國化，一變而成中國的佛學，尤其禪宗思想最具中國特色。而禪宗、華嚴、天台，其最高境界與印度馬鳴、龍樹的理論無殊，亦鑄成中國佛學的最高境界。其中有顛撲不破的真理存在，如禪宗流傳至今，又盛行於日本，近在美國又掀起禪宗熱潮，可爲明證。但是，佛學（禪宗）與老莊（由老莊演變成道教）究竟是宗教，與實際人生社會脫節，才有宋明理學之興起。王陽明對佛、老的高深哲理（即形上學部份），並無微詞，只是批評：「佛老不能爲天下國家，」確是的評。也可代表宋儒、甚至明儒排斥佛老的理由。至此，我們似可這麼說，就中國思想演進發展的軌跡來看，隋唐佛學是中國思想第二個黃金時代，那宋明理學，就是中國思想的第三個黃金時代。

四、理學興起之主觀條件和客觀條件，如本文前面所論述者，都容易爲世人所知曉，惟一難於理解的，是理學思想之鎔鑄過程。在這一面，近人多略而不談，以其中奧義總覺撲朔迷離，亦難於談也。作者窮畢生之力，以客觀的立場，强調證驗的觀點，近乎科學的態度，在這方面作極深入的剖析，以明其究竟，或可把以邏輯爲利器者，其浮光掠影之論一掃而空，還原理學的真面。高明的讀者細思之，當不以予言爲誣也。

五、如說隋唐佛學是中國隋唐時代的新思想、新文化，那宋明理學，則是中國宋明時代的新思想、新文化。其具體成就，則是理學家所嚮往的「內聖外王之道」，或「全體大用之學」、「明體適用之學」之鑄成。在「明體」的一面，具有絕對真理，不因時空推移而改變其性質。即使以愛因坦的相對論站在空中立場來看，亦復如此。他又具有普遍性，人人以同樣的方法去驗證，亦可獲得同樣的結果，故可稱之爲普遍真理。至於「適用」的一面，多半係各種知識條件的組合，當然就要受時空限制了。這裡卻有無限發展的空間，值得國人在這方面的努力。近聞大陸掀起中國思想熱潮，宋明理學已成爲顯學，希望大家共同努力，創造中國思想第四個黃金時代。

98・9・19於美西加州

參・怎樣認識周濂溪？

提綱

一、周濂溪的生平事蹟
二、周濂溪的人格風範及其與佛老思想淵源
三、周濂溪的「太極」和「誠」究竟是個什麼？
四、本體推演的宇宙論
五、周濂溪的聖人觀
六、內聖外王學的雛型
七、結論

一、周濂溪的生平事蹟

周敦頤字茂叔，道州（今湖南省道縣）營道人。父輔成，爲賀州（今廣西省賀縣）桂嶺縣令。母鄭氏。少孤，養於舅龍圖閣大學士鄭向家。宋仁宗景祐三年（一〇三六），向奏授洪州（故治在今江西省南昌縣）分寧縣主簿。時有獄久不決，先生至，一訊立辨。邑人驚曰：「老吏不如也。」部使者薦之，調升南安（屬江西省，治大庾縣）軍司理參軍。有囚，法不當死，轉運使王逵欲深治之。逵，酷悍吏也。衆莫敢爭，先生獨與之辨，不聽，乃委手版歸。將棄官去，曰：「如此尚可仕乎？殺人以媚人，吾不爲也。」逵感悟，因得不死。

移郴州（今湖南省郴縣及汝城縣）桂陽縣令，治績尤著。郡守李初平賢之，語之曰：「吾欲讀書，何如？」先生曰：「公老無及矣，請爲公言之。」二年果有得。徙知南昌。縣人喜曰：「是能辨分寧獄者，吾無冤矣。」富家大姓、黠吏惡少，惴惴焉不獨以得罪於令爲憂，而又以污穢善政恥。嘗得疾，更一日夜始甦。潘興嗣視其家服御之物，止一敝篋，錢不滿百，晏如也。歷合州（今四川省合川縣）判官。事不經手，吏不敢決，雖令下，民不肯從。部使趙抃惑於譖口，臨之甚威，先生處之泰然。遷國子博士，通判虔州（故治，在今江西省贛縣），趙抃守虔，熟視先生所爲，大服之，執其手曰：「吾幾失矣，今而後乃知周茂叔也。」

神宗熙寧初，知郴州。因趙抃及呂公著推薦，爲廣東轉運使判官，提點本路刑獄，以洗澤物爲己任。行部，不憚勞苦，雖荒崖絕島，人跡所不到者，衝瘴而往，以洗冤抑。以疾乞知南康（故治，在今江西省星子縣）軍。因家廬山蓮花峰下，前有溪，合於湓江，取營道縣故居濂溪以名之。趙抃再鎮蜀，將奏用之，未及而卒，年五十七，熙寧六年六月七日也。先生官南安時，二程先生父珦攝通判事，視其氣貌非常，因與爲友，使二子受學焉，即明道、伊川也。南宋寧宗嘉定十三（一二二〇）賜謚元公。因其居濂溪，世稱濂溪先生。（以上參錄《宋史周敦頤本傳》及《宋元學案卷十二·濂溪學案上·周濂溪傳》）

黃山谷評曰：「濂溪先生胸懷灑落，如光風霽月。廉於取名，而銳於求志。薄於徼福，而厚於得民。菲於奉身，而燕及煢嫠。陋於希世，而尚友千古。」（《宋元學案卷十二·濂溪學案下·附錄》）

黃百家（黃梨洲之子）於學案周濂溪傳末加案語云：「孔孟而後，漢儒止有傳經之學，性道微言之絕久矣。元公崛起，二程嗣之，又復橫渠諸大儒輩出，聖學大昌，故安定、泰山、徂徠卓乎有儒者之矩範，然僅可謂有開之必先，若論闡發心性義理之精微，端數元公之破暗也。」黃百家這段案語很重要。適如錢穆賓四先生所說：「漢儒在傳經，宋儒則在釋經。」前篇篇末所述胡安定、孫泰山、石徂徠等，只是其前驅人物；「若於心性義理之精微」，要從周濂溪開始（還有邵康節），一點不錯。

二、周濂溪的人格風範及其與佛老思想淵源

㈠周濂溪的人格風範

已如前述，周濂溪任南安軍司理參軍時，程珦代理通判事，使其二子程顥、程頤往受學焉。濂溪令尋孔顏樂處所樂何事？二程之學淵源於此。故明道嘗言曰：「自再見周茂叔後，吟風弄月以歸，有『吾與點也』之意。」

這裡，周濂溪教二程尋孔顏樂處，到底樂的是什麼？這是宋明理學中的一件大事，值得深入推敲。由此衍生出來的「『吾與點也。』之意」，以後王陽明非常重視，又是什麼意思？在此都須一併深入探討。我們就思想考證說，當然是指《論語》記載：孔子「飯疏食，飲水，曲肱而枕之，樂亦在其中矣。不義而富且貴，於我如浮雲。」以及「顏子居陋巷，一簞食，一瓢飲，人不堪其憂，回也不改其樂，賢哉。回也。」這兩章說的。但是，理學家和我們今天所體會、所瞭解的意境很不一致。為什麼？所謂孔顏之樂，是指孔子、顏回看輕物質生活，重視精神生活；物質生活看輕以後，物質條件即屬於無足輕重的位置，不為物質所困，不為物役，即可開拓個人的精神境界。淺者可以出現輕鬆愉悅的心情，深者更可超然物外，心曠神怡，甚至玄思入渺溟，頗有我欲乘風歸去之感。至於堅持什麼理念、理想的，不可能持久，因為他有所期冀、有所寄望，仍是「附物而樂」（陸象山語）。孔顏之樂，當然不是附物而樂；其重視精神生活，可能達到超然物外的境界，縱然不致玄思入渺溟，但在不合正義的前提下，已視富貴如浮雲了。我們今天所能體會的孔顏之樂，大致如此；可是理學家則不然，茲以周濂溪爲例，可作最佳説明。

濂溪的名句是「塵視軒冕，芥視珠玉。」正是富與貴的表徵。非但濂溪終身奉行，而且更爲此後理學家所樂道，亦終身奉行者。理學家如周濂溪，他對權勢地位、金錢財富與孔子相比，是有很大出入的。孔子在合乎道義的原則下，是要求取富與貴的；可是，濂溪則不然，他「塵視軒冕，芥視珠玉」，早把權勢地位、金錢財富，視同塵土草芥一般，這中間就沒有義與不義的問題了。再明白地説，孔子是在有條件限制下，仍然是有富貴的欲求，與常人一般；濂溪則否，他根本就視富貴如塵土，何止如浮雲？這是理學家與孔顏、孔孟的一大差異處。差異何在？思想根源而已。周濂溪早把人生看空了，但仍有不空處值得畢生追尋；伴隨而來的，便是人生的受用問題，也是享樂的問題。在精神境界中，早已超越孔顏之上，他所享受的精神愉悦之樂，與其説是孔顏之樂，毋寧説是佛老的逍遙自適、禪悦之樂。其樂無窮，飄飄欲仙。（這是作者最淺顯的詮釋。）濂溪以佛老之樂來釋孔顏之樂，因此，在濂溪心目中的孔子、顏回，與其説是《論語》中的形象，毋寧説是《莊子》書中的形象。這絕對沒有矮化儒家，而是把儒家的精神境界提升得更高了。程伊川謂明道「發千載不傳之學於遺經」，其實，周濂溪早已開始了。由於程明道深有所契，故嘗言：「自再見茂叔後，吟風弄月以歸，有『吾與點也』之意。」伊川則否，他的性格促迫嚴謹，不易接受濂溪這一教法。

至於程明道說「有『吾與點也』之意」，又是什麼意思呢？據《論語·曷各言爾志章》的記載：子路、曾皙、冉有、公西華侍坐，孔子叫他們各自說明自己的志趣。子路率先答覆，從個人經濟物質方面立論，冉有則從政事方面爲說，公西華則從外交方面著眼，都沒有獲得孔子的認同；唯獨曾點最後輕描淡寫地回答：「暮春三月，冠者五六人，童子六七人，浴乎沂，風乎舞雩，詠而歸。」孔子聽了，非常高興地說：「吾與（讚許義）點也。」這裡，孔子爲何要單獨讚許曾皙呢？這仍是孔顏之樂的問題。孔子先有不爲的一面，求得樂的享受，作爲精神生活的最大慰托；然後再致力於有爲的一面，才真正有所作爲。如孔子治魯三月，魯國大治，「道不拾遺，夜不閉户」。孔子所以能創建這樣卓越的政績，完全繫於無爲的一面，精神上有著落，精神生活有「樂」的慰托。只有曾點明白此意，故能博得孔子的讚許。

現在回頭來說程明道的問題。明道此時，正是翩翩少年，涵養工夫有限，他所明白的「『吾與點也』之意」，大概不出上述精神境界。唯獨以後王陽明在《傳習錄》中，讚許他的門弟子亦有同樣的說法，意義就全然不同了。這時，陽明心目中的「『吾與點也』之意」，和周濂溪理會的孔顏之樂，可以說一般無二。精神境界就此超拔，躍升爲形上本體世界，鑄成理學思想的核心。這樣的認識很重要。以後程門弟子呂希哲似未認識到這裡，說明道、伊川之學，與濂溪無太大關連，而源於胡安定。其孫呂本中亦如是說。全祖望即附會其說。這樣，二程的學脈就混淆了。老實說，胡安定所能瞭解的孔顏之樂，多限於孔顏本身的層境，如與周濂溪相比，何啻霄壤之隔？明乎此，才能說明周濂溪何以會展現出「光風霽月」的人格風範來。還是朱子的老師李延平，不愧爲深造有得的理學家。他解釋黃山谷的讚詞最有深度，如云：「黃山谷謂周子灑落，如光風霽月，此善形容有道者氣象。」

最後，我們又看濂溪自己怎麼說法。濂溪「獨愛蓮之出淤泥而不染，濯清漣而不妖。」這無異濂溪以譬喻方式的現身說法。他又題門扉道：「有風還自掩，無事晝常關。開闔從方便，乾坤在此間。」呀！周濂溪的高深哲理，就在此小詩中展露出來了。

㈡周濂溪與佛老思想的淵源

周濂溪是理學的開山祖師，他的生平事蹟易曉，已如前述，但要窺知其學術思想淵源，他立即變成神秘人物了。邵康節自述其治學經過甚詳，周濂溪則諱莫如深，此濂溪在思想上所以爲神秘人物也。好在闢佛最力的黃梨洲父子全盤道出，我們今天才知其底蘊。

《宋元學案卷十二·濂溪學案下·附錄》黃宗羲案語曰：「周子之學，以誠爲本。從寂然不動，握誠之本，故曰『主靜立人極。……無動無靜，神也，一之至也，天之道也。千載不傳之秘，固在是矣。而後世之異論者，謂〈太極圖〉傳自陳摶，其圖刻於華山石壁，列元牝等名，是周子出於老氏矣。又謂周子與故文恭（胡宿）同師僧壽涯，是周學又出於釋氏矣。此皆不識其胾，而說味者也。……』」

黃梨洲只是位史學家，而不是理學家。他的理學造詣是有限的。他的闢佛論點，是站不住腳的。已如前篇所說，根據我們的思想考證，〈中庸篇〉是把「天命之謂性」（朱子〈中庸章句首章〉和「自誠明，謂之性」（朱子〈中庸章句〉二十章兩篇文義並不連屬的文字湊合而成的。它成書年代，當在漢武帝時代或武帝以後。由於戰國末期至漢初以來，以荀子學派爲主流的儒家學者，深受荀子及老子自然觀念的影響，已把中國古老的充滿人格神的「天命」及「天道」觀念的內涵，轉化成自然觀念了。茲就〈中庸〉廿章「誠者，天之道也」一語來詮釋，天道之實然，即謂之誠。也就是說，真實無妄乃天道（自然）之本質，這就是誠。再明白地說，自然界真真實實地客觀存在，這就叫做誠。從孔、孟、荀到漢武帝時代，這三百多年來，儒家思想演變發展來看，〈中庸篇〉「誠者，天之道也」或天道就是誠，其確切意涵應如此。理學家把佛老的本體思想汲取過來，對〈中庸篇〉的「誠」賦予嶄新的意涵，以「寂然不動」之本體釋誠，實在是儒家思想的一重大發展，周濂溪最具有代表性。而黃梨洲識不及此，一味跟隨其師劉蕺山（宗周）的闢佛路線走去，儘管說詞甚多，仍難成立。如前面引述的：「無動無靜，神也，一之至也。天之道也。」云云，都是指這寂然不動的本體說的。根據我們的思想考證，天道之實然或誠，會有如此妙境出現嗎？

黃梨洲之子黃百家在其父案語後，又續加案語，發表長篇議論，洋洋大觀。不過就梨洲之說，又力加發揮而已。其中唯一可取處，是把周濂溪與佛家思想的淵源說得更清楚。如云：「晁氏（晁悅之）謂元公師事鶴林寺僧壽涯，而得『有物先天地，無形本寂寥，能爲萬象主，不逐四時彫。』之偈。《性學指要》謂：『元公初與東林總遊，久之無所入。總教之靜坐。月餘忽有得，以詩呈曰：「書堂兀坐萬機休，日暖風和草自幽。誰道二千年遠事，而今只在眼睛頭。」總肯之，即與結青松社。游定夫有周茂叔窮禪客之語。』」周濂溪與禪宗這段深厚淵源，黃百家把它引述出來，彌足珍貴。由此亦可說明周濂溪對他自己的學術淵源何以諱莫如深？及他對佛老思想的態度何以與後儒不同，理由不是很明白了嗎？

總之，周濂溪與佛老思想有深厚淵源，這是可以肯定的。他非但不排斥佛老思想，而且默默地採取肯定的態度；要使不然，他那仙風道氣，如莊周般的光風霽月的人格，又怎麼孕育？怎麼展現得出來？

三、周濂溪的「太極」和「誠」究竟是個什麼？

周濂溪的「太極」（〈太極圖說〉）和「誠」（《通書》）究竟是個什麼？近人之闡釋理學者，可謂議論紛紛，莫衷一是，都不免深受西方哲學的影響把理學西化了。其所云云，皆與理學無關；最可靠的，莫過於宋明理學家的詮釋。

(一)關於「太極」問題的解答

南宋理學家張南軒（栻）的弟子游九言說：「易有太極，濂溪夫子必無極何也？人肖天地，試即吾心驗之：方其寂然無思，萬善未發，是無極也。雖云未發，而此心昭然，靈源不昧，是太極也。欲知太極，先識吾心；澄神端慮，察而見焉。」（游九言〈書太極圖解後〉這裡，游九言所謂「試以吾心驗之」的話，絕非指一般人的心理狀態，而是指理學涵養工夫湛深時，形上本體持續不斷呈現的狀態，所以才有「寂然無思，萬善未發」的情狀發生。此種情狀，異詞言之，就是形而上的寂然不動之本體世界。此本體世界，就叫「無極」。那什麼又叫「太極」呢？所謂「太極」也者，則是指此本體靈光四射（即「此心昭然」之意），富於靈知智慧（即「靈源不昧」之意）可以觀照宇宙人生萬事萬物者。簡言之，游九言是以此本體寂然不動之特性釋「無極」，又以此本體之作用──神通妙用釋「太極」。神通妙用乃禪宗術語，理學家爲劃清儒釋界線，特創「靈源不昧」、「靈昭不昧」等等術語代之，如此而已。游氏特別叮嚀：周濂溪的太極，不是什麼宇宙原理，萬有法則，不要向外面事物界去探尋，更不要向西方哲學中的心本體、物本體、神本體種種超越而外在的客觀世界去探尋，只要反諸內心，先識得吾心之本體，這就是「太極」了。

明代王陽明泰州學派的三傳弟子羅近溪說：「……即如周子之『無極而太極』，亦非太極之外，又有個無極懸在空中也。……此落紙的一點，卻真是黑薰薰而明亮亮，真是圓陀陀而實光爍爍也。」（羅近溪《語錄卷上·易有太極條》）羅近溪是明代中葉以後造詣極爲湛深的理學家。他有預知生死、並能控制生死和坐亡的本領，與高僧無殊。他晚年講學於家（江西省吉水縣）。一夕，大風拔木，他告訴門弟子說：明日我將去矣。門弟子怎麼忍心離開他？紛紛請求老師再留一日，解答他們的問題。羅近溪滿口答應，明日不走。再次日，各事已了，叫一門弟子看日晷，說：午刻正即行。此類奇異事跡，就今日醫學立場言，實不可解；但自禪宗及理學家言，實屬稀鬆平常事，不足爲奇。我們能識到這裡，前面引述羅近溪的話，就容易明白了。羅近溪說：「周子之『無極而太極』，亦非太極之外，又有個無極懸在空中也。」他的意思是說，無極和太極，本來就是一個東西，或則說一體之兩面。他這樣闡釋，明眼人一看就懂；但總覺得有點籠統，釋義不夠明確。須知理學中的陸王派不重義理分析，而重工夫實證，並且把所證會的結果，往往用具體而近似的實體物來作說明或譬喻，所引近溪下面的一段話，即是如此。他說：「此落紙的一點，卻真是黑薰薰而實明亮亮，真是圓陀陀而光爍爍也。」單就文義看，此時，羅近溪正和門弟子講說良知本體的問題。只因懸空闡釋，摸馬無角，仍難理會。羅近溪活用孔子「能近取譬」的教育方式，拿起筆來，紙上一點，把高深的哲理就點化出來了。的確，這個譬喻，非常恰當。根據我們書法的經驗，宣紙上着墨一點，豈不是黑薰薰而明亮亮的情景嗎？再加以形容，說它是「圓陀陀而光爍爍」的狀態，一點不差。近溪善教，就以此眼前情景來比喻良知本體的樣狀。其意爲何？當你未晤得良知本體時，內心的實感，就是黑薰薰的一團；一旦開悟後，你在悟境中所見的（慧眼之見）的，而是一大片明亮亮的智慧境界。其樣狀如何？大圓鏡般的、靈光四溢的形上本體是也。這應是「圓陀陀而光爍爍」的確詁。他處，羅近溪又說，是「箇圓陀陀光爍爍的東西」，措詞稍異，義恉無殊。走筆至此，我們便可明白周濂溪的「太極」，就是這個無限大的靈光四射的本體而已。濂溪命名爲「太極」，陽明改稱「良知（本體）」（因羅近溪爲陽明泰州學派的健將，其所描述的，雖未標明良知本體，實際上，就是這個東西。）說法互異罷了。

現在又看明末清初「關中大儒」李二曲的詮釋。他說：「今且不必求《易》於《易》，而且求《易》於己。人當未與物接，一念不起，即此便是『無極而太極』。及事至念起，惺惺處，即此便是『太極之動而陽』。一念知歛處，即此便是『太極之靜而陰』。」（《二曲集卷五·錫山語要》）《易經》的哲理在哪裡去求？照李二曲的看法，不必在《易經》書本裡去求，應求於吾人之自心。當「未與物接，一念不起」時，即是寂然不動本體之湧現，像這種狀態，就叫「無極而太極」。二曲又謂：「事至念起，惺惺處」，即進入濂溪所說「感而遂通」的境界，二曲便稱之爲「太極之動而陽」。反之，一念收歛，仍回復到本體之湛然狀態，這就叫做「太極之靜而陰。」如此這般地闡釋，二曲由「無極而太極」，一滾直下，陰陽兩儀的意義，也就一起詮釋了。

總之，自周濂溪開山以來，直至清初李二曲爲止，經歷六百餘年，理學家之釋「太極」，無不以此形而上的、靈光四射的、寂然不動之本體，作爲「太極」概念的具體內涵，絕無例外者。

㈣周濂溪的〈太極圖說〉有云：「……聖人定之以中正仁義而主靜（自註云：『無欲故靜。』立人極焉。）其中「主靜」二字，最關緊要。這是濂溪成學或其思想形成之基本工夫，無論他的〈太極圖說〉或《通書》，無不植基於此「主靜」工夫之上。由此項工夫作衡評的標尺，即可說明游九言、羅近溪以及李二曲等等，他們所詮釋的「太極」的意涵，絕對正確無誤，因爲他們和濂溪一般，都主靜也。試問這項主靜工夫從何而來？佛老思想而來。周濂溪所以不闢斥佛老思想，這就是他的唯一答案。

我們從游九言、羅近溪、李二曲的闡釋，與濂溪的主靜基本工夫相印證，我們可以肯定地說：周濂溪所謂的「太極」，並非什麼宇宙原理、自然法則，而是不折不扣的形上光明本體源於各人之自心。今天如用同樣的主靜工夫，亦可證得相同的結果。故從這方面說，理學是很科學的，並非玄學可比。由此主靜基本工夫證會得此形上光明本體，即鑄成理學的核心思想，周濂溪實是第一人，故濂溪不愧爲開山祖師也。

㈡關於「誠」的問題的解答

關於周濂溪《通書》言「誠」的問題，在前述濂溪與佛老思想淵源一節中，節錄黃梨洲的案語，即已提到，茲再剖析如次。

明代前期程朱派理學家薛敬軒（瑄）說：「《通書》，一誠字括盡。」按：周濂溪《通書》共四十章，從首章「誠上第一」起，到末章「蒙艮（二卦）第四十」終，內容極爲廣泛，舉凡儒家思想都包括進去了，怎麽一個誠字可以概括呢？我們知道，《禮記·中庸篇》言誠，試問：一個誠字如何能包括全部儒家思想呢？這不是問題嗎？儒家重要典籍，《六經》之外，還有《論語》、《孟子》（應該包括《荀子》）、〈大學〉、〈中庸〉、〈禮運〉、〈樂記〉等等，這麽多內容、性質不同的東西，怎麽用〈中庸篇〉的一個誠字可以括盡呢？因爲周濂溪確有這個本領，所以特名其書爲《通書》。《通書》者，意即用一個誠字可以概括一切儒家思想也。

現在就看周濂溪對《中庸篇》「誠」字的詮釋。他說：「寂然不動者，誠也。感而遂通者，神也。動而未形有無之間者，幾也。誠精故明。神應故妙。幾微故幽。誠、神、幾曰聖人。」（《通書·聖序四》）黃百家在此章案語中引《明儒學案·蔣道林傳》說：「周子之所謂動者，從無爲中指其不泯滅者而言。此生生不已，天地之心也。誠、神、幾，名異而實同，以其無爲謂之誠，以其無而實有謂之幾，以其不落於有無謂之神。」黃百家案語接著說：「道林以念起處爲幾。念起，則形而爲有矣。」

蔣道林，湖南常德人。先向王陽明問學，後又從湛甘泉遊，黃梨洲著《明儒學案》時，仍列道林於《姚江學案》中。蔣道林汲取王、湛（甘泉主「隨處體認天理」）兩家之長而去其短，闇修多年，深造密詣，其詣境之高卓，爲王、湛兩家門弟子中不多見者。在上篇論述理學家與佛學家詣境之比較時，特以蔣道林的《絶筆詩》爲例，其說如前，可以參看。蔣道林與周濂溪對佛老思想的態度不同，濂溪絶不排斥佛老思想，道林則反是。他占在儒家衛道立場，爲濂溪這段話作分疏，反而使義理隱晦難明。茲就濂溪與道林的話，分說如次。

濂溪說：「寂然不動者，誠也。」已如前說，這是汲取佛老的本體思想而來，明白易曉，不必分疏。接著，濂溪又說：「感而遂通者，神也。」在寂然不動的本體世界，因外物的一感，此感則彼應，於是即可通明外在的有關事物。這種狀態，叫做神。濂溪又說：「動而未形有無之間者，幾也。」當念一起，謂之動；既然動了，又回復到常人態狀。但在似回復又未回復的中間狀態，這就叫做幾。因此本體原來就是光明的，故云「誠精故明」。因感應作用，他又能明通外在的有關事物，故云「神應故妙」。當由本體界回復到現實人生界時，這中間狀態似有非無，若有若無，甚難辨識，故云「幾微故幽。」修持工夫達到這三種精神狀態者，於是超凡入聖，就成了理學中的聖人，卻不是孔、孟、荀所稱道的聖人。這就形成理學與先秦儒學的絶大差異處。至於蔣道林的詮釋，引《易傳》「生生之謂易」及《復卦》「復其天地之心乎」來代替這個不泯滅的本體，好像儒家化了，實則近乎牽強。「以其無爲謂之誠」，意義混淆，且失濂溪「寂然不動者，誠也。」之本旨。濂溪雖有「誠無爲」之語，卻是指工夫言。以無爲的工夫，即可湧現寂然不動之本體——誠。道林卻未細察，以工夫來說本體，這就錯了。由此一錯，把幾字提前解説，「以其無而實有謂之幾」，義尚可通；惟獨「以其不落於有無謂之神」，顯然與濂溪「感而遂通者，神也。」義恉相乖。這樣衛道的結果，反而使濂溪的話隱晦莫明。

在此，我要特別説明的，理學家這樣釋〈中庸〉，絶非〈中庸〉本義；釋《易傳》，亦非《易傳》本義。如《易傳》説：「幾者，事之先兆者也。知幾，其神乎。君子見幾而作，不俟終日。」很明顯的，幾是指某種事物或事件未發生前的一種徵兆。事先能洞察此徵兆者，謂之知幾。這不是道家黃老學者的口吻嗎？即此一條，即可證明《易傳》是儒、道思想的融合作品。但這些，都屬形而下的，容易明白；及到周濂溪之釋《易傳》，以形上本體思想來詮釋如上述「神」與「幾」者，全係就這個形上本體的特性、作用及其變化等爲説，就不容易明白了。濂溪這樣釋〈中庸〉和《易傳》，顯係融攝佛老思想而來，但亦不可否認，這的的確確是儒家思想的一重大發展。

李二曲對寂然不動的本體的詮釋。他説：「有工夫，纔有本體；有真工夫，纔有真本體。」「要證到虛明寂定之境，則幾矣。虛若太空，明若秋月，寂若夜半。定若山嶽。」這「虛明寂定」，正是本體包涵的四大特性。所謂「虛若太空」，即唯識家所謂「大圓鏡智」之意。「明若秋月」，正是「大圓鏡智」的全部意義。智，即智慧，光明義。這二者合起來，又正是前面引述的羅近溪所創的術語：「一箇圓陀陀光燦燦的東西。」近溪此語雖新，但義猶未足，故二曲又說「寂若夜半」。夜半，萬籟俱寂，可謂寂的高度狀態。非但寂也，更要加上極湛深的定功，故云「定若山嶽」。其中「寂若夜半」與「定若山嶽」兩大特性，恰是濂溪「寂然不動」的最佳詮釋。

茲按：「寂然不動，感而遂通」二語，亦非創自濂溪，實始於《易傳》。《易傳》說：「寂然不動，感而遂通天下之故。」濂溪應本此語而來，不過，這二者卻有極大差別。根據濂溪的實證工夫，他只說「感而遂通」，也就是說，他知曉或照察的範圍是有限度的；但《易傳》卻說「感而遂通天下之故」，這就沒有範圍限制了。然而《易傳》作者真有如此本領嗎？也未必然。我曾遍查《易傳》全書，始終沒有透露出一句真實工夫語來。南宋理學家陸象山很強調「簡易」一義（按《易》有三義：簡易，變易與不易。）他和朱子詩，有「簡易工夫終久大」之句；但是，由於工夫太簡易了，究竟工夫該從裡着手？實在摸馬無角。因此，我懷疑《易傳》作者未必有真實的工夫，只是想當然爾，才有「感而遂通天下之故」的斷語。同時，由這一章，反可證明《易傳》是儒、道思想的融合作品。

我們由上引李二曲的話，更可證明寂然不動之本體，就是周濂溪《通書》言誠的具體內涵，也是誠究竟是什麼的問題的正確答案。這一本體思想，很顯然的，是融攝佛老思想而來。所以理學開山祖師周濂溪不關佛，直到六百餘年後集理學之大成者李二曲亦不關佛，因爲他們洞知其奧妙也。

最後再引周濂溪言工夫的話，來說明這個寂然不動之本體—誠是用什麼工夫證成的。《通書第二十章》說：「聖可學乎？曰可。曰有要乎？曰有。請問焉。曰一爲要。一者，無欲也。無欲則靜虛動直。靜虛則明，明則通；動直則公，公則溥。明通公溥，庶幾矣。」這裡，周濂溪言工夫，只提到「一」，提到「無欲」；更重要的，是周濂溪在〈太極圖說〉中言「主靜立人極」一語，「主靜」二字，才是周濂溪的基本工夫。「無欲」，則是「主靜」工夫的先決條件；如果欲望太多了，這項工夫根本做下去。不僅欲望使然，即使心猿意馬，向外馳求，這項主靜工夫還是做不下去。以後二程兄弟在工夫方面的研究，較乃師濂溪卻有重大發揮。程明道將主靜改爲「主敬」，兼含動靜兩面的工夫；而且，源於《論語》孔子「執事敬」而來，確是儒家化，沒有佛老意味了。程伊川乾脆把濂溪的「一爲要」，率性改爲「主一」；而這個「主一」之一，就不是無欲的意義了。它正是欲望之外，各種意念的不斷流轉，不停的奔馳。故伊川又加以解說：「無適之謂一。」當然是根據《論語》「無適也。」一語而來，儒學化的意義更濃厚了。可是，「主一」之「一」究何所指？仍是亟待解答的問題。於是，到了明代王陽明就直截了當地說：「主一就是主一箇天理」，這就醒豁明白了。然而，「天理」又是什麼？不是别的東西，他仍是寂然不動之本體，濂溪之所謂誠是也。

走筆至此，上引《通書》中的一段話，就好解説了。濂溪所謂「無欲則靜虚動直」，必須加上前述種種工夫語，才有實現的可能。已如前説，李二曲曾經界定這個本體有「虚明寂定」四大特性。其中「虚」與「寂」兩大特性，即濂溪此處所謂「靜虚」之意。又因爲這個本體富於光明的特性，故云「靜虚則明」。明，即光明智慧之意。他有觀照或印出宇宙人生種種事物的特殊功能，故云「明則通」也。經感應作用，由湛然常明的本體界又回復到現實的人生世界，其念起處落實爲種種營爲規畫，因爲無私無我，一本直道而行，故能「動直則公」也。這時，大公無私的襟懷，才有展現之可能，故云「公則溥」也。達到明通公溥的境界，就近乎聖人了。這實是濂溪先生的現身説法和自我描繪。

由以上種種説明和論證，再加上個我工夫的體驗，我們可以斷定：周濂溪《通書》言「誠」，其精確義蘊，仍然是這個形而上的靈光四射的本體，與他創新的「太極」的意涵，只是異名同實，絕無差異。它們都是理學中的核心概念。然而，此核心概念之鑄成與確立，實自周濂溪始。

四、本體推演的宇宙論

周濂溪的〈太極圖説〉，我們不妨看成是由本體推演的宇宙論。以後理學家常常討論「理氣」的問題，周濂溪實發其端；而理氣問題，即是理學家論述宇宙人物生成發展的問題，爲此後理學中心議題之一。程明道、程伊川兄弟對乃師的〈太極圖説〉從未提及；可是，南宋朱子極端重視，特作〈太極圖説解〉爲之分疏。實則，周濂溪心目中的「太極」，即是程明道體貼出來的「天理」，程伊川所憬悟的「理」（指理字最高層面的意義），總不外指的理學中的核心概念——形而上的靈光四射放本體而言。由於入門路徑不同，故名稱各異。茲就這位理學開山祖師言，其以《太極圖説》闡釋宇宙人物生成發展的構想，亦來之不易；而在中國思想裡，以此可實證的形上光明本體作核心，開出宇宙論的，亦自周濂溪始。其價如何？我們亦應重視作正確之評估。

(一)周濂溪〈太極圖〉之來源

關於周濂溪〈太極圖〉之來源問題，黄百家在〈濂溪學案下〉案語中，引述其先叔黄晦木〈太極圖辨〉，最爲賅備。茲節錄如次。

黃晦木〈太極圖辨〉說：「周子太極圖，創自河尚公，乃方士修鍊之術也。……考河尚公〈本圖〉原名〈無極圖〉，魏伯陽得之，以著《參同契》。鍾離權得之，以授呂洞賓。洞賓後與陳圖南（搏）同隱華山，而後授陳，陳刻之華山石壁。陳又得〈先天圖〉於麻衣道者，皆以授种放。放以授穆修與僧壽涯。修以〈先天圖〉授李挺之。挺之以授邵天叟（雍）。天叟以授子堯夫。穆修以〈無極圖〉授周子，周子又得〈先天地之偈〉於壽涯。

「其圖自下而上，以明逆則成丹之法。……其最下圖，名爲元牝之門。元牝，即谷神。牝者，竅也，谷者，虛也，指人身命門兩腎空隙之處，氣之所以生。是爲祖氣。凡人五官百骸之運用知覺，皆根於此。於是提其祖氣，上升爲稍上一圈，名爲『鍊精化氣』、『鍊氣化神』。鍊有形之精，化爲微芒之氣；鍊依希呼吸之氣，化爲出有入無之神。……又其上之……一圈，名爲取坎填離，乃成聖胎。又使復於無始。而爲最上之一圈，名爲『鍊神還虛』，復歸無極，而功用至矣。蓋始於得竅，次於鍊己，次於和合，次於得藥，終於胎脱求（成）仙，真長生之秘訣也。」

「周子得此圖，而顛倒其序，更易其名，附於《大易》，以爲儒者之秘傳。蓋方士之訣，在逆而成丹，故從下而上。周子之意，以順而生人，故從上而下。太虛無有，有必本無，乃更最上圈，『鍊神還虛』，復還無極之名，曰『無極而太極』。太虛之中，脈絡分辨，指之爲理。（作者按：黃晦木對此「理」字之最高層意義，乃本體之別名，並不瞭解。

他認爲太虛中脈絡分辨者爲理，實在是大大的誤解。凡言太虛，皆指謂本體之形狀如太虛一般。此太虛般之本體，就是理。黃氏識見，並未到此，故才如是云云。）乃更其坎圈，取坎填離之名，曰陽動陰靜。氣生於理，名爲氣質之性。乃更第三圈，五氣朝元之名，曰五行各一性，理氣既具而形質呈。得其全靈者爲人。人有男女。乃更第四圈『錬精化氣』、『錬氣化神』之名，曰乾道成男，坤道成女。得其偏者蠢者爲萬物。乃更最下圈，元牝之名，曰萬物化生。

「……老氏之學，致虛極，守靜篤。甘瞑於無何有之鄉，「慭然似非人」（甚似老僧入定也。），內守而外不蕩。歸根曰靜。靜曰復命，主靜立人極，其亦本此。」

上面引述黃晦木〈太極圖辨〉的一大段文字，有幾個要點，茲分説如次。

(1)周濂溪〈太極圖〉來源甚爲複雜，茲爲清晰起見，特列表説明如後：

創始者河尚公（原名〈無極圖〉）→魏伯陽（得之著《參同契》）→鍾離權（得之授）→呂洞賓（授）→陳摶（又得〈先天圖〉於麻衣道者，一起授）→种放

种放（授）↘ 穆修 ─（以〈先天圖〉授）→李挺之（授）→邵雍
　　　　　　　　 └（又以《無極圖》授）→周敦頤（更名爲〈太極圖〉）
　　　　↙ 僧壽涯（以〈先天地之偈〉授）↘

按：河尚公爲漢初註《老子》的黃老學者。〈無極圖〉自河尚公傳出，那河尚公可能就是

〈無極圖〉的創始者。輾轉遞傳，歷時千餘年，直到周濂溪手裡，才把〈無極圖〉更名爲〈太極圖〉。而濂溪〈太極圖說〉中所謂「無極而太極」一語，其「無極」一詞的來源，不是很明顯了嗎？而且，由僧壽涯以〈先天地之偈〉（即「有物先天地，無形本寂寥。能爲萬象主，不逐四時彫。」一偈）授周濂溪，於是，更可說明周濂溪與佛、老（老莊與道教）思想的關係如何密切了。

(2)黃晦木於〈太極圖辨〉中指出：「其圖自下而上，以明成丹之法」，正是道教修證派煉丹（內丹）成仙之原理。其中關鍵語有「鍊精化氣」、「鍊氣化神」、「鍊神還虛」，「復歸無極」等等，又是道教修證派爲修道、證道、成仙所設定的三關：曰初關，「鍊精化炁」（即氣字）。鍊成後，確可返老還童，白髮轉黑。曰中關，「鍊炁化神」。鍊成後，即具神通智慧，幾不食人間煙火。曰上關，「鍊神還虛」。鍊成後，即可「元神出竅」，遨遊太空。元神，就是世俗所說的神仙。還有最後一關，曰「鍊虛還無」，即「復歸無極」之意。鍊成後，軀殼早已溶化，復歸於無。說來就來，說去就去，真成長生久視之活神仙也。拙著〈揭開神仙思想的神秘面紗—從老莊哲學談起〉一長文，原刊《東方雜誌》，後輯入《孔孟老莊與文化大國》一書，台灣商務印書館出版，讀者可以參閱。由老莊哲學演變成道教的神仙思想，有其顛撲不破的真理存在，我們不可以方士之術視之。

(3)黃晦木又說，周濂溪得〈無極圖〉後，更名爲〈太極圖〉。把修鍊成仙的原理顛倒過來，即就其圖順流而下，可以生人，來說明宇宙人物之生成，黃氏頗不以爲然，持反對態度。

(4)周濂溪〈太極圖說〉中，有「主靜立人極」一語，亦源於《老子》「致虛守靜」的工夫，一點不錯。不過，其中亦有至理存焉，容俟後文分說。

總之，周濂溪〈太極圖〉的來源，經黃晦木的辨證，我們就很明白了。

(二)朱陸爲「無極」之爭辯

周濂溪的〈太極圖說〉開宗明義即說「無極而太極」一語，引起南宋陸象山與朱晦庵的爭辯，書信往返數次，弄得不歡而散。現在由黃晦木的辨證，周濂溪的〈太極圖〉，本名〈無極圖〉，朱、陸如果知道這一史實的演變，他們的爭辯，也許就沒什麼意義了。但是，這仍是理學中一個爭論的問題還沒有解決，值得我們再作深入的探討。爲了徹底解決這一學術思想問題，我們分作下面幾個要點來論述。

(1)「無極」和「太極」在老莊書中的意義。

按「無極」一詞，出於《老子》，「太極」之名，則見於《莊子》。它們在老莊書中究竟是什麼意義，實有事先釐清的必要。

《老子王弼註》二十八章說：「知其白，守其黑，爲天下式。爲天下式，常德不忒，復歸於無極。」無極一詞本此。茲按《河尚公註》云：「人能爲天下法則，德常在於己，不復差忒。」必然是對政治領袖的警惕語，才能爲天下法則也。《河尚註》又云：「德不差忒，則長生久壽，歸身於無窮極也。」這與〈無極圖〉的意涵，就很接近了。作者所以要採《河尚註》，而擯棄《王弼註》，以河尚公爲隱姓埋名的黃老學者，與老子思想最爲接近；而王弼則是玄學家，並不真解老子也。由《河尚註》「長生久壽，復歸身於無窮極」與黃晦木言〈無極圖〉「鍊神還虛，復歸無極」的話，極爲吻合。故知「無極」的意涵，就是「鍊虛還無」也。雖係後世仙學家言，但可證神仙思想，確實直承老莊而來。

其次說《莊子》書中《太極》一詞的意義。《莊子·大宗師篇》有云：「夫道，有情有信，無爲無形。可傳而不可受，可得而不可見。自本自根，未有天地，自古以固存。神鬼神帝，生天生地。在『太極』之先而不爲高，在太極之下而不爲深，先天地生而不爲久，長於上古而不爲老。」

《莊子·大宗師篇》，爲《內七篇》之一，歷來學者認爲是莊子的手筆。上面引述這段文字，是莊子自述他修的「道」是什麼樣的性質型態（「有情有信，無爲無形」）？又是如何神秘（「可傳而不可受，可得而不可見」）？而且，他修得的「道」，是超越時空限制，永恒的存在。（「自本自根，未有天地，自古以固存。」）他更描繪其功能作用之鉅大無比。（「神鬼神帝，生天生地。」）非特此也，其「道」更是高深莫測，不可常情度之。

(「在太極之先而不爲高，在六極之下而不爲深。」)而此「道」是在未有宇宙人物以前就有的，可說是最古老、最最古老的。(「先天地生而不爲久，長於上古而不爲老。」)

以上莊子對「道」的種種描述，也許不免有以文學手法誇大描繪的嫌疑；然而，其中確有至理存焉。莊子多以寓言方式隱喻其道如何如何，此處卻很例外，明白直說，可增加我們對莊學深一層的認識與瞭解。莊子這些神乎其神，近乎怪誕之詞，在以後禪學、仙學和理學中，大體上都可獲得證實。這是莊學偉大價值之所在。在此，我們要特別矚目的，是「在太極之先而不爲高」一語，爲「太極」一詞之根源。《易傳》「易有太極」，亦是攝取《莊子》而來。按「太極」一詞爲莊子所特創，並非指謂「道」之自身，而是莊子設的況謂詞。意謂「太極」就很高很高了，今道在太極之上(據錢穆《莊子纂箋·大宗師》註此句云：本文疑當作「在太極之上」，郭象註可證。)還不算高啊！可知「太極」一詞，在《莊子》書中並非指「道」之自身，而是很高很高的意思，屬況謂詞。可是「道」比起「太極」來，不知還要高多少？當然，「太極」就在「道」之下了。此外，別無他義。

(2)「太極」在《易傳》中的意義

可是，「太極」一詞在《易傳》中的意義，就全然不同了。須知《易傳》一書，按傳統說法，認定是孔子所作，是大有問題的。根據我們的思想考證，《易傳》思想的來源，是這樣的：

《易傳》說：「立天之道，曰陰與陽。立地之道，曰柔與剛。立人之道，曰仁與義。」單看這一章，即可證明《易傳》絶非孔子所作。爲什麼？這三句話的組合，顯然把天、地、人並列在一起，正是漢儒所創的「天地人三才」的觀念，難道不是漢儒的作品嗎？如進一層研析，問題可多了。第一句「立天之道，曰陰與陽。」根據《論語》的記載，孔子講過陰陽觀念嗎？講陰陽觀念者，最早是《老子》「萬物負陰而抱陽」的話，到戰國中期，陰陽家鄒衍即把陰陽觀念創成一種學說了。及到漢代，陰陽觀念更見流行。這說明什麼？《易傳》思想是汲取道家老子和陰陽家的陰陽觀念而來，非特與孔子無關，即與孟子、荀子亦無關連。其次，看第二句「立地之道，曰柔與剛。」老子有名的重「柔」，甚至以柔道取天下；孔子則重剛，如《論語》「棖也欲，焉得剛？」可證。由這一句可以窺知《易傳》是融合孔老思想而來。再看第三句「立人之道，曰仁與義。」「仁義」並稱，始於孟子，當然是儒家思想，但卻不是孔子的話。單憑這一章的思想考證，即可斷定《易傳》絶非孔子所作。

此外，《易傳》又講「開物成務」，注重經濟物質的觀念，顯然是受墨家思想的影響。還有《易傳》又脱離不了古老的占卜觀念。《論語》記載孔子「五十以學《易》」，已成爭論的問題。孟子絶口不提《易》。荀子則說「善《易》者不占」，顯然擯棄占卜路線，爲《易》理論化或哲理化之始。荀子學派在秦代和漢初亦具有相當大的影響力，如張蒼就是荀子的學生，在漢初作宰相，即可證明。而《易傳》作者不全走荀子路線，卻說「八卦定吉凶，吉凶成大業。」仍未脫離傳統的占卜路線；而且，《易傳》作者涉世未深，單憑吉凶禍福的占卜預報，就能成大業呢？

由上面的思想考證，可知《易傳》思想，實是融合儒、道、墨、陰陽各家思想而來，而且是集體創作，決非成於一人之手。其成書年代，當在漢武帝以後。我們根據《史記》和《漢書》〈儒林傳〉對《六經》次序的排列，即可窺知其中消息。《史記·儒林傳》對《六經》的排列次序是：「詩、書、禮、樂、易、春秋。」《易》占第五位，重要性有限；可是，《漢書·儒林傳》對《六經》次序的排列，全然不同：「易、詩、書、禮、樂、春秋」，已把《易》提升到首位了。班固的理由是：「《易》爲百經之源」，即是《六經》思想的泉源。如果此時《易傳》還沒有成書，怎麼會這樣重要呢？據此，即可斷定《易傳》成書年代，當在漢武帝以後。

至於《易傳》作者是誰？雖然無從查考；但是，我們根據《漢書·儒林傳·韓嬰傳》的記載，亦可測知幾許消息。〈韓嬰傳〉說：韓嬰據《詩》意，作《韓詩外傳》，又據《易》意，作《易傳》。世傳的《易傳》，是否即是韓嬰所作之《易傳》？不得而知；但是，我們不妨臆測，是些藉藉無名的學者作成的。爲了易於傳世，只要寫幾個「子曰」「孔子曰」或「仲尼曰」，就行了。漢儒思想怪誕，愛附會，又不重懷疑。《易傳》作者是在這種情況之下寫成的。縱然《易傳》並非孔子所作，但有它學術思想的價值，這是我們必須肯定的。

經過我們這一大段思想考證後，「太極」觀念在《易傳》中的意義，就好說明了。《易傳》說：「易有太極，是生兩儀。兩儀生四象。四象生八卦。八卦定吉凶。吉凶成大業。」又說：「一陰一陽之謂道。」「形而上者謂之道，形而下者謂之器。」把中國思想分作形而上的和形而下的，則自《易傳》始。但這其中卻有個破綻，程伊川早就看出來了。伊川說：「一陰一陽非道，所以一陰一陽是道。」伊川的意思是說，推動這一陰一陽相互變化的原因或動力，才是道體之自身。這和亞里斯多德的「宇宙第一因」就很接近了，難道不是中西思想的巧合？至此，我們就可說明「太極」觀念在《易傳》裡的意義了。原來《莊子》書中的「太極」一況謂詞，《易傳》作者把它汲取過來作爲《易傳》的中心思想，並加以實體化、主動化，使它含有宇宙第一因或動力，產生陰陽二元素，並推動相互變化，成倍數的變化，而產生太陰、少陰、太陽、少陽四元素，此即「兩儀生四象」之意。（按：陰陽變化觀念，顯係《易傳》作者汲取《老子》「萬物負陰而抱陽」一語的意涵而來。）於是再作倍數的變化，就產生出八卦來，爲八卦找出了思想的來源。「八卦定吉凶」，已如前說，《易傳》作者始終未擺脱傳統的占卜路線。這裡，《易傳》作者的形象，非道非儒，倒很像法力無邊的巫師或卜者了。那「太極」在《易傳》中的意義究竟是什麼？由我們抽絲剝繭的分析，說穿了，太極絕非《老子》之「常道」，而是《易傳》作者深受《老子》「萬物負陰而抱陽」一語的啓迪，想像宇宙萬物中有一種產生和推動陰陽二元素的基因或動力，這就叫做「太極」，也是「太極」觀念在《易傳》裡的意義。

(3)「無極」、「太極」在理學中的意義

「無極」和「太極」在理學中的意義，已如前說，總不外指的這個形而上的靈光四射的本體世界，以游九言的析義最精：就此本體寂然不動的性質說，謂之「無極」；再就其作用說，謂之「太極」。實則，二而一，一而二，都是一個東西。只須「無極」一詞，即可渾括其全部意義，如前述「鍊虛還無」，與《老子》「復歸於無極」義最爲契合。因《易傳》言「太極」，並以「太極」爲其思想之核心，故理學家們認爲只要闡發「太極」的奧義，即可宏揚《易傳》思想，於是「太極」觀念在理學中即占一重要的位置。其創始者，則是周濂溪。

理學家們篤信漢儒之說，認爲《易傳》是聖經賢傳，是孔子所作，故對「太極」觀念維護最力。他們如果有作者上述的思想考證與義理剖析，我想他們就不會篤守漢儒之說，而「太極」觀念在理學中也不會那麼重要了。

(4)「無極」觀念爲朱、陸爭辯的焦點

南宋兩位理學大師朱子與象山爲周濂溪〈太極圖說〉「無極而太極」的爭辯，成了理學中的一件學術公案，最後弄得不歡而散，爭論的問題並沒有解決。

陸象山認定〈太極圖說〉爲濂溪青年時代的作品，思想沒有成熟，而且「無極而太極」

一語，其中「無極」一詞出於老氏。朱元晦則持反對態度，詮釋「無極爲無形，太極爲有理」，所以「無極」一詞很重要。但象山則認爲「無極」是多餘的，徒資襲取老氏之嫌。最後象山批評元晦「兩頭都不着實，都是葛藤。」這句話對這位理學大師的批評很不客氣，直接牽涉到大師的理學造詣問題。因元晦諷刺象山近禪，故象山用力反擊，才說出這樣的話來。象山的意思在非難元晦對理學（指形上學部份）與禪學都沒有實際造詣，只會在文義上兜圈子，看不出實際功力來。

象山對朱子的非難，不無道理，因爲朱子詮釋「無極爲無形，太極爲有理」，實在過於牽强，沒有一點說服力。然而象山斷定〈太極圖說〉爲濂溪青年時代作品，思想沒有成熟，亦未必盡是。濂溪傳世的著作不多，以〈太極圖說〉與《通書》最具有代表性。究其寫作之時序言，當然〈太極圖說〉在先，《通書》在後；但是，我們從《通書》中亦可找出有關文字，來證明濂溪對〈太極圖說〉之重視，似不可以思想未成熟作品目之。如《通書·理性命第二十二章》說：「厥彰厥微，匪靈弗瑩。（作者案：此二句是形容本體之微妙：「放之則瀰六合，卷之則退藏於密」及靈覺光明之意。）剛善剛惡，柔亦如之。（作者案：此二句係本體的推演詮釋，是否如此？不無疑問。）中焉止矣。二氣五行，化生萬物。五殊二實，二本則一。是萬爲一，一實萬分。（作者案：萬物如此化生，又如此合而一，顯係深受華嚴哲學（一多相涵）的影響，才如此立論。）萬一各正，小大有定。」濂溪這段話，豈不是對

〈太極圖說〉作精要的闡釋？故象山否定〈太極圖說〉的價值，未必完全正確，而元晦維護的理由（「無極爲無形，太極爲有理。」過於牽强，是占不住脚的。

由於上面一大段思想的考證及義理的剖析，朱陸有關「無極」的爭辯，是不必要的。無論「無極出於老氏」、「太極」出於《易傳》，在理學中都是指這靈覺光明本體言，來源於佛老，是不折不扣的佛老之道。而《易傳》的「太極」一詞，直承《莊子》而來，不過把意義和內涵加以變化而已。他們如果早知《易傳》非孔子所作，實出於漢儒之手，且係儒、道、墨、陰陽各家思想的融合作品，朱陸之間也就没有什麼爭論了。

以本體推演宇宙人物之生成，周濂溪的〈太極圖說〉，最具有代表性；而理學家對宇宙人物之種種看法最具系統者，亦自周濂溪始。故〈太極圖說〉在理學中，自然有其學術地位。

㈢以本體推演出來的宇宙論

濂溪〈太極圖說（圖從略）〉云：「無極而太極。太極動而生陽，動極而靜，靜而生陰。靜極復動。一動一靜，互爲其根。分陰分陽，兩儀立焉。陽變陰合，而生水、火、木、金、土。五氣順布，四時行焉。五行，一陰陽也。陰陽，一太極也。太極，本無極也。五行之生也，各一其性。無極之真，二五之精，妙合而凝。乾道成男，坤道成女。二氣交感，化生萬物。萬物生生而變化無窮焉。惟人也，得其秀而最靈。形既生矣，神知發矣。性感動而善惡分，萬事出矣。聖人定之以中正仁義而『主靜』（自注云：『無欲故靜』），立人極焉。故『聖人與天地合其德，日月合其明，四時合其序，鬼神合其吉凶。』君子修之吉，小人悖之凶。故曰：『立天之道，曰陰與陽。立地之道，曰柔與剛。立人之道，曰仁與義。』又曰：『原始反終，故知死生之說。』大哉！《易》也，斯其至矣。」

首先，我們考察周濂溪〈太極圖說〉的內涵包括了哪些成分？一是《老子》的無極、陰陽和主靜，二是《尚書・洪範》的五行，三是汲取孟、荀的善惡論及孟子的仁義說，四是從太極以下其他的東西，多半是引錄《易傳》的原文。這種種性質不同的東西，濂溪把它們融合在一起，竟能鑄成一套有系統的宇宙人物生成之理論來，單就學術思想立場看，不能不說是濂溪的創舉，也是很不容易的。

其次，宇宙人物生成的過程，照濂溪的構想，前面引述黃晦木的〈太極圖辨〉早就提出：周濂溪是把道教修道成仙的〈無極圖〉的次序顛倒過來，即由原來的「逆流而上，可以成仙」的原理，倒過來，變成「順流而下，可以生人」的生理現象，來構築一套宇宙人物生成的理論，其中的難點，黃晦木已經指出來，茲不贅敘。現在，我發現其中一個最大的難題，是黃晦木所不瞭解的。已如前說，周濂溪的「無極」、「太極」和《通書》的「誠」，都是指的同一個東西，就是寂然不動的、靈光四溢的本體世界，這本來由佛老思想融攝而來。因人人具此本體，故人人都可成佛成仙。而宇宙萬物又有一共同的本體；此共同的本體，即是濂溪的「無極」、「太極」和「誠」的具體內涵。如以今人科學觀之，這共同的本體就能生成宇宙萬物嗎？倒不如用佛教「緣起性空」及「唯識學」的觀點來說明，也許比較合理一些。

又次，濂溪對人生的全部過程最爲重視。從生到死，一一排列出來。其中「主靜立人極」一語，最堪矚目，人極是什麼？爲人生建立的目標。何以要主靜？必須做主靜的工夫，才能完成、才能實現這個人生目標，亦即才能達致「寂然不動，感而遂通」的神奇的、玄妙的本體世界。在此本體世界中，照樣可以追求「真、善、美」人生三目標。證成此本體世界，就是真；經過雙重的體用關係之變化，以指導現實人生的一切作爲，不僅是善，而且是「至善」。還有此本體世界之自身，實係一空靈境界。爲藝術求美的終極目標。如此闡釋，較康德建立的「真善美」的人生三大目標，在境界上，實在高明得太多、太多了。

最後，還要略說濂溪引《易傳》的「聖人與天地合其德」云云，單就《易傳》本身看，因爲它沒有工夫語的支撐和說明，要想達到這樣的妙境絕不可能；而證道工夫之湛深如濂溪先生者，或可依稀近之。此外，濂溪還未引用的，如「易無方而神無體」，「易……變動不居，周流六虛……」等等，也只有用理學家的工夫，才可證明本體的性質，確是如此。又《易傳》有「通乎晝夜之道而知」及此處「原始反終，故知死生之說」，晝夜死生問題，也是理學家討論的重要議題之一。如果以晝夜比喻死生，及以始終刻畫生死的過程，實在没有什麽哲理可説；惟獨在此寂然不動、靈光四溢的本體世界，來觀照晝夜生死，則晝夜如一，生死如一，只見無限「圓明」（華嚴語），朗照乾坤，也没有什麽晝夜死生的界線了。

總之，周濂溪的〈太極圖説〉，是以他自己的「主靜」工夫作基石，當他證成此寂然不動的、靈光四溢的本體後，此本體即是「無極而太極」或「誠」的化身，或則説，就是它們的體現。再根據《易傳》等思想作主軸，加上他的豐富想像力，説明宇宙人物之生成及其來源，於是鑄成一套極具系統的宇宙論、人生論。簡言之，就是根據本體思想推演出來宇宙論，以闡明人物之生成，並確定萬物之靈的人類，在宇宙萬物中的位置及人生之目標與人生之意義。

(四)濂溪〈太極圖説〉價值之評估

周濂溪根據太極本體推演出來的宇宙論，占在今日科學立場看，是大有問題的。他的宇宙形成的陰陽論和今天科學解釋宇宙爆炸説是大相徑庭的。又由陰陽觀念推演出萬物之生成及人類之來源，與達爾文的進化論，是大有衝突的。儘管這一部份未必具有學術價值；然而，濂溪確以「主靜」的證驗工夫證成寂然不動的靈光四溢的太極本體作推演的依據，這一面，是絶對不容忽視的。因爲這是理學思想的核心，以此核心思想解釋宇宙人生的種種問題，則自濂溪始。

近人之研究理學者，多不甚解「無極而太極」之真實意義，並且深受西方哲學的影響，認爲周濂溪的〈太極圖說〉，不過以太極作爲宇宙最高或最後原理，推演出一套宇宙人物生成之理論來，未必真有學術價值。這一面，我們姑且存而不論，下面專說宇宙人物既有之後的種種問題。正如前說，康德認定「真善美」爲人生三大目標，七百年前的周濂溪早已暗示了。照康德之意解釋，在現實人生中，科學求真，道德求善，藝術求美，直到百餘年後的今天，仍不外西方人、甚至東方人所讚美的、必須遵循的法則。實際上，這些人生教條，都是屬於形下學的範疇，其中除道德一項劃歸西方宗教管轄外，其他兩項都是人們日常生活中常常接觸到的。這些都屬於形而下的東西，容易理解。惟獨宗教一端是超越而外在的。道德之遵循，如果認定出於上帝的意旨，未免太悖乎情理，與中國「親親、仁民、愛物」的理念是絕對衝突的。耶教在中國思想裡之不能生根萌芽，這是唯一的理由。那麼西方的道德觀念究竟該屬於什麼範疇？照西方人習慣成自然的說法，仍屬於形下學的範疇。可是，在濂溪思想中意義就全然不同了。證成此太極本體，是求真，因爲其中含有顛撲不破的真理。由此本體透過感應作用，可主導人生向道德方面發展，當然是求善。（作者案：這與上帝意旨毫無關連，而且是自動的必然的發展。）再就此本體之自身言，他又是一空靈境界，不妨稱之爲空靈美，爲藝術求美的極致。這三者是形而上的，都屬於形上學的範疇，在對比之下，又超勝得多了。儘管周濂溪並未說出真善美的話；但是，我們可演繹出來，以發揮濂溪思想，似無不合，亦未走樣。

此外，在〈太極圖說〉中，我們特別重視的是，周濂溪融攝《老子》「致虛極，守靜篤」的工夫語，作爲他自己的基本工夫。濂溪的哲學思想，就建立在此工夫基礎之上，非但濂溪一人如此，所有理學家亦莫不如此，即使我們今人如肯照此工夫做去，所得的結果亦是如此如此。這就說明了它的普遍性和永久性，是沒有時空條件限制的。再就濂溪自己說，他用極湛深的主靜工夫，確可湧現他自己和他人的本體，以樹立道德主體（即「主靜立人極」之意），開出理學中的道德人生境界。同時，由濂溪自己的本體中更可顯出萬物之本體，我們從禪宗「破三關」的修證過程中即可獲得證實；而華嚴「一多相涵」的哲理，亦可得到有力的印證。故從這方面說，周濂溪的〈太極圖說〉推演出來宇宙論、人生觀，仍有其價值存在，值得作純學術性的探討，工夫上的實證。

五、周濂溪的聖人觀

東西方哲人對我們人類自身的看法，差距非常之大，幾乎有天淵之別。西方哲人認爲「人」不過是高等動物、理性動物、政治動物，甚至近年來的經濟動物，說來說去，與動物没有極大差別，仍舊是一群有文化的動物而已。

中國哲人的看法則不然。從「人爲萬物之靈」起，認定人的靈秀智慧是超越一切萬物的，動物當然包括在內。但自發現「外星人」（有否存疑？）後，地球上的人類與外星人的靈秀智慧，恐怕又有很大的差距。外星人不必提，單就生活在地球上的人類來說，「人爲萬物之靈」這句話，仍然是適用的。希臘哲人縱然有「人爲萬物之尺度」的觀點，與中國哲人的看法倒有點近似；然而，由於人可以衡評萬物，進而宰制萬物，及到近代，又深受「知識就是力量」的衝擊，沿知識路線發展下去，人類發明的科技知識真可以宰制萬物了。中國哲人的看法則反是。儒家如孟子主張「仁民愛物」，道家如莊子更主張「萬物平等」（如《莊子·齊物論》的萬物一體論，即是其義。）及理學家崛起，如張橫渠更創「民胞物與」思想，把人道主義發揮到極致。這是中西思想的絕大差異。由此差異，便大大地提高了人的地位，與物類殊途，而中國獨特的聖人觀，亦由此涵毓而成。

㈠聖人的特質

在中國思想裡塑造的聖人觀，究竟聖人的特質是什麼？須得在此作深入地探尋。《尚書·洪範》說：「睿作聖。」睿，是深明事理，通達世事之意。簡言之，就是一個智字。深具智慧者，就是聖。聖與哲的意義，又極爲接近。《尚書·臯陶謨》說：「知人則哲。」知人，亦靠智慧。故哲，亦具智慧。又《禮記‧檀弓》記載孔子病歿前的歌辭有曰：「哲人其萎乎。」哲人一詞，始見於此。孔子爲人謙遜，豈肯以哲人自居？顯係漢儒作此篇者的想像之詞。而《尚書》的〈洪範〉與〈皋陶謨〉等篇，乃戰國時人所作，應在《孟子》之後。茲單就聖或聖人的意涵言，《論語》裡是找不出來的。只有《孟子》特別追述孔門弟子的談話，最可靠，亦最有價值。如子貢問孔子道：「文王、周公，其聖矣乎？」孔子回答：「文王，仁也；周公，智也。」子貢立即接著說：「仁且智，夫子既聖矣。」故依孔門的標準說，仁智兼盡，就是聖。孔子，當然是門弟子心目中唯一的聖人。這就是聖人的意涵，也是聖人的特質。

可是，孟子爲聖人定的標準，又不一樣。如說：「聖者，人倫之至者也。」什麼是人倫之至？這話不免抽象空洞，故孟子他處又說：「可欲之謂善。……充實而有光輝之謂大。大而化之之謂聖。聖而不可知之謂神。」到底什麼是聖神的境界？令人更迷糊了。孟子又說：「人皆可以爲堯舜。」堯舜，當然是孔孟心目中的大聖人，是古代的聖君哲王，怎麼人人都可作堯舜般的聖君哲王呢？這又迷糊了中國人，甚至中國哲人一千多年，直到兩千五百年後的今天，未必爲中國人、中國學人所理解。

故聖人的標準，還是孔門弟子定得比較具體，仁智兼盡，就是聖。然而，這一標準，又是多麼高不可攀啊！仁智兼具，已不屬易，何況仁智兼盡呢？漢唐以來，直到現今，一般註疏學者可以說一籌莫展；然而，八百多年前理學開山祖師周濂溪先生，大體上已爲我們解決了。故聖人的底奧或聖人的特質，從周濂溪起，即已覓得探尋的路徑，高度發揮了人性的光輝。即濂溪自己亦以學聖人自命，此後理學家莫不如此。這就大大提高了人的地位，顯示出人的偉大和尊嚴。

話雖如此，但理學中的聖人境界與孔門的標準，可以說有極大的差異。已如前引周濂溪的《通書》書：「誠者，聖人之本。」「聖，誠而已矣。」「誠」，就是學爲聖人的底奧，也是聖人的特質。如此一來，豈不與仁智兼盡的標準很不一樣了嗎？這就顯出理學家與孔門的聖人標準的極大差異處。試問：誠又是什麼？已如前說，濂溪心目中的「誠」，不是別的東西，而是一個形而上的靈光四溢的本體世界。故《通書》又說：「寂然不動者，誠也。感而遂通者，神也。動而未形有無之間者，幾也。誠精故明，神應故妙，幾微故幽。誠、神、幾，曰聖人。」這不僅與仁智兼盡的標準有極大差異，而且，還與孟子「大而化之之謂聖，聖而不可知之謂神」等語，有些接近，越是令人無可捉摸。我想，這是註釋家可能面臨的困境；如深知理學之底奧者，看法就不一樣了。

已如前說，周濂溪所謂「誠、神、幾，曰聖人」，這一連串的話，無非是指此形上本體的性質，作用及其與外物之感應而言，不外對理學中的核心概念之說明。理學造詣如臻此境，真可如《易傳》所說：「故聖人與天地合其德，日月合其明，四時合其序，鬼神合其凶。」爲什麼？《易傳》作者認爲「生生之謂易」，「天地之大德曰生。」就中國傳統觀念說，天地如果沒有好生之德，又如何能生出林林總總的萬物和靈秀的人類來？而聖人的道德修養的極致，與天地一般，故如是云。而修養達致極詣，功德圓滿，即可常駐此本體世界中。此本體世界之自身，就是無限光明的，故說與「日月合其明。」（作者案：月光之明潔，與本體之光明智慧，極爲相似。如遇赤日當空之明，就不一樣了。）與「四時合其序」，又如何解釋呢？就中國過去農業社會言，春耕夏耘，秋收冬藏，如按正常時序運作，必定是豐年樂歲，家給人足；而此時的聖人，應居於聖主仁君之位，勤政愛民，不違農時，不就與「四時合其序」了麼？至於末句與「鬼神合其吉凶」，單就思想考證言，憑這一句，就可斷定是漢儒的作品。因爲它背離了《荀子》「善《易》者不占」的新思想，仍走古老的占卜路線，才有鬼神吉凶之說。茲案《論語》記載，孔子是「不語怪離亂神」的，〈中庸〉言鬼神吉凶，像孔子說的話嗎？如真有鬼神主宰吉凶禍福，也只有仁君聖主般的聖人，才可以掌握，才可以控制我們。就理學立場來詮釋，似應如此。達到這樣高明的境界，難道不是〈中庸〉說的「參天地，贊化育」的意境麼？（作者案：〈中庸〉「參天地」一語，如就思想考證言，即人與天地並列爲三，仍是漢儒「天地人三才」之義。故單憑此句看，亦可斷定〈中庸〉爲漢儒的作品。〈中庸〉又說：「鬼神之爲德也，其至矣乎！」足證〈中庸〉與《易傳》有思想上的關連。）以常情觀之，人不過滄海之一粟，何其渺小！何其卑微！但是，如理學家造詣達到濂溪先生的境界，人在宇宙中，又是何等偉大！何等崇高！

(二)藝術人生和道德人生之展現

前述聖人的特質，從表象觀察，孔門的與宋明儒的標準，差異很大，實際上，這是儒家思想的深度化。必如此，《易傳》與〈中庸〉等儒家典籍，才能作有深度的、合理的詮釋，同時，亦可展現出濂溪的藝術人生和道德人生。其所展現出來的仁與智，和孔門的標準非但吻合，而且，只有過之而無不及，容俟後文申說。

周濂溪在聖人境界中，展現最爲凸出的，莫過於藝術人生和道德人生。茲先說前者。

(1)周濂溪的藝術人生

在中國哲人中，藝術人生最爲凸顯的，是老莊，尤其是莊子。他的《逍遙遊》最具有代表性。試問：莊子在窮困的生活中如何逍遙得起來？這就牽涉到莊子之道了。因有莊子之道之支撐，可視貧富如一，貴賤如一，外在境遇如何？對莊子之道——即理學中靈光四溢的本體世界，是沒有多大影響的。而莊子書中描述孔子、顏回的形相，與莊子最爲接近，和《論語》中記述孔子、顏回的精神面貌，全然不同。爲什麼？莊子已把儒家孔子、顏回道家化了。明乎此，便可說明周濂溪的藝術人生。

前面已經引述過周濂溪教二程兄弟尋孔顏樂處，乃是理學中的一大議題，絕對值得重視，而近人所能理解的，最多不過《論語》中所描述的孔顏之樂而已。這是不夠的，還要向上追尋，直到莊子書中所展示的孔顏形象，就差不多了。爲什麼？我們先看周濂溪對顏回之樂的解釋。他在《通書·顏子章》中說：「顏子一簞食，一瓢飲，在陋巷，人不堪其憂，而不改其樂。夫富貴，人所愛也。顏子不愛不求，而樂乎貧者，獨何心哉？天地間有至貴至富、可愛可求，而異乎彼者，見其大而忘其小焉爾。見其大則心泰。心泰則無不足。無不足，則富貴貧賤處之一也。處之一，則能化而齊。故顏子亞聖。」

在濂溪心目中，顏回樂的究竟是什麼？須得在此疏解。所謂「天地間有至貴至富」至「忘其小焉爾」一段話，正是指謂這個形上光明本體說的。他是人間無上的瓌寶，永恒的存在，又是無限光明智慧的、與太空同其大。當人一旦獲此至寶後，短暫的榮華富貴又怎能和他比擬呢？擁有此無窮的財富，自然感到人生無上滿足，了無缺陷，心體廓然泰然，世俗眼光富貴貧賤的差距，這時，不齊而自齊，也就沒有什麼意義了。

濂溪這樣的描述，與其說是顏回之樂，毋寧說濂溪之自樂。他的意境早已超越顏回之上。或則說此顏回絕非孔門中的顏回，而是《莊子》書中的顏回，倒爲近似。這時，他樂的是什麼？只有在《莊子·逍遙遊》中去找答案。他可以覓得精神上無上的滿足和快樂。濂溪的藝術人生，由此展現出來。

⑵周濂溪道德人生

其次說濂溪的道德人生又是怎麼作育的？《通書》云：「聖人之道，入乎耳，存乎心，蘊之爲德行，行之爲事業。」又云：「聖人之道，至公而已矣。」又云：「聖人之法天，以政養萬民，肅之以刑。民之盛也，欲動情勝，利害相攻不止，則賊滅無倫焉。故得刑以治。情僞微曖，其變千狀，苟非中正明達果斷者，不能治也。」這無異濂溪的現身說法。他又說：「志伊尹之志，學顏子之樂。」前者爲濂溪展現在政治上的道德人生，後者則是他超越而內在的、常駐本體世界的藝術人生。藝術人生是無爲的一面，道德人生，則是有爲的一面。如何由無爲轉化爲有爲呢？也就是說，如何由本體世界轉化爲現實人生世界，致力於其所當爲，以完成其道德責任呢？這就直接關連着他說「寂然不動，感而遂通。」這句話的意義和作用了。寂然不動，即是體；感而遂通，則是用，經過體用關係的變化，由藝術人生就轉化爲道德人生。這一面，濂溪似未曾言及，以後程伊川則有「體用一源」之說，即可彌縫乃師之缺陷。及到明代王陽明崛起，更把體用關係作義理的發揮，如說：「即體而言，用在體；即用而言，體在用，此所以體用一源也。」這仍限於境界的體用關係，至於如何轉化爲人生實際作爲，尚須作義理的說明。清初「關中大儒」李二曲興起，是項理論始圓滿完成。他把體用關係畫分爲「天地之體用」與「人事之體用」，這就圓滿無缺了。所謂天地之體用，即是境界的體用關係；人事之體用，即存在的體用關係，如此畫分雙重的體用關係，這個問題就解決了。而此雙重體用關係，又是近人牟宗三先生在其大著《才性與玄理》一書中的闡釋。不過，作者認定魏晉玄學中的玄虛之境，純屬智力遊戲，要到宋明理學興起。這一境界，就落實了。學術上的淵源脈絡，錯綜複雜，特剖析如上。明乎此，那濂溪如何由藝術人生展現出道德人生？就不難明白了。

此外，理學家還有宗教人生，濂溪書中亦略爲提及，只不如後世之顯著。所謂宗教人生，即是理學家討論的死生問題。死生問題，孔子是不討論的。如《論語》子路問死？孔子回答：「未知生，焉知死？」而討論這一問題的，則自《易傳》始。如前引周濂溪《太極圖說》末段引述《易傳》曰：「原始反始，故知死生之說。」即是指的這個問題。已如前說，單就文義省察，《易傳》的死生之說，似無甚深義趣；要到理學家把晝夜問題與死生問題連在一起，哲理可就高深了。其說如前，茲不贅叙。

㈢聖人人格之內涵與外顯

由以上種種剖析，可知周濂溪先生的聖人人格是怎麼涵毓出來的？簡單地說，是由他高度的理學修養塑造而成的。他在《通書》中所說的：「誠者，聖人之本」。「誠、神、幾，曰聖人。」無異夫子之自道。理學家自周濂溪開始，爲何敢以學聖人自命？最主要的，是他把聖人的秘竅破解了，學聖人的工夫或方法，亦探得了，並且證驗過了。因此，才有如此魄力、如此自信，說出學爲聖人的話來。那學爲聖人的秘竅是什麼？就是作者常常提到的這個形而上的、太空般的、永恒存在的、靈光四射的本體世界。就理學觀點言，只要證會工夫至此，就超凡入聖；不過，這只是一個起點，以後還有多少工夫在。

即使氣吞河嶽、以道統自任如孟子，只能以學孔子爲職志，亦不敢明白道出以學聖人自命，爲何理學開山祖師如濂溪先生者竟敢如此呢？唯一的理由是，孟子定的聖人標準很難做到，只有理學家定的聖人標準最具體，亦最容易實現，故濂溪才敢以學聖人自命。這是漢唐儒所不能想像的。非特如此，理學家不僅以學聖人自命，及到王陽明良知之學興起，促其良知本體之普遍湧現，陽明學者竟有「滿街都是聖人」之說，意即人人都可以做聖人。這話對不對？就理論上講，絕對没錯。因爲這良知本體是人人同具的，而且又是與生俱來的，於是作聖人的份，就普及大衆了。

現在尅就濂溪説，此形上光明本體之自身，即是宗教人生，可視「死生爲一條」（莊子語），了無差別；其顯現於外者，即是藝術人生。濂溪的「銖視軒冕，塵視金玉。」（按：明代理學家陳白沙就此語加以潤飾，即成爲今人所熟知的濂溪「塵視軒冕，芥視珠玉」的名句。）即其代表；而詩人黃山谷讚美濂溪「胸懷磊落，如光風霽月」，更刻畫入微。南宋理學家朱元晦卻稱濂溪有「仙風道氣」，一點不錯。其另一面，則是「政事精絶」，政治上的大公無私的高度表現，正可凸顯出濂溪的道德人生。理學家學爲聖人人格之內涵與外顯，所以不易爲今人所瞭解，就在這些學問修養的閫奧處。而周濂溪的聖人觀，我們必須剖析至此，才能獲深度的理解。

六、內聖外王學的雛型

周濂溪既以學聖人爲人生之標的，而且經過長期實踐過程中工夫的驗證，他所定的聖人標準，的確達成了、實現了。故從濂溪開始，推動理學向內聖外王之學的方向發展，又是一種必然的趨勢。儘管濂溪的志抱宏偉：「志伊尹之志，學顏子之樂」，在實際修養上，確已具足內聖外王的條件，亦即由修道與治學的雙重工夫，在特殊的遇合情況下，就其能力所及的範圍，是可以開創儒家所期冀的治平事業。但是，由他透過佛老思想的證悟過程，來詮釋《易傳》和《中庸》的哲理看來，其精深處，固然不少；然而，如仔細推敲，亦不無以下種種缺陷。

㈠理境不夠顯豁明朗

濂溪不知用過多少證悟工夫，但他開出來的理境層次，始終不夠顯豁明朗。如前引《通書第四章》說：「寂然不動者，誠也。感而遂者，神也。動而未形有無之間者，幾也。誠精故明。神應故妙。幾微故幽。誠、神、幾，曰聖人。」單就文義省察，很難明白其義蘊所在；再加濂溪為文過於精簡，甚似經典之作，我們探索起來，就非常困難。如果我們對此後程朱、陸王之學，尤其是陸王派的巨擘王陽明、及王門泰州學派的羅近溪、和清初融合程朱、陸王而又青出於藍的李二曲等等學說，沒有極深入的理解，我們要想明瞭《通書》的義蘊所在，恐怕難乎其難。由於他們（指王陽明、羅近溪、李二曲等等理學家）對理境的闡釋最為清晰明白，尤其李二曲更是如此。他透出了理學的奧秘。以此作基礎，再輔以其他各家的疏解文字，我們今天對濂溪之學，才能作全盤的探索、有深度的了解。這不能不說是濂溪學的一大缺失。即如朱子對濂溪其人其學推崇備至，但是，由他與象山對濂溪的「無極」之辯，即可窺知他對《通書》的解悟，似乎不夠深度。至於近人之誤解、曲解，就更不必說了。

(二)無從探尋濂溪思想形成的全部過程

已如前篇所說，中國偉大的哲人，他的思想的形成必然有他思想形成的全部過程，古人叫做「為學次第」，也就是他的思想形成的全部經歷。這中間有起點、有終點，其間還有各個階段的變化，以致登峰造極，都有脈絡可尋。孔子在這方面最為凸出，他自述「吾十有五而志於學」開始，經過卅而立等等一系列過程，才到七十不踰矩的極詣境界。這是近人多半知道的。可是，孟子這方面就很模糊，探不出他成學的過程來。莊子以寓言方式說明他的哲理，縱然措辭閃閃爍爍、若隱若現，但是，亦不難尋出他的成學過程。唯獨老子例外，在老子書中要覓他成學的過程，幾乎不可能。如果有人問我爲何如此苦苦探尋？因爲一定要從這條路線走去，探索某位哲人的思想才最有深度，亦才能瞭解其思想之真實面貌。這中間還有荀子頗值得一提。荀子是介於孔老、孟莊之後，戰國末期的一位大學者。他是向博學的路線發展，精深的一面似乎不足；然而，荀子治學卻有其獨特處。一是荀子富於批判精神，除孔子外，其餘諸子都在批判之列。（莊子爲一隱淪人物，荀子似未提及。）最具有價值的批判，莫若對《易》的態度。他說：「善爲《易》者不占。」很明顯的荀子要揚棄傳統占卜路線，引導《易》從哲理方向發展。這對以後《易傳》思想的形成，不能不說没有啓導作用。二是融合精神。荀子能把道家、墨家、名家、兵家的思想融合起來，鑄成他自己的思想。最可貴的，莫若融攝老子「虛靜專一」的工夫鑄造成荀子的知識論，使儒學向知識領域擴展。（拙作〈荀子擴展儒家的知識領域〉一長文，曾發表於東方雜誌，後輯入《孔孟老莊與文化大國》一書，台灣商務印書館出版，讀可以參閱。）三是荀子的創新精神。荀子一面徹底擯除孔孟思想中的人格神意識如天、天命、天道等所包涵者，故荀子有「戡天」的主張；另一面，又汲取老子的自然觀念，創新爲人文化的自然思想，惜乎他未登峰詣極，故荀子思想的鎔鑄過程亦不顯著。

以後只有佛學家和仙學家，就其全部修道過程言，其成仙成佛的全部過程及各個階段，是有明確的標誌，是可以按圖索驥、逐步探尋的。剩下來的，就是理學家了。真正深造有得的理學家，其思想鎔鑄過程亦復如此。如理學開山祖師的周濂溪先生，更應如此。只因他的身世隱密，如何成學？似乎諱莫如深。我們今天要探索濂溪思想是如何開始毓成的？又是如何展開的？如何逐步向前推進的？循致登峰造極，都尋不出一條線索來。縱然可用後儒的分疏和印證，但給人的印象，總像霧裡看花，不很清晰。

(三)濂溪標立的工夫或方法不夠明確

須知一位偉大哲人思想的形成，除探索他的全部成學經歷或思想鎔鑄過程外，最主要的，則是賴以形成其思想的工夫或方法。西方哲人靠邏輯，中國哲人則反是。（戰國時代的名家，只是「辯者」，還不算思想家或哲人。《莊子·齊物論》中，縱然也用莊周式的邏輯，那只是輔助方法而不是主要方法。）他們總有一套自己特定的方法、自己特定的工夫。《老子》說得好：「爲學日益，爲道日損。損之又損，以致於無爲。」老子早就把修道與治學畫分得清清楚楚。就治學言，主要在增長知識、擴充知識，當然多多益善。可是，修道的工夫絕對相反，必須把各種知識忘記得乾乾淨淨，才有入道之門。這二者看似衝突矛盾，其實是可以調和的。這就要看證道者的工夫如何了。明白地說，修道的目的，在求內聖，期冀達到內聖修養的境界，亦即持續不斷的湧現形上光明本體世界。治學的目的，在求外王條件之具備。「徒善不足以爲政」，講求外王的治平事業，知識才能又是必須具備的。一旦深造有得時，這二者就可密切配合了。故修道與治學，是不衝突的，是可以調和的。

現在單就濂溪言，他在〈太極圖說〉中，特別强調「主靜立人極」，其主靜二字，正是濂溪的基本工夫。可是，他在《通書》中，又著重一個「思」字。他引《尚書·洪範篇》說：「思曰睿。睿作聖。」這裡的思字，顯然是思考的意思。而思考的對象，有時是指形上的慧境，有時則落在形下的知識層面，這就難免不無混淆之嫌。故從方法觀點言，濂溪所開出內聖與外王兩面的思想領域，都不十分清晰明白。這不能不說是濂溪在工夫或方法上的重大缺陷。

我們根據上述種種缺陷的分析，說濂溪思想只塑造了內聖外王學的雛型，應不失爲客觀的評估。

七、結論

綜合以上各節所論述，我們可作結論如次。

㈠要認識本體眞面，才能瞭解理學思想之核心

按本體概念非來自西方哲學，實爲中國所固有。最早見於南朝梁劉勰的《文心雕龍》。以後劉勰遁入空門，從事佛經譯述，本體概念自然引入佛書。佛門中人常說的「眞如本體」，亦由此而來。及到理學興起，尤其王陽明倡「良知之學」，其「良知本體」，正是王學的核心。再加王學能大衆化、普遍化，深入淺出的良知哲學，幾乎瀰漫全國，知識份子以及王公巨卿，固不必說，即一般社會大衆，也講起良知哲學來了。然而，能使此本體概念徹底明朗化、簡單化的，卻是清初的「關中大儒」李二曲先生。由二曲上溯陽明、象山、晦庵，再及橫渠、明道、伊川、濂溪、康節等，都可迎刃而解。拙著《李二曲研究》一書中有關本體的意義內涵等有專題論述，台灣商務印書館出版，年前已再版發行，讀者可以參閱。當我們徹底識得本體眞面後，即可斷定本體概念實爲理學思想之核心。能把握此核心思想，即不難窺破理學的奧秘而明其究竟。同時，吾人能解悟至此，再與西方哲學比較對觀，才能透徹了解理學中的本體概念，與西方哲學中的心本體、物本體、神本體是截然不同的，絕不可混爲一談，以釐清近人的誤解。

(二)工夫與本體之緊密關連

講中國哲學，言工夫；講西洋哲學，則言邏輯。實則，工夫與邏輯，都是一種方法，乃近人的見解。如仔細分析，工夫與方法是有區別的。照此方法作了以後，必然產生相應的效驗，才叫做工夫，方法則否。

中國思想如孔孟、老莊與佛學（主要是禪宗）以及宋明理學等，無不注重工夫之修持。爲什麼？因爲由他們的工夫，才能鑄成他們的思想，這與西方哲學家是全然不同的。西方哲學家完全靠邏輯的推理方法，才形成他們的思想；中國哲人則反是，他們的理論不是推演出來的，而是靠真實工夫證會出來的。這是中西思想在方法上的絕大差異，不可不辨。現在單就理學來說：前面引述清初關中大儒李二曲的名言說：「有工夫，纔有本體。」「有真工夫，纔有真本體。」可以說是理學的鐵則。我們要瞭解宋明理學之核心思想，又必須從工夫入手，才是一條捷徑；如果仗邏輯爲利器來分析、來研判，那就南轅北轍，不知其所云了。而理學的基本工夫，不外乎由濂溪標立的「主靜」二字。這項工夫，完全從佛老思想證驗過程中汲取而來，不必避諱。稍後加以修正補充，由主靜一變而爲「主敬」，如程明道之所揭示者。再後理學家在這一面，無論其所創立的工夫名稱如何繁多，但總超越不了「主靜」和「主敬」的基本範疇。作者所以如此强調工夫者，因爲理學的核心——本體思想是由工夫所證成也。

㈢周濂溪工夫之實踐與本體之展現

現在尅就周濂溪說，他的基本工夫，就是「主靜」二字。前引黃晦木的〈太極圖辨〉，已把其來源說得很清楚，實在出自《老子》「致虛極，守靜篤」一語，乃不容否認之事實。由於黃梨洲、黃晦木兄弟都抱持闢佛的衛道精神，尤其是後者，對濂溪學之抨擊不遺餘力，我們今天看來，理由並不充分。老實說，如果沒有佛老思想作基軸，中國哲學絕不可能達到這麼精深的程度。濂溪深知箇中三昧，故在他的著作中，就看不出有排斥佛老思想的意味。

濂溪經過極湛深的實踐工夫後，才有形上本體之展現。於〈太極圖〉言，此本體即是「無極」、「太極」之化身；再就《通書》言，這靈光四溢的本體，實無異「誠」的代號。我們理解至此，對濂溪學的認知，可謂過半矣。

㈣本體概念為理學中聖人的基本內涵

孔孟定的聖人標準，令人望而卻步。「仁智兼盡」，為孔門定的聖人標準，「盡人倫之至」或「大而化之之謂聖」，又為孟子定的聖人標準。這些標準，都高不可攀，甚至令人難以想象。無怪漢唐註疏學者，對儒家聖人的理念下註腳時，可說一籌莫展。但是，理學家則不然，他們都以學聖人自命，尤其周濂溪則是創始者。爲什麼？因爲他早把學爲聖人的秘竅窺破了，看透了。那學聖秘竅是什麼？說穿了，仍不外這靈光四射的本體——理學中的核心概念。因爲他是與生俱來的，故人人都以爲聖人。及到明代，陽明學者更有「滿街都是聖人」之說，也就不足爲奇了。這個本體概念，即成爲宋明理學中的聖人的基本內涵。推源溯始，濂溪是第一人。縱然融攝佛老思想而來；但是，從此以後，儒家的哲學，便深度化了，系統化了，更重要的，是社會化、大衆化了。這不僅是儒學的一大發展，也是中國思想的一大發展，我們決不可等閒視之。

(五)周濂溪對宋明儒的影響

儘管二程兄弟對乃師尊敬有限，稱濂溪曰「茂叔」，稱胡瑗，必曰「安定先生」；實則，胡安定只是理學的前驅人物，於聖人門徑尚在摸索中。而以學聖人自命，則自濂溪始。試問濂溪何以敢如此自負呢？因爲學聖人的秘竅，被他識破了。他宏揚儒家思想，以學聖人爲人生之標的，抱持無窮的使命感，這是何等擔當！何等抱負！此後理學家無不以續先聖之薪傳，而畢生努力不懈者，不能不說是直接受周濂溪的影響。縱然在思想上，濂溪只塑造了內聖外王學的雛型；然而，此後理學家無不推尊他爲理學的鼻祖。他的「光風霽月」型的人格，對此後中國哲人，更有莫大的影響。我們這樣闡述周濂溪，或可看出他的幾分真貌來。

98・10・16於美西加州

肆・如何瞭解邵康節？

提綱

一、邵康節的生平事蹟
二、邵康節的前知經驗與豪傑風範
三、康節「先天」之學的底蘊是什麼？
四、怎樣探討康節思想的核心？
五、邵康節智慧觀察法的剖析
六、康節內聖外王之道的評估
七、結論

一、邵康節的生平事蹟

邵雍字堯夫，先世范陽（故城在今河北省定興縣西南）人。曾祖令進以軍職逮事藝祖

（宋太祖趙匡胤），始家衡漳（今河南漳水）。祖德新、父古，皆隱居不仕。康節幼從父徙共城（今河南省輝縣），晚遷洛陽。少年即自雄其才，力慕高遠，謂先王之事必可致。居蘇門山百源（蘇門山在河南省西北；山上有百泉，因又稱百泉山，亦曰百源山）之上。布裘蔬食，躬爨養父之餘，刻苦自勵有年。已而嘆曰：「昔人尚友千古，吾獨未及四方！」於是踰河汾，涉淮漢，周流齊、魯、宋、鄭之墟而始還。

時北海（漢置北海郡，治營陵，在今山東省昌樂縣東南。）李之才攝共城令，授以圖書先天象數之學。康節探賾索隱，妙悟神契，多所自得。蓬篳甕牖，不蔽風雨，而怡然有以自樂，人莫能窺也。

富弼、司馬光、呂公著退居洛中，爲市園宅。出則乘小車，一人挽之，任意所適。士大夫識其車音，爭相迎候。童孺廝隸皆曰：吾家先生至也。不復稱其姓字。遇人無貴賤賢不肖，一接以誠。群居燕飲，笑語終日，不甚取異於人。樂道人之善，而未嘗及其惡，故賢者悅其德，不賢者喜其真，久而益信服之。

仁宗嘉祐中，詔舉隱逸，洛陽留守王拱辰薦之，授試將作監主簿，康節不赴。神宗熙寧初復求逸士，中丞呂誨等復薦之，補潁州團練推官。皆三辭而後受命，終不之官。

新法作，仕州縣者皆欲解綬而去，康節曰：「此正賢者所當盡力之時，能寬一分，則民受一分之賜矣。」王安石罷相，呂惠卿參政，富弼憂之。康節曰：「二人本以勢利合，勢利相敵，將自爲仇矣，不暇害他人也。」未幾，呂惠卿果叛安石。

先是，於天津橋上聞杜鵑聲，康節慘然不樂，曰：「不二年南士當入相，天下自此多事矣。」或問其故？曰：「天下將治，地氣自北而南；將亂，自南而北。今南方地氣至矣。禽鳥得氣之先者也。」至是，其言乃驗。

康節疾篤，謂司馬光曰：「試與觀化一遭。」光曰：「未應至此。」康節笑曰：「死生亦常事爾。」張橫渠問疾、論命。康節曰：「天命則已知之；世俗所謂命，則不知也。」程伊川曰：「先生至此，他人無以爲力，願自主張。」康節曰：「平生學道，豈不知此？然亦無可主張。」伊川問：「從此永訣，更有見告乎？」康節舉兩手示之。伊川曰：「何謂也？」曰：「面前路徑須令寬；路窄，則自無著身處，況能使人行也？」

神宗熙寧十年（一〇七七年）七月五日卒，年六十七。哲宗元祐中賜諡曰「康節」。學者因稱康節先生。所著有〈觀物篇〉、〈漁樵問答〉、〈伊川擊壤集〉、〈先天圖〉及《皇極經世》等書。

二、邵康節的前知經驗與豪傑風範

我們曾說周濂溪是理學中的神秘人物，那邵康節則是理學中的豪傑人物。前者對其成學經歷諱莫如深，故以神秘人物呼之。後者則反是，程明道謂「堯夫豪傑之士……嘗戲以亂世之奸雄中道學之有所得者。」最爲近似。周濂溪在無爲的一面，顯出「光風霽月」的人格，很像莊周，然而「政事精絶」，又似孔子。邵康節乃張良型人物，受黃老思想影響甚深，加有神通智慧，其無意於仕途，從事政治改革，是不得已也。他們的學脈，都與黃老學者河尚公有不解之緣，但其入世觀點竟如此之懸殊，又是爲什麼？因濂溪「志伊尹之志」，伊尹「不羞污君，不卑小官」，故濂溪可從芝麻官的主簿做起。康節則不然，既以張子房自命，不遇「沛公天授」的劉邦，縱使出仕，不過尸位素餐，無補大局，況以「團練推官」之徵逸士，不過虛應故事而已。以康節的前知經驗，對北宋王朝之命運應瞭如指掌，那又何必出山呢？故下面論述康節的前知經驗。

(一)邵康節的前知經驗

按前知一詞，出自〈中庸〉。〈中庸〉說：「至誠之道，可以前知：國家將興，必有禎祥；國家將亡，必有妖孽。」很明顯的，這是漢儒天人相應的說法，（按：單憑這幾句話，即可斷定〈中庸〉爲漢儒的作品。）本無甚深義趣；可是，理學家看來，就全然不同了。它的意義與道釋二家的神通智慧，了無差別。只不過儘量避免佛老化，才改用前知一詞作掩飾而已。故理學中的前知、前識或先知與佛老的神通智慧，意義相同，這是我們先要說明的。

其次，凡是深造有得的理學家，都具有這項前知的本領，只不過秘而不宣罷了。邵康節很例外，他卻要「洩漏天機」（王陽明評語）。正由於他洩漏了天機，我們今天才知道理學家的修道詣境的深度與佛老無殊。錢穆賓四先生有個譬喻極妙，……宋明理學家，則是「雙料和尚」。既然是雙料和尚，具足神通智慧，也就不足爲奇了。明乎此，邵康節的前知經驗，就好解釋了。

(1)邵康節預言南士入相，天下將亂

這則故事，已見前述康節生平事蹟中，現在就其預言略加剖析。試問：康節在洛陽天津橋上聞杜鵑聲，何以預知不出二年，王安石會入相，大肆更張，使天下騷動？他持的理由是，地氣自北而南，天下將治；自南而北，天下將亂。今南方地氣到了，聞杜鵑鳴，是先得地氣也。氣候變化與國家治亂有何關連？令人不解。如以科學眼光觀之，持地氣的理由，未必真能成立？我認爲這是邵康節的托詞。他把佛老的神通智慧說成地氣轉移，不過儘量儒家化罷了。我們可從次一則故事中，即可判知邵康節已具有「宿命通」的本領。以此證彼，絕無差誤。所謂宿命通者，即佛家、道家以極深度的修持工夫，使此形上本體發出來的智慧之光，以觀照宇宙事物之變化可超越時空限制也。

現在剋就康節來說，他早已具有這項神通智慧的觀察力，亦即現今所謂特異功能，不過超級而已。康節以他深具超級的特異功能，對當時世局的演變應瞭如指掌。宋神宗是位做堯舜美夢的君主，而王安石，就這位做夢的君主看來，正好氣味相投，故王安石入相，乃必然之勢，康節豈有不知？然而，這話能明講嗎？只得藉地氣爲托詞，以說明王安石必入相；入相變法，亦註定失敗，才引起天下騷動，飢民流離失所。如再深一層剖析，宋神宗絕非大有爲之君，王安石亦非大有爲之臣，如欲改變當時積弱不振之頹局，宋神宗、王安石有此能耐嗎？這等大事，康節自然瞭然於心。以後朝廷徵逸士，康節所以不就「團練推官」之卑職，不就很明白了嗎？至於呂惠卿與王安石之反目成仇，只須常理判斷即知，似無關神通智慧也。

(2)邵康節對歐陽棐之囑托

這則故事的大意，前篇已經略爲提過，現在抄錄原文如次，以窺全豹。

歐陽棐初入洛陽，其父歐陽修時參大政，棐臨行，修曾告誡曰：「洛中有邵堯夫，吾獨不識，汝爲吾見之。」棐既至洛陽求教，康節特爲棐徐道其立身本末甚詳。出門揖送。猶曰：「足下其無忘鄙野之人於異日。」棐伏念先生未嘗辱教一言，雖欲不忘，亦何事耶？歸白其父，則喜曰：「幸矣！堯夫有以處吾兒也。」後廿年，棐入太常爲博士，次當作諡議。乃恍然回省先生當時之言，落筆若先生之自序，無待其家所上文字也。（見《宋元學案卷十百源學案下・附錄》元祐條，黃百家案語引《晁說之集》）

又同條云：宋哲宗元祐中，韓康公爲洛陽尹，請諡於朝。太常博士歐陽棐議曰：「君少篤學，有大志，久而後知道德之歸。且以爲學者之患在於好惡先成乎心，而挾其私知以求於道，則蔽於所好而不得其眞。故求之至於四方萬里之遠，天地陰陽屈伸消長之變，無所不可，而必折衷於聖人。雖深於象數，先見默識，未嘗以自名也。其學純一而不雜，居之而安，引之而成，平夷渾大，不見圭角，其自得深矣云云。案諡法：「溫良好樂曰康，能固所守曰節」因諡曰康節。學者稱康節先生。

歐陽棐初入洛陽，登門求教，邵康節卻以二十年後事相囑托；果然，棐不負所望，爲太常博士，掌管諡法之職，因擬諡號曰「康節」。試問：邵康節何以洞知二十年後的事？惟一的理由，就是康節的修道工夫已達到了「宿命通」的境界。由他的本體發出來的智慧之光，早已超越時空限制，故能預知未來事。由此證彼，王安石於近期一二年內即可入相，焉有不知之理？故作者斷定：康節於洛陽天津橋聞杜鵑聲，言地氣北移，國將亂，蓋托詞也。

(3)邵康節臨終時之神通展現

程伊川曰：「邵堯夫臨終時，只是諧謔，須臾而去。以聖人觀之，則亦未是，蓋猶有意也。比之常人，甚懸絕矣。他疾革，頤往視之，因警之曰：『堯夫平生所學，今日無事否？』他氣微不能答。次日見之，卻有聲如絲髮來，大答云：『你道生薑樹上生，我亦只得依你說。』是時，諸公都在廳上議後事，他在房間便聞得。諸公恐喧他，盡之外說話，他皆聞得。以他人觀之，便以爲怪，此只是心虛而明，故聽得。問：『堯夫未病時不如此，何也？』曰『此只是病後氣將絕，心無念慮，不昏，便如此。』又問：『釋氏亦先知死，何也？』曰：『只是一箇不動心。釋氏平生只學這個事，將這個做件大事。學者不必學他；但燭理明，自能之。只如堯夫事，他自如此，亦豈嘗學也？』（見《宋元學案卷十百源學案下·附錄》

又《百源學案·邵康節傳》末，黃百家案語有云：「……大名（宋府名，即宋之北京，屬河北省。）王豫，嘗於雪中深夜訪之，猶見其儼然危坐。蓋其心地虛明，所以能推見得天地萬物之理。即其前知，亦非數術比。」（按：康節此時尚在百源山中修道。）

前面一則故事，是程伊川在和他門弟子對話中追述邵康節臨終時的情景，及對門弟子的問答語。邵康節與程伊川介於師友之間，又是伊川記述康節若干年前的往事，故稱謂、語氣等均不同。邵康節與富弼、呂公著等為同輩，司馬光稍晚出，且係布衣和卿相之交，程伊川已是後輩了。二程兄弟於乃師周濂溪，直呼茂叔；於前輩邵康節，則稱堯夫；我們今天看來，其稱謂所含的敬意，似乎不可想像。

伊川和門弟子的對話中有兩個要點：一是詮釋康節臨終時的前知問題，一是說明禪宗大德預知死期的問題。至於後面引述黃百家的一段話，則是把邵康節所以具足前知工夫明白點出來。已如前說，理學家的前知工夫，就是佛老的神通智慧。邵康節於前面兩則故事中，早已展現「宿命通」的智慧；宿命通屬高級神通，在此之前，尚有「天眼通」「天耳通」「他心通」等；康節能聽到諸公在廳上及廳外議後事，當然屬於天耳通，所以能聽得，就不足爲奇了。伊川說：「此只是心虛而明」；黃百家說：「其心地虛明」，措詞一般，含義相同。然而，僅以「虛明」二字，恐怕亦難以說明康節的神通智慧。至於伊川釋老僧預知死期，「只是一箇不動心」，不免太儒學化了。這樣闡釋理學中的死生問題，越說越糊塗。伊川又說：「燭理明，自能之。」此處「理」字，即取其最高層境意義，確指此形上光明本體言。只是燭理明白，就能預知死期，解決死生問題，還是太籠統，今人能懂嗎？

理學家中，像邵康節這樣展露神通智慧的，可以說是絕無而僅有，故王陽明批評他「洩漏天機」。幸好有康節洩漏天機，那理學與佛老思想的關係就更密切了。

理學思想要發展到明代，才算精密入微。如陽明弟子蔣道林，已如前篇所說，其〈絕筆詩〉「分付萬桃岡上月，要須今夜一齊明」之句，其詣境之高卓，直可與華嚴「一多相涵」、禪宗「月印萬川」之境界無殊。成聖成佛，已無分別。而高景逸與李二曲直說：「心如太虛，本無生死。」羅近溪更能控制生死，來去自如，更是伊川想像不到的。下面再講眼前的故事二則，可以今證古。

①黃大受教授能察知萬里以外的事物

川大校友名史學家黃大受兄，一次在台北聚會，同席用餐，順便打聽前中國時報社長金曄的電話。他頭一抬，立刻告訴金曄家中的電話號碼。我不勝驚訝，認定他有「天眼通」的本領。後來他告訴我住醫院的事，更得到有力的證明。他說：他住醫院，最初護士小姐不甚理睬，一天對護士小說：你是兩姊妹，你家裡還有個妹妹，對不對？護士小姐大吃一驚，你怎麼知道的？黃回答：我就知道。從此以後，護士小姐對他就很禮遇、很殷情了。

一次在黃教授家裡閒聊，順便考驗他，我大陸老家兄弟姊妹共有幾人？他默默一數，十歲以前死去的不算，一共有七人對不對？呀！這位名教授真有本領，他的「天眼通」已察知到萬里以外的事物了。我屈指一數，我的兄弟姊妹確有七人，一點不差。

其他友人問大陸老家事，亦絲毫不爽。我曾問他：你的神通智慧怎麼來的？他答：一面靠天賦，一面靠修持工夫；即使現今，每晚睡覺時，還在做工夫囉！

②林金鶴居士具足六通智慧，現傳道人間。

我的高足弟子林金鶴居士，說來就更神奇了。十五年前，我在台北復興國學院講《宋明理學》，在衆多學友中，得認識林金鶴居士。她滿面風霜，五十多歲，是位十足的鄉下人；可是，下課時，她提出的問題特別多，才引起我的注意。後來熟了，她對我說：「她曾在靜中看見一位白髮長者對她說：『你有位老師白髮飄飄，旁邊站一位黑髮女士，就是他的夫人。』『他姓什麼？』『跟你同姓。』再問：『台灣這麼大，哪裡去找呢？』於是老者就不見了。踏破鐵鞋無覓處，原來在這裡見到了，真是三生有幸。」她的道功極爲湛深，只是靜中所見的，不知其名爲何物，經我點破，就是理學中的形上光明本體，豁然憬悟，疑慮頓釋，以後我們師弟遂成爲莫逆之交。

一次，她來我家，途中她的學生問道：「林教授家中有些什麼人？」她答：「他的兒女都大了，出去了，現在家中只有他們夫婦兩位老人。」及到我家一看，果然如此。這說明什麼？她展現了「天眼通」的智慧。她私下對我說：「你的經濟問題始終沒有解決。」說對了。這是什麼智慧？「他心通」啊！幾年以後，情況大變，我又對她說：「我家經濟環境不同了。」她回答：「早就知道，要惜福啊！」非僅如此，她更知道一個人的前世今生，這就是不折不扣的「宿命通」。四神通具足，那就很難得了。

我曾以半開玩笑的口吻說：「林居士道功雖然很高，但是，妳來我家，還須要坐公車啊！」這話的意思是考驗她有沒有「神足通（或神境通）」的智慧。她不便正面回答。幾年前偕內人去宜蘭礁溪道學院參觀，她無意中對我說：去年四月某日，在日本東京，某議員對她說：她的弟子日本某議員看見了她，距離甚遠，不便招呼。過後，她去日本東京，某議員對她說：「老師，去年四月某日，你來過東京嗎？」她答：「她、人在台北啊！」這不是「神足通」是什麼？她的光明本體的化身（或分身）已可遨遊東京了。她講大陸毛澤東及台灣蔣介石的事蹟甚多，茲不備述。

臨行前，她又對我說：「她早該走了，爲了傳道，才留人間。」她曾遊峨眉，峨眉山住持歡迎她去講道。今春在台北與她通電話，她在桃園電視台講道，早已不住礁溪了。她的門弟子已尊稱她爲「仙佛」。像這樣一位六通具足、來去自如的得道者，理學家如邵康節、程明道、程伊川兄弟見了，不知作何感想？茲按：邵康節的神通智慧或前知經驗，大概限於「宿命通」的境界，較林居士又差遠了。

㈡邵康節的豪傑風範

邵康節是位豪傑人物，於理學中並不多見，可於下面引錄文字知其形象丰貌。

「二程嘗侍太中公（程珦）訪先生於天津（洛陽天津橋附近）之廬。先生移酒飲月坡上，歡甚，語其平生學術出處之大致。明日，明道謂周純明曰：『昨從堯夫先生遊，聽其議論，振古之豪傑也，惜其無所用於世。』周曰：『所言何如？』曰：『內聖外王之道也。』」邵康節所學的，是內聖外王之道，少年的程明道早已看出來。而且讚美爲振古之豪傑人物，於理學家中，並不多覯。程明道真識康節者，較乃弟伊川高明多多矣。

「堯夫居洛四十年，安貧樂道，自云未嘗攢眉。所居寢息，名安樂窩，自號安樂先生。又爲甕牖，讀書燕居其下。旦則焚香獨坐，晡日飲酒三四甌，微醺便止，不使至醉。嘗有詩云：『斟酌淺深存燮理，飲無多少係經綸。莫道山翁拙於用，也能康濟自家身。』」此處康節以飲酒比喻治國，雖然不能爲世所用，展其雄才，但是亦可健全身心，自得其樂，治國與强身，道理一般。

「堯夫謂伊川曰：『子雖聰明，然天下事亦衆矣，子能知之耶？』伊川曰：『天下之事，某所不知在固多，然堯夫所謂不知者何事？』是時，適雷起，堯夫曰：『子知雷起處乎？』伊川曰：『某知之，堯夫不知也。』堯夫愕然曰：『何謂也？』曰：『既知之，安用數推也？以其不知，故待推而後知。』堯夫曰：『子以爲起於何處？』曰：『起於起處。』堯夫矍然稱善。」雷起於起處，雖是一句智慧語，富於玄思之智力遊戲，程伊川注定爲理學中的一位哲學家。

「程明道曰：『堯夫襟懷放曠，如空中樓閣，四通八達也。』又如言：『須信畫前元有易，自從刪後更無詩。』這個意思，『元自古未有人道來。』堯夫詩云：『梧桐月向懷中照，楊柳風來面上吹。』真風流人豪也。」其視王安石的器量，無異天壤之別。趙匡胤篡奪後周政權以來，乃第一位宰相人才也。其中「須信畫前元有易」句，須加以詮釋。此處之「易」，並非指《易經》的書本言，而「易」這個東西，就康節看來，與此形上光明本體異名同實，無始無終，長存宇宙，故康節才如是云。這一認定，非但康節如此，其他理學家亦莫不如此。這與佛老之道，究有何別？至於孔子刪《詩》後，是否無《詩》？恐怕就值得爭議了。

「明道又曰：『堯夫豪健之士，根本不帖帖地，伯淳嘗戲以亂世之奸雄中道學之有所得者。然無禮，不恭極甚。』」所謂亂世之奸雄有得於道學者，既批判，又讚賞，邵康節可能就是這一類型的豪傑人物。

「程伊川曰：『邵堯夫直是豪才，嘗有詩云：『當年志氣欲橫秋，今日看來甚可羞。事到强爲終屑屑，道非心得竟悠悠。鼎中龍虎忘看守，碁上山河廢講求。』又有詩云：『斟有淺深存燮理，飲無多少繫經綸。卷舒萬古興亡手，出入千重雲水身。』此人在風塵時節，便是偏霸手段。學須是『天人合一』，始得。』康節自負不世之才，爲北宋一豪傑人物。世傳伏羲畫卦，孔子删詩，康節均不無微詞。如上述程明道引康節詩：「須信畫前元有易，自從删後更無詩。」即可證明。康節思想近黃老而遠儒家。他一面隱居修道，一面目擊宋室不振，亟欲有所作爲，自負王佐之才，故博得富弼、司馬光、呂公著等之擊節賞讚。惟因偏重霸道治國，與嚮往堯舜聖君的程伊川相左，故邵程不甚契合。即使達到理學中「天人合一」（在本體上合一）的境界，試問：就能抵抗北方强敵？就能擊退遼兵嗎？迫在眼前的大事不去思考，只會講「天人合一」，這不能不說是程伊川的迂腐處。

「朱子曰：『康節甚喜張子房，以爲子房善藏其用。』又曰：『康節本是要出來有爲底人，然又不肯深犯手做。凡事直待可做處，方試爲之；纔覺難，便拽身退，正張子房之流。』」

「或言康節心胸如此快活，如此廣大，如何得似他？朱子曰：『他是甚麼樣做工夫？』有問：近日學者有厭拘檢，樂舒放，惡精詳，喜簡便者，皆欲慕邵堯夫之爲人。曰：『邵子這道理豈易及哉？他腹裡有這個學，能包括宇宙，終始古今，如何不做得大、放得下？今人卻恃箇甚麼後敢如此？因誦其詩曰：「日月星辰高照曜，皇王帝伯大鋪舒。」可謂人豪矣。』

「或問康節詩曰：『施爲欲似千鈞弩，磨礪當如百鍊金。』問：千鈞弩如何？朱子曰：『只是不妄發，如子房之在漢，謾說一句，當時承當者便須百碎。』」（以上各條，錄自《百源學案下附錄》及《擊壤集附錄卷七》）

由以上引錄程明道、程伊川及朱子的評語看來，的確，邵康節是人中豪傑，乃張子房之流；惜無漢高祖劉邦之遇合，故不爲世所用，閒居洛陽以終其身。而朱子對康節「腹裡有這個學，能包括宇宙，終始古今，如何不做得大，放得下！」的讚詞，更能道出這位豪傑人物之胸襟度量與風範。

三、邵康節先天之學的底蘊是什麼？

北宋中期出了兩位理學大師，一是周濂溪，一是邵康節。康節稍晚出，於二程兄弟及張橫渠關係，亦師亦友，介於師友之間；惟獨二程兄弟與周濂溪，則屬師弟關係。但後來二程很少提到濂溪。於康節則不然。他們同住洛陽，過從甚密，且康節爲一豪傑人物，曠放不拘，又與名公巨卿遊，聲譽極隆，故二程仰慕之餘，更樂於交往也。

(一)《先天圖》的來源

周濂溪、邵康節，這兩位理學大師，他們思想來源有一共同點，即源於道佛二家思想。已如前篇所說，根據黃晦木〈太極圖辨〉的考證，麻衣道者將〈先天圖〉授陳摶。陳摶授种放，种放授穆修與僧壽涯。穆修以〈先天圖〉授李之才。李之才授邵天叟。邵天叟則授子堯夫。而穆修又以〈無極圖〉授周濂溪。濂溪又得〈先天地之偈〉於僧壽涯。故濂溪與康節，他們的思想直接來源於道佛二家，應爲無可否認之事實。惟濂溪與佛家接近，康節則與道家關係極爲密切，乃同中之異者。以後康節遙承黃老思想一脈，有「顧我殊非黃石公」句，即可窺出消息。康節雖非黃石公，卻是張子房也。

而其〈先天圖〉來源，據程明道撰邵堯夫墓銘云：「……獨先生之學，有傳也。先生得之於李挺之（李之才）。挺之得之於穆伯長（穆修）。推其源流，遠有端緒。」是知康節〈先天圖〉直接得之於李之才，與其父天叟無關。但源於道教思想，確可斷定。

(二)先天之學的底蘊是什麼？

康節的〈先天圖〉既來源於麻衣道者，麻衣道者創此圖時（上無傳人，想必此圖爲麻衣道者所創〉，其命名爲〈先天圖〉，必據《易傳》「先天而天弗違」一語而來。這和周濂溪把〈無極圖〉更名爲〈太極圖〉，根據《易傳》「易有太極」一語，情況完全一樣，都是以《易傳》爲根據的。不過，濂溪和康節對《易傳》的觀點不同。濂溪是走王弼路線，就《易傳》作哲理的發揮；康節則走焦、房路線，把《易傳》作象數的推演，這是他們中間的差異。然而異中有同，濂溪是把此靈明本體作爲「太極」之內涵，康節則是把此靈明本體作爲「先天」之內涵，只是各人所用的名稱而已。如若不然，那邵康節的先天之學，必被排拒於理學大門之外。這和司馬光、王安石、蘇軾一樣，不得稱爲理學家，最多流與術數方技而已。故先天之學的底蘊必須深入探究，才能瞭解康節學的真相。

康節的書不易讀。我們讀《擊壤集》、《觀物內篇》、《觀物外篇》和《皇極經世》等書，感受和認知全然不同，不知道他講些什麼？尤是對初學者造成最大的困惑。《擊壤集》好多篇，都是以詩的方式來表述他的哲理；《觀物內外篇》，仍是在說明他的哲理，不過，這二者間卻有些差別。唯獨《皇極經世》一書，多半靠數目字說話，他所表達的，都是根據他的《先天圖》等所作的種種象數的解釋。我們如果對宋明理學沒有全盤深入的理解，那邵康節這一關就通不過去。近代學人不必說，即使大儒黃梨洲，他對《皇極經世》一書，確有深入剖析和正確評估；然而，他對《擊壤集》、〈觀物內外篇〉所表述的哲理和《皇極經世》有何關連？他似乎都忽略了。所以我們只讀《皇極經世》，甚至〈觀物內外篇〉，很難瞭解康節先天之學的真相。唯一的捷徑，必須透過《擊壤集》，才能解決這一難題。

康節〈先天卦位圖〉（圖略）說：「一分爲二，二分爲四，四分爲八也。」據朱子《啓蒙》解釋：一是太極，二是兩儀，四爲四象，八則代表八卦。又說：「先天學，心法也。圖皆從中起，萬化萬事生於心也。」這不成了唯心論嗎？這是康節學之難解處。現在，我們從《擊壤集》來看，情況就全然不同了。

如《先天吟》云：「先天天弗違，後天奉天時。弗違無時虧，奉天有時疲。」（見《擊壤集卷五》）。這首詩是康節說明他的哲學思想，是根據《易傳・師卦》「先天而天弗違，後天而奉天時」兩語而來的，也就是說，他的思想是源於《易傳》的。下面兩句是何意義？容後文中說。

又《先天吟示刑和叔》云：「一片先天號太虛，當其無事見真腴。胸中美物肯自衒？天下英才敢厚誣？理順是言皆可放，義安何地不能居？直從宇泰收功後，始信人間有丈夫。」（見《擊壤集卷五》）這首詩第一句，即在說明「先天」的義蘊。先天的義蘊是什麼？太虛般的光明本體而已。因爲「太虛」一詞，在理學中是形容本體之形狀如太虛一般；或則太虛，就是本體的代號。如此後張橫渠言「太虛無形，氣之本體」（按：橫渠此處言太虛，言本體與理學一般用法異，詳後〈橫渠篇〉剖析。），即是其例。然而，本體何以要用太虛來形容呢？這就跟禪宗的術語有關了。《六祖壇經》說：「心如虛空，而無虛空之量。」此處的「心」字是指本體言。因爲這個本體很難形容，故六祖用眼前所見的虛空或太空來形容；進而說明本體比虛空還要大，無量無際也。即在用語上，亦可看出理學與禪學關係之密切。

故知此詩的首句「一片先天號太虛」，即解答了先天哲學的意義是什麼的問題，亦點出了全詩主旨之所在。第二句「當其無事見真腴」，就在說工夫了。無事即是無爲。以無爲的工夫，便可湧現出靈光四溢的本體；本體工夫兼到，先天哲學的意涵，即已充足了。第三句是康節的謙詞。第四句是勉勵刑和叔，你是天下的英才，可以跟老夫學啊！第五句「理順是言皆可放」，進一步鼓勵和叔，只要遵循這個道理做去，其他一切都可放下了。第六句「義安何地不能居」，只要問義之所在，任何場所都可安身了。第七八句，又收回本題。自從我的小宇宙（指本體言）做完工夫後，顯得康康泰泰，容光煥發，這才是人間的大丈夫啊！康節所以爲人中豪傑，是有極湛深的哲學修養的，從這首詩中，即可明白顯示出來。

又《先天吟》七絶云：「若問先天一字無，後天方要著工夫。拔山蓋世稱才力，到此分毫強得乎？」（見《擊壤集卷五》）這首詩的第一句，正好以另一方式道出先天概念的意義。如以此後王陽明「悟後六經無一字，靜餘孤月湛虛明。」（見王陽明《詩錄·答蔡希顏三首之一》）的詩句作一比較，更可明白康節這首詩的全部義蘊。陽明在詩中追述他困居龍場驛時悟得「良知本體」真實情況是這樣的：當良知本體湧現時，即「靜餘孤月湛虛明」之意。除了這孤月般的虛明的良知本體外，甚麼六經？甚麼一切外在事物都不見了，故如是云。今康節的描述亦復如此。當先天本體一旦湧現時，什麼東西都不見了，故云「先天一字無。」而此「一字無」的本體，全賴後天的無爲工夫所證成，故云「後天方要著工夫」也。即以拔山蓋世之雄的項羽來說，如達致此境，他的才力一點也用不上了。

又《先天七律》云：「先天事業有誰爲？爲者如何告者誰？若謂先天言可告，君臣父子外何歸？眼前伎倆人皆曉，心上功夫世莫知。天地與身皆易地，已身殊不異庖犧。」（《擊壤集卷六》）這首詩，顯然是康節有感而發，可引程明道的話，獲得證明。明道云：「堯夫欲傳數學（作者按：應爲象數之學的簡稱。）於某兄弟，某兄弟那得工夫？要學須是二十年工夫。堯夫初學於李挺之，師禮甚嚴，雖在野店，飯必襴，坐必拜。欲學堯夫，亦必如此。」（見《百源學案下·附錄》

這首詩要剖析的有下列幾點：一是三四句「若謂先天言可告，臣君父子外何歸？」其中隱含體用關係。如不透過雙重的體用關係的解說，要把先天哲學應用於實際人生事爲，在理論上即難貫通說明。二是第六句「心上功夫世莫知」，極關緊要。所謂心上功夫或心地功夫，乃宋明理學家的基本工夫。這與周濂溪的「主靜」和二程兄弟的「主敬」，說法雖然不同，但究其工夫效果並無兩樣；不過，康節著重「觀心」的工夫，可能與天台宗的思想不無淵源。三是第七八句「天地與身皆易地，已身殊不異庖犧。」從正面道出了先天本體的義蘊。因爲當此本體持續不斷地呈現時，人我、物我皆退避不見，而證道者以其慧眼（實即本體光明的觀照作用，與視覺作用不同，故謂之慧眼。）所見的，只此靈光四溢的本體而已。相傳伏羲畫八卦，八卦就是《易》，《易》在康節心目中，即是本體的代號，不獨康節一人認知如此，其他理學家亦莫不如此。因此，康節寫詩時，明白地說，就是不斷呈顯此靈明本體而已。

又觀《易》吟云：「一物其來有一身，一身還有一乾坤。能知萬物備于我，肯把三才別立根？天向一中分體用，人於心上起經綸。天人焉有兩般義？道不虛行只在人。」從這首詩的哲理源頭上看，即可顯出康節思想與佛老思想有不解之緣。佛教的「衆皆生有佛性，故衆生皆可成佛。」和《莊子》的「道無所不在。」（〈知北遊〉）的哲理，即是這首詩第一二句的思想根源。此處乾坤二字，即本體義；因物物同具此一本體，故物物自身自有其乾坤也。在萬物之中，自稱我的人類靈慧最高。以我的靈慧，加以修證工夫，即可顯出此本體來，萬物則不能也。在此修證過程中，林林總總的萬象皆可從此本體中反映出來，故云「萬物皆備於我」。（作者案：孟子「萬物皆備於我」義，理學家就是這樣解釋的。）因此，天地人三才就不必另尋根源了。詩的五六句，就點出體用關係來。按體用一詞的來源，最早見於《壇經》「定是慧體，慧是定用」。「定慧一體，不是二。」邵康節把這體用關係從禪宗汲取過來，說明他自己證悟的哲理，可能是理學最早的一人。有了這體用關係的建立，怎麼樣去經綸人生世事種種要務，就容易說明了。至於第七句「天人焉有兩般義」，即天人合一之意。而天人合一哲理的實踐，必須在此本體上始能一合一。此義，清初「關中大儒」李二曲說得非常清楚，近人不察，所謂天人合一云云，都是皮相之見。而此天人合一的本體，就是「一」的別稱。禪宗多用「一」或「渾淪之一」來代替，故在用語上，康節亦脫離不了禪學的關連。而此渾淪之一或天人合一哲理的體現，全靠我們靈秀之人了。

現在總括一句說，邵康節先天之學的底蘊是什麼？仍不外這個形而上的、靈光四溢的本體而已。從上邊引述各詩的疏解，即可得到鐵的證明；要使不然，康節之學，即不可稱爲理學了。

四、怎樣探討康節思想的核心？

康節除言「先天」外，又言《易》、「太極」、「乾坤」，又言「心」、「理」、「道」，及「命」、「性」、「神」等等，舉凡古典文獻中所有意涵哲理的名詞、語彙，幾乎都被他全部用上了。陸象山說：「學苟知本，六經皆我註腳」，開風氣之先者，可能就是邵康節。《六經》乃至所有古典文獻所含微言奧義，康節都可以他的思想作合理的詮釋，然而，我們今人探索起來，可就迷惑了。試問：康節講的究竟是一套什麼哲理？這麼神通廣大能詮釋一切儒家典籍？如果對宋明理學的核心思想沒有透徹理解，單是康節這一關就通不過去，以後二程、橫渠、南宋朱陸等等，就更不必說了。既然康節援用儒家、甚至道家古典文獻名言哲理這麼多，我們一定要探出其核心思想來，那上述的種種疑難問題，都可迎刃而解。

〈觀物外篇〉說：「先天之學，心也；後天之學，跡也。出入有無死生者，道也。」又說：「心爲太極，道爲太極。」又說：「天使我有是之謂命。命之在我之謂性。性之在物之謂理。」又說：「神無所在，無所不在。至人與『他心通』者，以其本於一也。道與一，神之强名也。以神爲神者，至言也。」又說：「學不際天人，不足以謂之學。」甚至以後二程所講的「天理」一詞，康節也囊括進去了。如說：「若得天理真樂」，即其顯例。

以上引錄康節這麼多話，如何疏解？不能不說是一個難題。現在把這些難題擱在一邊，單刀直入，去探討康節思想的核心吧！如《逍遙吟》云：

「吾道本來平，人多不肯行。得心無後味，失腳有深坑。若未通天地，焉能了死生？向草間一事，須是自誠明。」

「何事感人深？求之無處尋。兩儀長在手，萬化不關心。石裏時藏玉，沙中屢得金。分明難理會，須索入沉吟。」（見《擊壤集卷二》）

〈逍遙吟〉四首，茲錄一四兩首如上。詩題特名〈逍遙吟〉，很明顯的，是取《莊子・逍遙遊》的篇名而來。莊子在窮困的物質生活中，不以爲苦，竟能逍遙自適，爲什麼？只要能了解康節這兩首詩的哲理後，便可明白莊子之所以逍遙了。「若未通天地，焉能了死生？」乃全詩的主旨，亦即詩的精義所在。天地即乾坤義，試問：乾坤問題與死生問題有何關連？通曉乾坤義理後，又如何能了死生問題？這兩個問題解決後，詩的奧義也就凸顯出來了。就一般人看來，乾坤問題與死生問題毫無關連；但是，理學家如邵康節者，看法絕對不一樣。已如前說：乾坤二字，即是形上光明本體的代號。能證得此光明本體與乾坤合一、天地合一，此時，就證知者來說，根本就無死生可言，常安住此本體世界，與莊子的至人、神人的境界，也差不了。以後明末理學家高景逸（攀龍）及清初李二曲等，均言其「到頭學力」（黃梨洲語）或實際人生最高境界，莫不以「心如太虛，本無生死。」爲標誌。茲按康節詩意，顯然只是識到，尚未行到，故其詩才如是云。由其落句「向草間（隔義）一事，須是自誠明。」即可證明此詩乃康節初入中年時代的作品，心地工夫還不到家啊！

另一首「兩儀長在手，萬化不關心。」工夫又進了一步，才如是描寫。這兩句詩又隱含什麼奧義呢？如就常理推斷，陰陽兩儀又怎麼會長在手呢？證得此光明本體，就是「太極」；再就《易傳》「易有太極，是生兩儀。」的說法，作具體的描寫，不是「兩儀長在手」嗎？但是，根據前篇的《易傳》太極一詞的思想考證，它的本義並不如此，只是理學家藉理學中之本體來詮釋《易傳》罷了。如把《易傳》撇開不談，只就理學言理學，它含有甚深哲理，是值得肯定的。至於下句「萬化不關心」，康節和濂溪一般，仍就此本體作推演的解釋，才會生出宇宙萬物來，故云「萬化不關心」也。這只是理學家的臆說，是反科學的。然而，修證本體，只要工夫達到極詣，確有種種神通變化出現，又非科學所能解釋了。

這首詩的最後四句「石裏時藏玉，沙中屢得金。」是比喻本體如石裏藏玉，須待我們去發掘；又如沙中淘金，須用沖洗的工夫。照這樣做下去，又怎麼樣呢？「分明難理會，須索入沉吟。」如用禪宗悟道工夫來分解，此時康節正在做「保任功夫」。因有魚目混珠之嫌，故難理會也。由此二句凸顯工夫上的難題，即可斷定這是康節中年時代寓居洛陽的作品，而且，他的本體思想正在鎔鑄階段。至於何時見此本體？亦即他的思想的起點，恐怕只有在他隱居百源山中「儼然危坐」的階段去探尋了。

又〈天道吟〉云：「天道不難知，人情未易窺。雖聞言語處，更看作爲時。隱几功夫大，揮戈事業卑。……」

又〈一室吟〉云：「一室可容身，四時長有春。何嘗無美酒，未始絕佳賓。……」（見《擊壤集卷三》）

按古老的天道觀念，已如前篇思想考證，乃人格神或主宰力與自然的混合體。孔孟時代亦復如此。自荀子「戡天論」出現，儒家學者受其影響，把天道中所含人格神的意味沖淡甚至全部除去，只剩自然意義了。如《禮記‧中庸篇》：「誠者，天之道也。」即是其例。明白思想的源流後，再看理學家如邵康節對天道如何解釋？他說：「天道不難知」，雖然沒有具體的說明，但他認爲要知天道的意涵，實在太容易了。爲什麼？他所證成的「兩儀長在手，萬化不關心」，不是最佳的詮釋嗎？詩中「隱几功夫大」句最關緊要。爲什麼？由這句詩可以瞭解康節的基本工夫。按《莊子‧齊物論》開頭即說：「南郭子綦隱几而坐，仰天而噓，荅焉似喪其耦。」南郭子綦不是莊子的化身嗎？莊子編造一位南郭子綦這樣的人物，顯得道功高深、神不可測。如果開門見山，直寫莊周怎麼樣？怎麼樣？就没有神秘感，也不是莊子的筆法了。明乎此，即可了悟南郭子綦「隱几而坐」及後面自言其「今者吾喪我」，皆莊子自言其工夫，非常重要。不如此，那莊子之道究竟是個什麼東西？即無從索解。理學家對莊子的認識，就比註釋家高明多多，邵康節即是一例。試問：康節詩中爲何要引用莊子「隱几」工夫呢？說穿了，這不僅是老莊的工夫，也是禪宗和理學家的工夫。簡言之，就是周濂溪的「主靜」工夫。邵康節在工夫方面很少提及，前述他自言「心上功夫」及此處的「隱几」功夫，都是邵康節的基本工夫，與周濂溪的「主靜」工夫一般無二，只是說法不同罷了，實際做來，並無多大差別。我們必須了解至此，才能徹底明悟「隱几功夫大，揮戈事業卑」的真實意義。

所謂「隱几功夫大」，是指内聖學工夫。邵康節引《淮南子·覽冥篇》「魯陽公撝戈」的故事，來象徵外王事業的卑微，對比之下，内聖工夫就大得多了。由此説明康節重内聖而輕外王，與莊周甚爲接近，反而與老子及黄老學者就顯得疏遠了。

走筆至此，便可闡釋「隱几功夫」與天道的關連了。由康節的主靜工夫，便可產生「一室可容身，四時長有春」的效果。康節居於安樂窩中，何以竟能「四時長有春」呢？這仍是比喻。意謂：用他湛深的主靜工夫即可持續不斷地顯現靈光四射的本體，才如此云云。如與前面引詩相較，康節的工夫就純熟得多了。至此，「天道」的意涵，不就凸顯出了？在康節心目中，此靈光四射的本體，就無異天道觀念的内涵；不獨康節認知如此，其他理學家亦莫不如此。周濂溪、邵康節對儒家古典文獻的解釋，對以後理學的發展影響是很大的。

又〈兩犯吟〉云：「這般事業人難繼，此箇功夫世莫傳，窺牖知天乃常事，不窺牖見是知天。」

〈無事吟〉云：「人間萬事苦磨持，叢入枯榮利害機。秖有一般無對處，都如天地未分時。」（見《擊壤集卷四》）

邵康節在詩中展示他的神通智慧了。「不窺牖見是知天」，豈不是「天眼通」嗎？說前知，說先知，太籠統，不如用佛、道的神通智慧來詮釋，還清楚得多。而孟子「知天」的神秘感，康節此詩，可算是最佳註腳；至於孟子「知天」本意是否如此，那就不必去過問了。

後詩〈無事吟〉，不如看成康節的〈無爲吟〉。以無爲的主靜工夫，持續不斷地，「晝夜昭瑩如大圓鏡」（李二曲語）般的本體湧現出來時，渾淪爲一，宛如「天地未分時」；而現實人生社會一切衝突矛盾，榮枯利害，統統化爲烏有。而康節此時所見（慧眼觀照）的，可能就是《莊子·齊物論》的「萬物一體」及佛家「衆生平等」的境界，一切都没有對待了。由詩意可以推測康節的工夫，又進了一步。

又〈清夜吟〉云：「月到天心處，風來水面時。一般清意味，料得少人知。」〈思聖吟〉云：「不逢聖人時，不見聖人面。聖人言可聞，聖人心可見。」〈月到梧桐上吟〉云：「月到梧桐上，風來楊柳邊。院深人復靜，此景共誰言？」（見《擊壤集卷四》）

按〈清夜吟〉一詩，月到天心，風來水面，如看成高人雅士之閒情逸趣，似無甚哲理可言。然而，我們如從深處去看，情況就全然不同了。康節此時已具初級神通智慧（如前引〈兩犯吟〉「不窺牖見是知天」句，即其顯例。）正值佛（禪宗）老（道教）修道的第二階段，可從本體中「印出萬象」（明末憨山大師語）來，故知月到天心、風來水面等實景，又是從本體中影印出來，此即康節慧眼之所見，與高人雅士之感觸截然不同，即具甚深哲理，故云：「料得少人知」，也。又次首〈思聖吟〉之義趣，即與此緊密關連。所謂「聖人言可聞」，明白易曉，不必分疏；末句「聖人心可見」又是什麼意思呢？在理學家心目中，認為聖人之心，就是他自己之心。茲以邵康節為例，看法即是如此。對不對？絕對正確無誤。因此，「心」之意義，絕不是指常人含七情六欲之心，而是指潔白無瑕的「心本體」（陸象山語）言。康節的與古先聖人的心本體，一樣一樣，了無差別，故可見聖人之心也。明朝中葉以後，陽明學者有「滿街都是聖人」之說，即從此義演出。就思想脈絡言，可作如此解釋；但王學是重實證的，證得「良知本體」，便是聖人，就與康節思想沒有什麼關連了。又〈月上梧桐吟〉詩，就表象觀察，全係寫景抒情；實則大大不然，因裏邊含有甚深哲理也。哲理何在？即涵在「院深人復靜，此景共誰言？」這兩句詩裡。有此修為工夫者，一見即知其真意所在，李二曲即如此。他把原詩稍加更動：「夜深人復靜，此景對誰言？」只更動兩字，含義更明顯。試問：詩意指的是什麼？即作者常說的靈光四射的本體是也。

又〈恍惚吟〉云：「恍惚陰陽初變化，氤氳天地乍迴旋。中間些子好光景，安得功夫入語言？」

〈歲儉吟〉云：「歲儉心未儉，家貧道不貧。誰知天地內，別有好乾坤？」（見《擊壤

集卷四》）

按當時與邵康節交往密切的，除同輩富弼外，另有輩行稍晚的如司馬光，後輩如程顥、程頤、張載等，他們對康節理學方面的造詣，想來知道得很有限，故康節才有「誰知天地內，別有好乾坤？」的慨歎。如果與康節輩行稍早的周濂溪，他們如相識而相知，我想康節先生就不會發出這樣的慨嘆了。爲什麼？因爲在宇宙內還可證知一個靈光四溢的本體（即「別有好乾坤」之意）與宇宙一般，除了邵康節外，還有周濂溪啊！

至於〈恍惚吟〉一詩，可能代表康節的工夫到了入化的境界。須知這個本體又有變動不居的特性，此可用王陽明的話來證明。陽明在《傳習錄下》曾對他的門弟子說：良知本是變動不居的，周流六虛的……。即可疏證康節此詩的意涵。當工夫達到這步境地，本體的變動，不居常格，可周流六虛般運轉不息，可真有「神無方而易無體」的神妙境界出現，康節詩的前兩句可能是指這種景況言，至於是否「陰陽初變化，天地乍迴旋」？那是各人如何認知的問題了。達到這等境界，也沒有功夫可說了。

茲再引〈吾廬吟〉一詩，對康節入化的工夫作進一步闡釋。如云：「吾亦愛吾廬，吾廬似野居。性隨天共淡，身與世俱疏。遍地長芳草，滿床堆亂書。自從無事後，更不著功夫。」（見《擊壤集卷五》這首詩，便是邵康節寓居洛陽生活的寫照。所謂「不著功夫，即是工夫。」意思是說，他的工夫入於化境，自然而然，不須擬議，不著痕跡，純熟已極，真是爐火純青也。明代陳白沙（憲章）到此境界，便以「自然爲宗」，意謂工夫自然，本體自然；表面看來，甚似自然，實際上是含有極高度的修持工夫也。如以禪宗爲喻，其工夫之純熟，婉似老僧入定一般。

以上引述康節的詩篇不少，其所蘊涵的哲理，或明或暗，總不外指這靈光四射的本體言；而此本體，更是理學中的萬靈丹，凡是古代儒家典籍，只要以此本體釋之，無往而不利。非但周濂溪、邵康節如此，以後理學家亦莫不如此。陸象山謂：「學苟知本，六經皆我註腳。」推源溯流，周濂溪、邵康節，早已我註六經了。故此本體概念，實爲康節思想之核心：即其先天之學，亦復如此。我們探索至此，對康節〈觀物外篇〉如前面所引述者，才可作合理的解釋。

五、邵康節智慧觀察法的剖析

我們從《擊壤集》各有關的詩篇中，覓出了康節的核心思想後，他的〈觀物內外篇〉求其索解的難題，即可迎刃而解。這是作者探討康節學的一條門徑，煞費工夫，得之不易。黃梨洲著《宋元學案》時，其中《百源學案》有關邵康節的核心思想是什麼？我看他的認識都是模糊的。由《擊壤集》好多深含哲理的重要詩篇不錄於學案中，即可證明。今特申說如上，對現今或後世之治理學者，或不無重要參考價值。

已如前面引述〈觀物外篇〉有關各條，現在即可一一解說如次。

如說：「先天之學，心也；後天之學，跡也。出入有無死生者，道也。」康節的先天之學，應正名爲心學或心性之學，即是形上學；後天之學，應更名爲形跡之學或致用之學，即形下學。合攏來說，前者是內聖學，後者則是外王學。邵康節的內聖外王之道，在此，已隱約地透顯出來。那康節說的「道」，又是指的什麼？出有入無，由形而下的個我證成形而上的本體，不就是老子「有生於無」之無嗎？無者何？老子之「常道」是也。由老子「致虛極，守靜篤」的工夫做去，即可湧現出理學中的本體、道體或心體。在極度的定功支撐下，使此本體「日夜昭瑩如大圓鏡」（李二曲語）一般，非但出死入生，更可達到「心如太虛，本無生死。」的境界，亦即高景逸、李二曲所能達到的境界，邵康節似乎還隔了層。走筆至此，即可點明「道」是什麼？理學中的本體是也。也就是前面探尋的康節思想的核心。

《觀物外篇》又說：「心爲太極，道爲太極。」已如前篇的思想考證，《莊子》說的「太極」和《易傳》說的「太極」，意義各別；而理學家心目中的「太極」，和《易傳》的

「太極」，它們的意義還是不一樣。現在，剋就理學家來說，認爲萬化萬事生於心，故云「心爲太極」。再說仔細點，由心性認識出發，以主靜的工夫證成此形而上的靈光四溢的本體，就是「道」，故云：「道爲太極。」實際上，這和周濂溪以「寂然不動」之本體釋「誠」或「太極」，意思完全一樣，只是措詞不同而已。

又說：「天使我有是之謂命。命之在我之謂性。性之在物之謂理。」這是康節就《禮記・中庸篇》「天命之謂性」一語立說的。關此，前篇已有思想考證。由古老的「天」的觀念含有濃厚的人格神或主宰力的意義，從孔孟到荀子已有極大的轉變，荀子汲取老子的自然觀念取代了人格神的意義，故荀子對天的認識是廣漠無垠的自然。而〈中庸篇〉晚出，在思想上應受荀子的啓迪和影響，其對「天」的認識，應是自然的。而理學家又把自然義抹去，來個大轉彎，乾脆以此形上本體來對天的意義重新詮釋（其中還是含有部份自然意義），於是天與本體，意義無殊。故康節才說出「天使我有『是』之謂命」的話來。其中的「是」字，就是指此形上本體所賦予人者。賦予人的本體，叫做「命」。（按：與世俗觀念裡命定的意義不同。）既賦予我的本體，再換個名稱，叫做「性」。其實，命也、性也，意義無殊。這與古誼「性命」一詞的意涵有些接近。至於「性之在物之謂理」這句話，就值得斟酌了。難道人性與物性相同嗎？除非以「衆生皆有佛性」的佛性（按：由佛性可以證成「真如本體」，故衆生皆可成佛。）來詮釋，康節此語，於理很難說通。而康節又謂「性之在物者謂之理」，特別提出一「理」字的新義，就與華嚴哲學的「理法界」關係密切了。甚至可以說，康節汲取華嚴理法界的玄義，才有「性之在物者謂之理」的認識。因爲此理字與本體意義無殊，在此以前是沒有的。從韓非以來，把理字界定爲物之分理或紋理，與現今物體的意義，倒有些接近，似無甚深哲理意趣；然而，理學家如邵康節者，把理字意義重新加以界定，就鑄成高深哲學了。理學之名，即取義於此。以後二程兄弟講的「天理」，就思想脈絡言，與康節亦有深厚淵源。如〈觀物外篇〉云：「若得天理真樂。」即其明證。

〈觀物外篇〉又說：「神無所在，無所不在。至人與『他心通』者，以其本於一也。道與一，神之强名也。以神爲神者，至言也。」又云：「學不際天人，不足以謂之學。」「若得天理真樂。」這裡神字的意義，應是《老子》「谷神不死」之神，《莊子》說的「神人」之神，也就是道教修證之「元神」。其實，都是此形上光明本體之異名，以其有神不可測的特性，故謂之神。康節說：「神無所在，無所不在」，在上述意義界定下，即可明白了。實則，神無所不在，即《莊子·知北遊》「道無所不在」的另一說法。由其下文至人云云，即可證明。《莊子·逍遙遊篇》所謂「至人、神人」，不外是得道者的尊號。以其道之至高無上，故謂之至人；以其道之神不可測，故謂之神人。就理學觀點言，這些都不外是此靈明本體的代號。此處，康節特別提出道佛二家的「他心通」智慧，頗值得矚目。怎麽會有他心通智慧呢？康節的解釋是：一個得道者湧現出來的靈明本體，可以通明或感應他人潛藏之本體，因而他人心中之事，可一一了知，故謂之「他心通」。已如前述，康節叮囑歐陽棐，以二十年後的事相托，已具有第四神通——宿命通，當然，第三神通——他心通早已具足；故「至人與『他心通』者，以其本於一也」，這句深玄莫測的話，就可理解了。而此本體，又是道的化身；以其無邊無際，渾淪一團，故謂之「一」。道也，一也，總不外指這本體説的；因爲本體有種不可測之特性，實在難以命名，故强名之爲道或一。這樣的命名或言談，總覺難以透顯神不可測之特性，不如乾脆直呼之爲「神」吧！茲爲康節進一解，以「神人」爲神者，「至人」之言也。故在理學中，極度强調神通智慧的，邵康節是第一人。

至此，我們可爲學際天人一語，加一明確界説。天字是指形上學，即言內聖智慧之學；人字是指形下學，即言外王致用之學。透過本體的功能作用，形上學與形下學可以直接貫通融爲一體，此所謂學際天人也。上面説的神乎其神的話，是康節把形上學推到了極峰；至於形下學，他認爲「揮戈事業卑」，極不顯著，這不能不説是康節學的一個缺陷。上引康節説：「若得天理真樂」一語，其中「天理」二字，仍是神乎其神的本體的代號。試問康節樂的是什麽？《莊子·逍遙遊》和禪宗的禪定境界，便是正確的答案。不獨邵康節如此，周濂溪亦復如此；不過，濂溪稱之爲孔顏之樂罷了。

(一)康節智慧觀察法之剖析

邵康節的〈觀物内篇〉和〈觀物外篇〉在《宋元學案·百源學案》中佔極重要的份量，可見黄梨洲著學案時重視之一斑。現在，我們不妨追問：邵康節對宇宙人生種種事物究竟怎麼樣的觀法？或則説，他如何去觀察宇宙人生種種事物之理則？這就牽涉到理學的方法或工夫問題了。根據作者的研析，康節似不外用兩套方法來解決這個問題。一是對本體世界的觀察（嚴格説，應是觀照，與觀察有别。）這是一種反觀法或觀心法，完全由他自己的本體中顯發出來的光明智慧，來觀照他自己的本體，事後加以認知其如此如此。自然，這完全出於智慧的觀照，與後天經驗知識、甚至認識論中的知識主體或認識心，都没有什麼關連。一覺便明，了了咸知，無涉外物，唯我獨知。這可稱之爲主觀的高度智慧觀照法。二是憑經驗知識和天賦聰明智慧來透視現象世界和實際人生社會之變化無常及其興衰成敗之軌跡和理則。這可稱之爲客觀的經驗智慧觀察法。邵康節《觀物内外篇》所顯示的觀物方法，似不外乎這兩種。玆分説如次。

⑴對本體世界的觀照

前面兩節破解康節先天之學的底蘊及探討康節思想的核心，引述不少《擊壤集》的詩篇，並詳加剖析，固然是以作者的工夫作基礎，才能如是體認、如是觀照。要使不然，没有自己的基本工夫，絶難對濂溪學、康節學，乃至整個宋明理學作極深入的探討，覓出其思想核心，即是作者常説的，一個形而上的靈光四溢的本體世界。我用的這種方法或工夫與邏輯全然不同。邏輯推理對這本體世界的種種奧秘，我敢斷言，是推不出來的，甚至推來是錯誤的。近人以邏輯爲研究方法者，多犯此病。作者何嘗不用邏輯？但須在這些奥秘徹底明白以後，儘量使概念清晰，定義明確，條理分明，自成思想系統者，此時，就非邏輯推理不可。不僅對理學如此，即禪學、仙學與老莊哲學，亦莫不如此。這是作者與近人觀點的不同處。

明乎此，我們闡述康節先天之學及對康節核心思想的探尋，即對其本體真貌苦苦追尋，莫不用這種智慧的觀照方法。以此例彼，康節對他的本體經過湛深功夫證會以後，必然以反觀式的、智慧的觀照方法，用詩的形式把它寫出來。作者所以如此論定，以立於主靜功夫基礎之上，方法相同也。作者要强調的，就是這一點。如果康節不用這種反觀的、智慧的觀照方法，他的《擊壤集》有好多抒情寫景、寓意深遠、暢發本體或道體的詩篇，是寫不出來的。而作者愛用「智慧」一詞，即以神通智慧可以穿透時空的阻隔也。

現在，再引述康節〈觀物吟〉一詩，來作另一角度的説明。詩云：「耳目聰明男子身，洪鈞賦予不爲貧。因探月窟方知物，未躡天根豈識人？乾遇巽時觀月窟，地逢雷處看天根。天根月窟閑來往，三十六宮都是春。」（見《擊壤集卷五》）

黃梨洲〈論天根月窟〉云：「康節因〈先天圖〉而創爲天根月窟，即《參同契》乾坤門戶牝牡之論也。故以八卦言者，指坤震二卦之間爲天根，以其爲一陽所生之處也。指乾巽二卦之間爲月窟，以其爲一陰所生之處也。……案諸說雖異，其以陽生爲天根，陰生爲月窟，無不同也。蓋康節之意，所謂天根者、性也，所謂月窟者、命也。性命雙修，老氏之學也。」（見《百源學案下‧附梨洲〈易學象數論〉》）。

梨洲謂「性命雙修，老氏之學」，這是對的；不過，他緊扣八卦論「天根、月窟」之部位，或有未安。玆案仙學修證理論與方法，中關「煉炁（即氣字）化神」，即有神通出現。進而修到上關，「煉神還虛」，功德圓滿，元神（即世俗所稱之神仙）即可從腦頂門（姑謂之天門）飛躍而出，遨遊太空，逍遙自在。（拙著〈揭開神仙思想的神秘面紗——從老莊哲學談起〉一長文，論之甚詳，曾刊《東方雜誌》，後輯入《孔孟老莊與文化大國》一書，台灣商務印書館出版，可以參看。）由此證彼，康節所謂「天根」，似應指腦頂門或天門爲言，蓋元神即由此處飛昇也。而康節「未躡天根豈識人？」的詩句，才可作合理詮釋。「人」者何？至人也，神人也，亦即仙人也。又余友唐經武君曾告訴我，他曾作過修證工夫，運氣可從「湧泉」處上昇，而左右旋轉。湧泉是什麼？《莊子・大宗師》「真人息之以踵」句，宣穎註曰：「呼吸通於湧泉。」這個「踵」字，不宜實指足跟言，應泛指足底中心部位才對。唐君運氣即可從這個部位上昇下降，左右旋轉。由此，可知康節所謂「月窟」，就工夫的印證，似應指足底之湧泉言，才符合事實。因這一部位不像半月形嗎？稱為月窟，亦甚恰當。現在，又就八卦來看，乾卦為天，象徵天門；坤卦為地，象徵湧泉。由天門處向下看，到巽卦，巽為木，伏也，不就跟湧泉接近了麼？故云「乾遇巽時觀月窟」。之後，又從湧泉處向上看，到震卦，震為雷，動也，不就跟天門接近了嗎？故云「未躡天根豈識人？」修證到了中關，名為「大周天」。「煉炁化神」之神（即元神的雛形，宛如火球一般。）可從丹田、天門、湧泉等等部位之穴道，運轉不息，故云「天根月窟閑來往，三十六宮都是春。」三十六宮者，指人身卅六個部位穴道也。康節用一「春」字，頗具深意。所謂春者，非僅春暖花開，象徵暖和之意。更深一層看，應是指上述火球般的元神雛型，通過卅六個部位的穴道，處處都有發熱的感覺，故云「三十六宮都是春」也。然而，這與作者常說的靈光四射的本體有何關連呢？就仙學觀點言，這個火球般的元神雛型即具有種種神通智慧的作用，故稱之為「靈知」或「靈覺」；因為他會呈現出月光般的皎潔的光輝，能觀照或印出宇宙萬象來，故稱之為昭或明；又因他常惺惺不昧，「晝夜昭瑩如大圓鏡」（李二曲語），故王陽明釋《大學》之「明德」，即以此「昭靈不昧」之「良知本體」詮釋，實與濂溪、康節一脈相承也。（意指以此靈明本體注釋六經言。）走筆至此，我們不難明白康節所謂「三十六宮都是春」的深意了。康節的功夫極詣，大概到此為止；及到上關的修證，元神出竅，可以凌虛御空，遨遊四海，那是他畢生景慕的陳摶老祖才有此道功、有此能耐了。

我們說，邵康節對本體世界的觀照，由這首詩對天根、月窟的剖析，及天根與本體之關連，就可釋然了。以後明代陳白沙（憲章）更以「天根」作為本體的代號，大可作有力的旁證。至於前引〈先天圖〉云：「先天學，心法也。圖皆從中起，萬化萬事生於心也。」這是康節對本體（心）的推演解釋，似乎與佛學「三界唯心」的理論，不無淵源。即使我們認定是唯心論，亦與西方哲學中的唯心論迥然各別，何以故？因中土之「心」，乃形上光明靈覺本體之異名，與西方哲學純觀念演繹之「心」，意義全然不同也。

(2)對現象世界的觀察

康節對現象世界的觀察，可分為兩大類：一是對宇宙自然的觀察，一是對人生社會的觀察，多具慧眼，值得一述。這種觀物的方法與前述對本體世界智慧的觀照，顯然不同；但有時亦與其智慧的觀照，在思想上總有些關連。茲先說前者。

如〈觀物吟〉云：「地以靜而方，天以動而圓。既正方圓體，還明動靜權。靜久必成潤，動極遂成然。潤則水體具，然則火用全。水體以器受，火用以薪傳。體在天地後，用起天地先。」（《擊壤集卷四》）

按天圓地方，天動地靜，乃中國古老觀念，僅憑肉眼觀察，斷定其如此如此。而水體火用，亦因人而起，與天地先後無關也。康節這種觀察，只可視爲科學的萌芽。相沿傳統天動地靜，天圓地方的說法，是反科學的。

康節對人生社會的觀察，倒有極精闢的見解。如另首〈觀物吟〉云：「居暗觀明，居靜觀動。居簡觀繁，居輕觀重。所居者寡，所觀則衆。匪居匪觀，衆寡何用？」（《擊壤集卷五》）這種觀察，是極富於智慧的。

又〈觀物吟四首〉其二云：「鶯蟬體既兮，安用苦云云。氣盛有餘力，聲銷無異聞。時來由自己，勢去屬他人。莫作傷心事，傷心不益身。」

又其三云：「古今情一也，能處又何難？識事事非易，知人人所艱。多疑虧任用，輕信失防閑。堯舜其猶病，何嘗無大姦。」（《擊壤集卷五》）

康節涉世極深，對世事觀察入微，令人欽佩。即老於世途者，讀了這些詩篇，亦不得不令人油然起敬。康節不愧爲命世之才，他心目中的人物，只有張子房和諸葛亮，其餘「曹劉孫少有才」，不足數也。

㈡對〈觀物內外篇〉之基本認識

所謂「觀物」究竟什麼意義？或者說怎麼樣觀法？邵康節在〈觀物外篇〉中有解釋。他說：「以物觀物，性也。以我觀物，情也。性公而明，情偏而暗。」所謂「以我觀物，情也。」可稱主觀的觀察法，其中含有個人的情感、好惡、意志、觀念、意識等等成份在內。故說「情偏而暗」。那「以物觀物，性也。」是不是主觀客觀化的觀察法呢？表象分析，甚爲近似，實則與此義相去甚遠，還須作進一層探索。關鍵問題，就出在這個「性」字上。何謂性？前邊曾引述康節的話說：「天使我有是之謂命。命之在我之謂性。性之在物之謂理。」作者有詮釋，略說如次：這個形上靈明本體之賦予人者，叫做命。既賦予人的本體，換個名稱，叫做性。其實，命也、性也，意義無殊，都在這個靈明本體上打轉。至於「性之在物之謂理」，應指華嚴哲學「理法界」之理，必如此詮釋，命、性、理這三個異名同實的東西，就可一氣呵成，怡然理順了。

現在回到「以物觀物，性也」的問題上，就易明白了。性字意義既釋如上，嚴格講，應是「以物之理」來觀物，就是性。此時的理與性，均係名異實同，都是指的這個形上光明本體言，由其下文「性公而明」可證。分析至此，我們似可作一界說，由主觀客觀化、進而以此靈明本體之慧境來觀照本體之自身及宇宙萬物和人生社會者，謂之「觀物」。這種方法，已如前說，對本體界言，只可謂之「觀照」，就宇宙人生社會言，則可稱爲「觀察」，以後者含有經驗知識及個人稟賦之智慧也。

觀物之義，既釋如上，現在來看邵康節究竟觀些什麼？渾括言之，此本體界之自身與宇宙人物，都是他觀照或觀察的範圍，至廣至大，無所不包。但如前面的剖析，我們引錄了不少《擊壤集》的詩篇，並加以精確的解析，康節對本體界的觀照，道出了許多奧秘，似爲周濂溪所不及；然而，對宇宙萬物的觀察，問題可來了。我們今天來看，多半是反科學的，不妨視之爲「天方夜譚」；但是，康節對人生社會的觀察，卻有其獨到之見解，已如前說外，現在不妨再引〈觀物內篇〉的一段話來加以補充。

《觀物內篇》云：「夫古今者，在天地之間，猶旦暮也。以今觀今，則謂之今矣。以後觀今，則今亦謂之古矣。以今觀古，則謂之古。以古自觀，則亦謂之今矣。是知古亦未必爲古，今亦未必今，皆自我而觀之也。安知千古之前，萬古之後，其人不自我而觀之也。」

「古今猶旦暮」，本莊子語；這裡，是康節藉莊子來闡釋他自己的觀點；而莊子的原文，「古今猶旦暮，生死爲一條」，意義並非如此。這可說是康節的創新意義。其義爲何？作者特稱之爲主觀的移位觀察法。「自我而觀之」，當然是主觀的觀察；可是，他的觀察位置是可以移動的，故稱爲主觀的移位觀察法。例如以今人觀今人或今世，謂之今，謂之現在，此義易明，不必細說。而以後人的立場來觀今人今世，「則今亦謂之古矣」，現今的時空位置馬上轉移爲古，爲過去的時空位置了。準此觀察位置的移轉，那以古人看他自己所處的時空位置，當然，也是今、也是現在了。至於「以今觀古，則謂之古矣。」這是歷史常識，不必解說。康節的意思是說，古或過去的時空位置與今或現在的時空位置，不是絕對的，而是相對的，是可以轉移的。故云：「知古亦未必爲古，今亦未必爲今，皆自我而觀之也。」這並非康節的詭辯，而是他的設想之詞。故云：「安知千古之前，萬古之後，其人不自我而觀之也？」其人爲誰？康節自己也。然而，康節何以有這樣異乎常人的觀察法，無他，觀照本體智慧之延伸也。

試問：康節把莊子「古今猶旦暮」一語，如此詮釋，另立新解，他與莊子原意有何不同？按照莊子之道——形上光明本體言，根本没有或則超越時空的限制，故云「古今猶旦暮」。謂其猶旦暮者，以其時空之短暫，宛如没有時空限制也。同理，就常人之自然生命言，確有死生之隔，然而，如就常川安住此本體世界言，根本無生無死可言，故云「死生爲一條」也。這項無生無死之理論，以後禪學家及仙學家，均可獲得證明。程明道闡釋古今旦暮死生的問題，仍本著莊子原意立說，邵康節何嘗不知？爲了另立新解，才作如上云云。

康節〈觀物内篇〉又說：「夫所以謂之萬物者，非以目觀之也。非觀之以目，而觀之以心也。非觀以心，而觀之以理也。聖人所以能一萬物之情者，謂其能反觀也。所以謂之反觀者，不以我觀物也。不以我觀物者，以物觀物之謂也。既能以物觀物，又安有我於其間哉？」

這是康節以理觀物的、反觀式的、或以物觀物的，亦即作者說的反主觀爲客觀的智慧觀察法之具體說明。由於有這種觀察法之創立，所以才有上述古今猶旦暮、時空位置轉移的新解。至此，我們對〈觀物内外篇〉的基本認識，可概括爲下列幾點：

(1)康節思想的核心概念

由〈觀物外篇〉「心爲太極」、「道爲太極」、「先天之學，心也。……出入有無死生者，道也。」等等蘊含深玄哲理的話的理解，及前引《擊壤集》不少詩篇的疏證，可以斷定康節思想中的核心概念，仍然是理學中的形而上的靈光四溢的本體，與周濂溪的完全一致，絕無差別。並且由此靈明本體之神妙功能——神通智慧慧之展現，又戡破了理學家亦有前知、先知功夫之秘奧。

(2)康節觀物法的基本結構

我們從《擊壤集》好多觀物詩篇的剖析，即可明白康節觀物法的基本結構有二：一是對本體世界的智慧的觀照，一是對現象世界中的宇宙萬物及人生社會的觀察，我們統稱之爲智慧觀察法。

現在又從〈觀物內篇〉的「非觀以心，而觀之以理」及「不以我觀物，以物觀物之謂」等關鍵語的解析，即可證實康節觀物法之基本結構如上所說。其反觀法甚爲特殊，即時空移位的觀察，可爲《莊子》「古今猶旦暮」一語，創立新的解釋。

(3)康節塑造的聖人標準

〈觀物內篇〉云：「……聖也者，人之至者也。人之至者，謂其能以一心觀萬心，一身觀萬身，一世觀萬世者焉。其能以心代天意，口代天言，手代天工，身代天事者焉。其能以上識天時，下盡地理，中盡物情，通照人事者焉。其能以彌綸天地，出入造化，進退古今，表裏人物者焉。」

康節這些話，須要疏解的有以下各點：

①聖人何以能以一心觀萬心？心者，本體之代名也。聖人之本體與常人之本體，一樣一樣，了無差別，故能以一心觀萬心也。

②何謂以一世觀萬世？這句話，似指《皇極經世》一書的功能言。據黃梨洲的考評，是「一部鶻突歷書，而不可用也。」

③何謂彌綸天地？《易傳》說：「故能彌綸天地之道。」程明道說：「天地之大，人猶有所憾。」憾的是什麼？天地小，人的本體大也。天地之本體不能自顯，全靠靈慧的人來彰顯，豈不是由人來彌縫牽合天地之道嗎？但《易傳》本義，未必如此。

④何謂出入造化？前面引述康節《逍遙吟》有句云：兩儀長在手，萬化不關心。」豈不是這句話最佳註腳嗎？能掌握兩儀——太極——本體，還不能出入造化嗎？這句話，似不無過分誇大之嫌。

⑤何謂進退古今？即前述康節對《莊子》「古今猶旦暮」一語的新解。

⑥何謂表裏人物?表是外,裏是內,人物何有內外之分?據〈觀物內篇〉的解釋,大意是:君子不一定爲君子,小人也不一定爲小人。只要聖王在位,可使小人化爲君子;反之,君子亦可變爲小人。關鍵問題,就看在上位者教化如何了。親君子遠小人,不就有內外表裏之分麼?

邵康節用他的觀物法——智慧觀察法,認識到一理想的文化人——聖人,所能達到最高的境界是:「彌綸天地,出入造化,進退古今,表裏人物。」無異康節先生之自道。他這樣塑造的聖人標準,與此後陽明學者高唱「滿街都是聖人」,即人人都可以做聖人之說,其難易程度,真不啻有霄壤之隔的距離。

六、康節內聖外王之道的評估

本文篇首曾引述程明道對邵康節的考評是:「振古之豪傑,惜其無所用於世,其所言,內聖外王之道也」。理學中用內聖外王之道一語,蓋始於此。按此語出《莊子·天下篇》,程明道援引過來,讚美康節之學爲內聖外王之學。周濂溪雖未明言內聖外王之道,然其學術、其工夫,亦是朝這條道路走去,可以肯定。非但濂溪、康節如此,以後理學家亦莫不如此。這可顯出宋明理學的一大特色。漢唐註疏之學，清代考據之學，更無與倫比，更望塵莫及。

然而理學家倡內聖外王之道，雖然源於《莊子》，但考其實際，莊子只有內聖，也只重視內聖，外王事業，總付闕如。莊子心目中之所謂外王者，簡言之，主無爲而治，在上位者與平民百姓都有莊子般的道與德的高深涵養，都可達致至人、神人、真人的境界，豈不天下太平了嗎？殊不知這只是莊子個人的崇高文化理想而已。理學家卻大大地邁進一步，於外王事業上用力不少，如周濂溪之「政事精絶」，邵康節之著《皇極經世》，均有可述者，與莊周隱淪一生就全然不同了。

茲就康節而論，康節究竟是儒是道？在兩宋學人中即有不少議論。如程明道說：「世之博文强識者衆矣，其終未有不入於禪學者。特立不惑，子厚、堯夫而已。然其說之流，亦未免於有弊也。」（見《擊壤集附錄卷七》）程明道的考評，是說張橫渠、邵康節不流於禪學。若然，那邵康節又是什麼學呢？葉水心《習學紀言》曰：「『獨立孔門無一事，惟傳顏氏得心齋。』案顏氏立孔門，其傳具在，『博我以文，約我以禮，欲罷不能，既竭吾才』，非無事也。心齋，莊列之寓言也。……蓋寓言之無理者，非所以言顏子也。」（見《百源學案附錄》）是知葉水心（適）把康節列爲道家亦不爲過。不過，莊子之寓言，非無理也，只葉氏不知耳。

程明道謂橫渠、康節不流於禪學，茲按葉適的評述，康節早已流入老莊；那橫渠呢？已流入華嚴去了。而橫渠對康節的考評，更是一語中的。據程明道的記述：「邵堯夫病革，且言試與觀化一遭。子厚（張載字）言：『觀化他人，便觀得自家；自家不知如何觀得化？嘗觀堯夫詩意，纔做得識道理，卻於儒術未見所得。』」（以上見《性理》、《擊壤集・附錄卷六》）孔子「修己安人之道」，在安人的一面，康節不免有所忽略。他的畢生精力薈萃於《皇極經世》一書，而《皇極經世》絕非儒家的安人治平之道。

康節該流入何道呢？嚴格説，應流入黃老之道；然而，他沒有類似《陰符經》的著述，能否掤建張子房般的功業？仍不無可疑。以其早年得自道教的〈先天圖〉，即注定他一生在黃老思想及道教修煉術中瞻顧徘徊。其《皇極經世》之創作，不過根據〈先天圖〉，並附以己意，沿《易經》象數派路線，加以「數」的推演而已。現在把程朱、葉適、黃宗羲及近人吳康對康節的評論文字摘錄如次，以見古今學人對康節學術的品評。

(一)程朱派的品評

(1)程明道的品評

程明道說：「邵堯夫數法，出於李挺之，至堯夫推數方及理。」此處「理」字，乃指理學中最高層面的意義，即形上靈明本體之異名。康節之學，雖源於李挺之；但就象數的推演，即以此形上靈明本體為基軸，實為挺之所不及，故明道才如是云。因此之故，邵康節才可正名為理學家，才不致淪為方技術數之流人物。明道又說：「堯夫之學，先從理（按：此理字與上義同。）上推意，言象數，言天下之理（按：此理字應指人理、事理、物理言。）須出於四者（按：似指「水火土石，地之四體。」推到理（按：此理字仍指本體言。）處，曰：『我得此大者（按：此形上靈明本體宛如太空一般，故謂之「大者」。此後陸象山「先立乎其大者」，亦與此同一意義。）則萬事由我，無有不定；』然未必有術。要之，亦難以治天下國家。」其中「萬事由我，無有不定」，似不免張皇其詞，真的能萬事由我嗎？本體之推演解釋而已。康節當然有術——《皇極經世》，然難以治天下國家，確為的評。（以上引錄明道語，均見《擊壤集·附錄卷七》。）

⑵朱子的品評

朱子說：「康節之書（指《皇極經世》），固自是好，而季通（朱子弟子蔡元定）推得來，又甚縝密，若見于用，不知果如何？恐當絶勝諸家也。」可見朱子對《皇極經世》一書，評價極高。

有問康節數學。朱子曰：「且須未理會數，自是有此理（按：此理字乃理學中層面最高意義，即本體之別名。他處朱子釋太極爲「只是箇一而無對者」，與此同義。）……蓋其學本於明理（按：此理字義與上同）。……若曰：渠能知未來事，則與世占覆之術何異？其去道遠矣。……蓋他氶得此理（按：此理字義與上同）熟了，事物到面前便見（得），更不待思量。」

又問：先生須得邵堯夫先知之術？久之，曰：「吾之所知者，『惠迪吉，從逆凶。』『滿招損，謙受益。』若是明日晴，後日雨，吾又安能知耶？」康節先知功夫的底蘊，朱子似未曾深究；不過，他認定康節象數之學，其出發點，則由此理——形上靈明本體推演出來，與明道觀點一致。

朱子又說：「康節之學，抉摘窈微，與佛老之言，豈無一二相似？而卓然自信，無所污染，此其所見必有端的處。」理學家排斥佛老的心態，除周濂溪默而不語，甚是例外，其他如邵康節、程明道、程伊川、張橫渠、朱晦菴、陸象山、以及王陽明等等，無不或多或少有此心態，至明末劉蕺山（宗周），可謂集排斥佛老思想之大成；然而到了清初，「關中大儒」李二曲崛起，情況大變，與周濂溪同，不排佛了。一始一終，可謂理學發展之異數。

又問：「近日學者……皆欲慕邵堯夫之爲人。曰：邵子這道理，豈易及哉？他腹裏有這箇學，能包括宇宙，終始古今，如何不做得大，放得下？今人卻恃箇甚後敢如此？因誦其詩曰：『日月星辰高照曜，皇王帝伯大鋪舒。』可謂人豪矣。」（以上引錄朱子語，均見《擊壤集·附錄卷七》）朱子對康節其人其學的推崇備至，古今來可謂第一人。

㈡葉水心的品評

葉水心《習學紀言》曰：「『初分大道非常道，纔有先天未後天。』大道常逆，孔安國語；先天後天，《易師傳》之辭也。……《師傳》先後天，乃義理之見於形容者，非有其實。山人隱士，輒以意附，益別爲先天之學。……山人隱士以此玩世自足則可矣。而儒者信之，遂有參用先後天之論。夫天地之道，常與人接，奈何舍實事而希影響也。」案：康節之學的底蘊，葉水心未必了解。

又云：「邵某以玩物爲道，非是。孔子門惟曾晳。此亦山人隱士所以自樂，而儒者信之，故有雲淡風清、傍花隨柳之趣。」如以邵康節玩物爲道，足證水心於理學之無知。

又云：「『獨立孔門無一事，惟傳顏氏得心齋。』案顏氏立孔門，其傳具在。博我以文……既竭吾才，非無事也。心齋，莊、列之寓言也。……蓋寓言之無理者，非所以言顏子也。」孔門、莊書之顏回，本來不同；如謂《莊子》寓言無理，足證水心於莊學一無所知。

又云：「邵某無名公傳，尊己自譽，失古人爲學之本意，山林玩世之異跡也。」（以上各條，均見《百源學案附錄》）康節尊己自譽，也許有之；如謂爲山林玩世之異跡，是水心太不知康節了。

古今來貶抑康節學之甚者，葉水心可能是第一人；惜乎他於理學一無所知，才有此等論調。而水心爲永嘉學派的巨擘，本經制言事功之宗旨，與南宋朱、陸鼎峙爲三。觀其於康節、於理學之不甚解如此，同一個時代，學術上竟然這麼隔閡，殊不可解。從而望後人深知理學者，難矣。

㈢黃梨洲的品評

黃梨洲著《宋元學案》時，於康節象數之學下過不少工夫，特著〈皇極經世論〉一篇，以評論其得失，確具見地，特摘抄重要文字如次，以見一斑。

「皇極之數，一元十二會，爲三百六十運。一會三十運，爲三百六十世。一運十二世，爲三百六十年。一世三十年，爲三百六十月。一年十二月，爲三百六十日。一月三十日，爲三百六十時。一日十二時，爲三百六十分。一時三十分，爲三百六十秒。蓋自大以至於小，總不出十二與三十之覆相承（乘法）而已。……康節之爲此書，其意總括古今之歷學，盡歸於《易》。奈《易》之於歷，本不相通，硬相牽合，所以其說愈煩，其法愈巧，終成一部鶻突歷書，而不可用也。」

「致用之法，以一定之卦推治亂，以聲音數取占事物。……甲乙為木，為饑饉，為曲直之物。庚辛為金，為兵戈，為刃物。丙丁為火，為大旱，為銳物。壬癸為水，為淫潦，流濕之物。戊己為土，為中興，為重滯之物。此致用大凡也。《皇極經世》包羅甚富，百家之學，無不可資以為用，而其要領在推數之無窮。宋景濂作《溟涬生贊》，記蜀道士杜可大之言曰：『宇宙，太虛一塵耳。人生其間，為塵幾何？是茫茫者，尚了然心目間。』此一言已盡《皇極經世》之秘，能者自有冥契，則予言亦說鈴也。（皇極五致用）」（以上均見〈百源學案下〉附梨洲〈易學象數論〉）

根據黃梨洲的評估，邵康節的《皇極經世》，不過是一部不可用的鶻突歷書而已，還有什麼致用價值可言？然而康節卻把天干地支牽強配合《易經》的卦爻，才有「甲乙為饑饉」，「庚辛為兵戈」，「丙丁為大旱」，「壬癸為淫潦」，「戊己為中興」等等說法。如以今日科學眼光視之，無異是一連串神話而已。不過，在神話編撰中，卻又有至理存焉。即梨洲引述蜀道士杜大可之言：「宇宙（指天地言），太虛一塵耳。人生其間，為塵幾何？是茫茫者，尚了然心目間。」杜道士的意思是說，就個我言，人不過太虛中一塵之不如；然而就人的本體言，即太虛之浩瀚無垠，亦可於吾人之本體中顯現出來。人，又何其崇高偉大！梨洲特引此語作結，意謂：康節的《皇極經世》思想最上層的構築材料，是先天之學；先天之學，即此光明本體之內聖學也。由此向外作象數的推演解釋，以簡單說明人物之生成及對自然人事種種問題之詮釋，是否符合事實？就不必追問了。

(四) 近人吳康教授及作者的品評

近人吳康教授曾對《皇極經世》，作科學的整理後，認爲與科學事實不合，亦無甚麼價值可言。然而康節學何以會造成如此結局呢？一是就本體作象數的推演而成曆書，這是一條走不通的死路。非但康節如此，即濂溪就本體作義理的推演，以闡釋宇宙人物之生成，亦是悖離科學的，亦是不可靠的。一是康節以此形上學作基石，以天文學（曆書）作支柱，再把歷史、文化、政治及自然現象等等（即《皇極經世》所推算的歷代興廢存亡，人事上的吉凶禍福與乎旱災、水災等等。）各個專門學問，摻雜其間，而糅成學術上的一盤大雜燴，故程明道評論它「不能治天下國家」也。

走筆至此，我們對康節的內聖外王之道或內聖外王之學作一客觀評估。已如本書篇首所說，內聖學，可稱爲智慧之學，外王學，可稱爲致用之學。關於前者，邵康節的造詣，非常湛深，由他顯示神通智慧，即爲有力證明。至於後者，就不無爭議了。因爲理學中的形上學，亦即智慧之學，與形而下的科學，本係兩個不同的思想領域。由周濂溪在形上智慧之學方面奠定結實的基礎以來，遞次發展到清初的李二曲，可開出包含科學人生之人生哲學，於是形下致用之學在理學中，不僅落實了，而且更占有重要位置。因此，理學與科學即可銜接起來。由邵康節錯誤的嘗試開其端，到李二曲倡「全體大用之學」或「明體適用之學」的結局，開出理學與科學融合的道路，故康節所創「先天的數學」──《皇極經世》，亦有其負面價值。這是作者對康節內聖外王學的客觀評估。

七、結論

綜合以上各節所論述，可作結語如次。

㈠由於康節終身不仕，在「安樂窩」中做一位「閒道人」（陸象山評語），並講學洛中，其理學功夫極爲深邃，固有不少神通智慧或先知（前知）經驗之顯現。以後王陽明批評康節「洩漏天機」，乃是理學家秘而不宣的保守心態；我們今天看法則不然，既是靈秀之人顯發的特異功能，爲何諱莫如深、不可公諸於世呢？同時，由此更可判斷理學家造詣之深度。例如康節臨終前顯現之神通智慧，程伊川解釋爲「此只是心虛而明，故聽得。」或「心無念慮，不昏，便如此。」或如釋氏先知死，「但燭理明，自能之。」等等，都說得對，只是太簡略了，今人如何懂得？至於朱子在這方面則避而不答，可見朱子的實際詣境，較伊川又大爲遜色了。

㈡康節，看似一「閒道人」，一山林隱士，實則，他的志抱恢宏，氣魄雄偉，即濂溪、二程、横渠等北宋諸大師亦難與之比擬。他目擊宋室頹廢之局，本欲大有所爲，以匡濟時艱，故以張子房、諸葛武侯自許，如〈張子房傳吟〉：「漢室開基第一功，善哉能始又能終。……用舍隨時無分限，行藏在我有窮通。古人已死不復見，痛惜今人少此風。」又《毛頭吟》：「……人間自有迴天力，林下空多憂國心，日過中時憂未艾，月幾望處患仍深。軍中儒服吾家事，諸葛武侯何處尋？」惜乎康節没有子房與諸葛之遇合，所以終其一生，只得作一閒道人。

㈢康節所倡之學，自命名爲「先天之學」，然而深入探究先天之玄義，仍不外理學中的形而上的靈明本體，與周濂溪、二程兄弟、和以後的理學各名家所言者，均無不同，只不過使用的名稱、術語變換而已。此點，可用理學家的「主靜」或「主敬」的基本功夫及其偶爾顯露之神通智慧，獲得有力的證明。這是理學思想之核心。能透徹了悟此核心思想，可以說無往不利，那我們研究理學的第一關，就算通過了。

㈣康節由「先天之學，心也」，鑄成內聖學；又由「後天之學，跡也」，鑄成外王學。惜乎傳承的關係（指康節〈先天圖〉得之於李之才，並作象數的推演解釋。），又緊扣《易經》搬立新說，即成《皇極經世》一書，致使康節之學，在這一面暗淡無光，甚至不免令人懷疑：康節心目中的張子房、諸葛亮，就是這種「不可用的鶻突歷書」嗎？即使爲有用之歷書，恐怕亦非子房、諸葛之學也。以康節的過人智慧及不世之才，未能憬悟至此，吾人終不可解。

㈤程明道說：「堯夫詩『雪月風花未品題』，他把這些（宇宙造化）事，便與堯舜三代一般（看）。此等語，自孟子後無人曾敢如此，言來直是無端的。又如：『須信畫前元有易，自從刪後更無詩。』這箇意思，元（自）古未有人道來。」（見《擊壤集．附錄卷七》）程明道是深知康節者。故康節〈首尾吟〉說：「詩是堯夫語道時」。宣情寄意，固然甚多，但語道詩篇亦復不少。本文多引述康節詩篇，加以哲理剖析，即以此故。非特如此，而且從《擊壤集》編排的次序，更發現康節的修道過程來，是最值得珍視的，也是本文撰述過程中意外的收穫。

㈥從理學發展的全程看，內聖學，自濂溪、康節奠定結實基礎後，接著明道、伊川、象山、白沙、陽明，直到清初李二曲等等理學大家，無不朝此道路邁進，其詣境之精卓，或有過之而無不及。其中惟獨橫渠、晦翁有些例外。「橫渠苦心力索之功多」（朱子評語），晦翁又「影響不真」（王陽明評語），是爲張、朱無可彌縫之缺陷。至於外王學方面，濂溪「政事精絶」，惜乎格局不大；康節確欲有所建樹，惜乎路綫歧出，經世之學，一無用處。以後明道重内輕外，外王之道，似無足觀。橫渠限於復古思想，跡近迂腐（如在郿縣橫渠鎮購田一方，實驗井田制。）惟伊川從致知格物入手，意欲擴展外王學的知識領域；朱子踵其後，頗有建構全體大用之學的宏圖，惜乎淹博而不適用。象山晚年始出任荆門軍，未盡其才而卒於任所。到了明代，只有王陽明極爲特殊，功業彪炳，内聖外王之道，幾底於成。故太虚大師讚美道：「王陽明爲仲尼以來第一人也。」惜乎外王之學，不甚彰顯。及到清初李二曲崛起，其内聖學之詣境超勝陽明，知識之淹博不亞朱子而主適用，因此，内聖外王之學，才算正式完成。而且由二曲學又可開出科學人生，直接可以和現今科學知識銜接。故康節的外王之學《皇極經世》——一部「鶻突歷書」王之學《皇極經世》——一部「鶻突歷書」，亦不無負面價值。

98·11·16於美西加州

伍·如坐春風程明道

提綱

一、程明道的生平事蹟
二、程明道的人格風範
三、明道核心思想之探索
四、有關仁的觀念的發展
五、明道的修爲過程與空靈境界
六、明道修爲工夫之剖析
七、明道內聖外王學之價值評估
八、結論

一、程明道的生平事蹟

程顥字伯淳，洛陽人。父珦，太中大夫。踰冠中進士第，調鄠縣（今陜西省鄠縣）主簿，改上元縣（今江蘇省江寧縣）。盛夏隄決，按法當言之府，府言之漕司，然後興作。先生曰：「若是，苗槁久矣。」竟發民塞之，歲乃大熟。上元當水運之衝，設營以處病卒，至者輒死。明道曰：「病者給券而後得食，待食數日，奚而不死？」乃白漕司預貯米營中，死者減半。移晉城（今山西省晉城縣）令，河東財富窘迫，官所科買，雖至賤之物，價必騰湧。明道度所需，使富室預儲以待。及期，定價買之，貧富咸利。先生視民如子，民以事至縣者，必告之以孝悌忠信。欲辦事者，或不持牒徑至庭下，明道從容理其曲直，無不釋然。度鄉村遠近為保伍，使之力役相助，患難相恤，而姦偽無所容。凡孤煢殘廢者，責之親戚鄉黨，使無失所。行旅出於其途者，疾病皆有所養。鄉皆有校，暇時親至，召父老而與之語。兒童所讀書，親為正句讀。教者不善，則更易之。置鄉民為會社，為立科條，旌判善惡，使鄉民有勸有恥。在縣三年，民無強盜及鬥死者。秩滿，吏夜叩門，稱有殺人者。明道曰：「吾邑安有此？誠有之，必某村某人也。」問之，果然。或詢其故，曰：「吾嘗疑此人惡少之勿革者也。」神宗熙寧初，以呂公著薦，爲監察御史。神宗素知其名，每召見，從容咨訪，將退，則曰：「卿可頻來求對，欲常相見耳。」一日議論甚久，日官報午正，明道始退。中人相謂曰：「御史不知上未食耶？」務以誠意感動人主，言人主當防未萌之欲。神宗俯身拱手曰：「當爲卿戒之。」及論人才，曰：「陛下奈何輕天下士？」神宗曰：「朕何敢如是？」前後進說，未有一言及於功利。嘗極陳治道，神宗曰：「此堯舜之事，朕何敢當？」先生愀然曰：「陛下此言非天下之福也。」

王安石執政，議更法令，言者攻之甚力，明道被旨赴中堂議事。安石方怒言者，厲色待之。明道徐曰：「天下事非一家私議，願平氣以聽。」安石爲之媿屈。新法既行，先生曰：「智者若禹之行水，行所無事。自古興治立事，未有中外人情交謂不可而能有成者。就使徼倖小成，而興利之臣之日進，尚德之風浸衰，尤非朝廷之福。」乞去言職。安石本與之善，及是雖不合，猶敬其忠信，不深怒，但出提點西京（北宋以洛陽爲西京）刑獄。明道固辭，改簽書鎮寧軍（屬山東省，故治在今曹縣西北）判官。曹村決堤，先生謂郡守劉渙曰：「曹村決，京師可虞，請以廂兵見付，事或可集。」渙以鎮印假之，先生立走決所，激諭士卒。議者以爲勢不可塞，徒勞人耳。先生募善泅，銜細繩以渡決口，得引大索，兩岸並進，數日而合。

遷太常丞，知扶溝縣（屬河南省，故治在今鄢陵縣東。）水災請發粟，司農遣使閱實，鄰邑多自陳穀且登，無可貸也。先生請貸不已，得穀六千石，饑者用濟。司農視貸籍户同等，而所貸不等，檄縣杖主吏。先生言：「濟饑當以口之衆寡，不以户之高下，令實爲之，非吏罪。」乃已。奄人王中正巡閱保甲，權寵張甚，諸邑供帳，惟恐得罪。至扶溝，主吏以告。先生曰：「吾邑貧，安能效他邑？取於民，法所禁也，獨有令故青帳可用爾。」中正亦憚之，不敢入城。

有犯小盜者，先生諭而遣之。再發，盜謂其妻曰：「我與大丞約不復爲盜，今何面目見之邪？」遂自經。

除判武學。李定劾其新法之初，首爲異論，罷復舊任。已而坐逸獄，責監汝州（今汝臨縣，屬河南省。）酒稅。哲宗立，召爲宗正丞，未行而卒，元豐八年（西元一〇八五）六月十五日也。年五十四。

先生資性過人，而充養有道，和粹之氣，盎於面背。門人交友，從之數十年，未嘗見其忿厲之容。遇事優爲，雖當倉卒，不動聲色。自十五六時，與弟正叔，聞汝南（漢郡名，故治在今河南省汝南縣東南。周濂溪後封汝南伯。）周茂叔論學，遂厭科舉之習，慨然有求道之志。泛濫於諸家，出入於老釋者幾十年，返求諸六經而後得之。秦漢而下，未有臻斯理

也。文彥博採衆議爲表其墓，曰「明道先生。」（摘錄《宋元學案卷十三明道學案上程明道傳》）

二、程明道的人格風範

先生數歲，即有成人之度，〈賦酌貪泉詩〉有云：「心中如自固，外物豈能遷？」已見志操矣。

十五六歲，與弟伊川受學於濂溪，即慨然有爲聖賢之志。嘗自言：「再見茂叔後，吟風弄月，有『吾與點也』意。」（按：明道當時年少，他所體會的『吾與點也』意，是否與濂溪意境相同，不無可疑。）

明道作鄠縣（今陝西鄠縣，在西安西南）主簿，有〈春日偶成〉一詩云：「雲淡風清近午天，傍花隨柳過前川。時人不識余心樂，將謂偷閒學少年。」（按：此詩意境，應即明道所體會的「有『吾與點也』意」的意思，與《論語》原意接近，與濂溪新意——莊子逍遙之樂，其間不無甚大差距。）

明道爲御史，神宗召對，問所以爲御史？對曰：「使臣拾遺覆闕，裨贊朝廷則可；使臣掇臣下短長，以沽直名則不能。」神宗歎賞，以爲得御史體。

先生爲御史時，神宗嘗使推擇人才，所薦數十人，以表叔張載暨弟頤爲首，天下咸稱允當。（按：「內舉不避親」，程明道做到了。）

王安石嘗與明道論事不合，因謂先生曰：「公之學，如上壁。」言難行也。明道曰：「參政之學，如捉風。」後來逐不附己者，而獨不怒明道，且曰：「此人雖未知道；亦忠信也。」

昔見上（指神宗）稱介甫之學。對曰；「王安石之學不是。」上愕然，問曰：「何故？」對曰：「臣不敢遠引，止以近事明之。臣嘗讀《詩（經）》，言周公之德云：『公孫碩膚，赤舄几几。』周公盛德，形容如是之盛。如王安石，其身猶不能自治，何足以及此？」又嘗稱介甫。顥對曰：「王安石博學多聞，斯有之，守約，則未也。」

先生嘗曰：「熙寧初，王介甫行新法，並用君子小人。君子正直不合，介甫以爲俗學，不通世務斥去。小人苟容諂佞，介甫以爲有才能，知通變，用之。君子如司馬君實不拜同知樞密院以去，范堯夫辭同修起居注罪，張天祺自監察御史面折介甫被謫。介甫性狠愎，衆人皆以爲不可，則執之愈堅。君子既去，所用皆小人，爭爲刻薄，故害天下益深。使衆君子未用與之敵，俟其勢久自緩，委曲平章，尚有聽從之理。俾小人無隙以乘，其爲害不至此之甚也。」

明道在澶州（故治在今河北省濮陽縣）日，修橋少一長梁，曾博求之民間。後因出入，見林木之佳者，必起計度之心。因語以戒學者，心不可有一事。

明道終日坐如泥塑人，然接人渾是一團和氣。所謂「望之儼然，即之也溫。」

明道先生與門人講論，有不合者，則曰：「更有商量。」伊川則不然。

明道曰：「學者先學文，鮮有能至道。至如博觀泛濫，亦自爲害。故先生嘗謂謝良佐曰：「賢讀書，慎不要循行數墨。」

又曰：「良佐昔錄《五經》語，作一册，伯淳見之，曰：「玩物喪志。」

謝良佐曰：「先生善言《詩（經）》。他不曾章解句釋，但優游玩味，吟哦上下，便使人有得處。」

又曰：「昔伯淳先生教予，只管看他言語。伯淳曰：『與賢說話，卻是扶醉漢，救得一邊，倒了一邊，只怕人執著一邊。』」

劉立之曰：「先生德性充完，粹和之氣，盎於背面，樂易多恕，終日怡悅，未嘗見其忿厲之容。某問以臨民，曰：『使民各輸其情。』又問御史，曰：『正己以格物。』」

侯仲良曰：「朱公掞見明道於汝州（今河南省汝臨縣）歸，謂人曰：「『某在春風中坐了一月。』」

劉佐司曰：「誠意積於中者既厚，則感動於外者亦深。故伯淳所在臨政，上下響應。」

《呂氏蒙童訓》曰：「明道先生言：『人心不同如其面。不同者，皆私心也；至於公，則不然。』」

張橫浦曰：「明道書齋窗前有茂草覆砌，或勸之芟。曰：『不可，欲常見造物生意。』又置盆池，畜小魚數尾，時時觀之。或問其故，曰：『欲觀萬物自得意。』草之與魚，人所共見，惟明道見草則知生意，見魚則知自得意，此豈流俗之見，可同日而語？」

又曰：「游定夫訪龜山（楊時）。龜山曰：『公從何處來？』定夫曰：『某在春風和氣中坐三月而來。』龜山問其所之？乃自明道處來也。」（以上所引各條，見《明道學案下附錄》及《二程遺書》）

由以上引錄文字，可見程明道的人格風範，由周濂溪的光風霽月型，轉化爲「如坐春風」「一團和氣」，並在政治上展現對王安石無所不容的政治風度，在理學家中亦不多覯。然而明道何以至此？則須從他的思想的瞭解著手，因此，下邊即賡續探討程明道的思想。

三、明道核心思想之探索

我們要了解程明道的思想，又須得先探索他的思想核心是什麼？務必要覓得他的思想核心後，才能真正瞭解他的思想。程明道的思想核心究竟是什麼？可能又是令人困惑的問題。我們要想解決這一問題，須得從以下三方面著手。

㈠明道說「識仁」，到底是什麼意思？

程明道的〈識仁篇〉最爲有名；但是〈識仁篇〉中，他所識得的「仁」究竟是個什麼？我們須要徹底明白，才能了解他的思想，亦才能覓得他的思想的核心。

《識仁篇》說：「學者須先識仁。仁者，渾然與物同體；義、禮、智、信，皆仁也。識得此理，以誠敬存之而已。不須防檢，不須窮索。若心懈，則有防；心苟不懈，何防之有？理有未得，故須窮索；存久自明，安待窮索？此道與物無對，大不足以明之。天地之用，皆我之用。孟子言『萬物皆備於我，須反身而誠，乃得大樂』。若反身未誠，則猶是二物有對，以己合彼，終未有之，又安得樂？〈訂頑〉意思（橫渠〈西銘〉，原名〈訂頑〉。）乃備言此。體以此意存之，更有何事？『必有事焉而勿正，心勿忘，勿助長。』未嘗致纖毫之力，此其存之之道。若存得，便合有得。蓋『良知良能』，元不喪失。以昔日習心未除，卻須存習此心，久則可奪舊習。此理至約，惟患不能守；既能體之而樂，亦不患不能守也。」

周濂溪就《禮記·中庸》言「誠」，邵康節則就《易傳》言「先天」，嚴格講，《易傳》與〈中庸〉皆晚出，絕不能代表孔子思想；真能代表孔子思想的是《論語》。程明道能探本溯源，直就《論語》立說，覓出孔子思想的核心，就是一箇「仁」字，這不能不說是明道的識見高於濂溪、康節處，也是他闡揚先秦儒家孔子思想的一大貢獻。明道〈識仁篇〉之創作，其理由在此；而〈識仁篇〉之所以成為理學中之大文者，其理由亦在此。不過，我們如對理學有深入了解後，再核對《論語》原書，即知明道所言與《論語》顯然不同。這就是理學之所以為理學，與先秦儒之最大歧異處。下邊分段詮釋，即知其歧異之所在。

⑴程明道以本體釋仁

程明道說「學者須先識仁」。他所識得的「仁」究竟是什麼意思或什麼東西？必須先要徹底明白。然後說下去，才如順水推舟，毫不費力。那仁是箇什麼東西呢？明道解釋說：

「仁者，渾然與物同體；義、禮、智、信，皆仁也。」「仁者，渾然與物同體」這句話，乃全篇主旨所在。何以說「仁者，渾然與物同體」呢？近人多不得其解。先就理論上說，人與萬物所具有的本體，完全是一樣的，所以人與萬物方能渾然同體。這項理論是由《莊子·齊物論》的「萬物一體論」及佛教的「衆生皆有佛性」而來，在先秦儒家孔子思想中是沒有的。其次，就明道自己說，明道的工夫證會得此形上本體，確是如此，故才如是云云。因爲明道，就是仁者的化身。如淺一層看，當此形上本體呈現時，人我、物我皆隱避不見，此時，惟一所見（慧眼觀照）的，只有此渾淪一團的本體而已。故云「仁者渾然與物同體」。如深一層看，即是上項理論的詮釋，而且從明道的本體中，更可顯現出萬物各個的本體。能詣此境，當然，此時的明道就與萬物渾然同體了。究竟明道本意是指前者，抑或後者？殊難斷定。要之，明道是以本體釋仁，決無可疑。就他的教法言，卻先從認識入手，故云「學者須先識仁。」至於孟子的「四端」，董仲舒的「五常」，都說成由仁（體）而來，這與周濂溪、邵康節就本體的推演解釋，並無兩樣。尤其就「義、禮、智、信」與仁體混爲一談，不無大病；更重要的，把「智」的偉大功能亦併入仁體之中來立論，這是理學家認識上的錯誤，在理學中亦很難開出界限明確的知識領域來。

(2)明道以誠敬爲工夫

本體有了，必言工夫，這是理學的鐵則。程明道亦不例外，故說：「識得此理（按：「此理」之理字，爲理學中理字最高層面的意義，即此形上本體的代號。）以誠敬存之而已。」所謂「識得此理」，即言識本體；「以誠敬存之」，即言做工夫。「以誠敬存之」，簡言之，就是二程的「主敬」工夫。周濂溪、邵康節均主靜，程明道卻改爲「主敬」，取《論語》「執事敬」一語之義，就顯得儒家化，沖澹佛老思想的意味。實際上，主敬工夫包含動靜兩面做工，這與濂溪、康節對比，在工夫上卻大有改進，因爲人生事爲活動很多，不可能終日主靜或靜坐也。其下文講「不須防檢，不須窮索」云云，可視爲主敬消極一面的工夫。因爲「存久自明」，即「力到功深，豁然迴契」（李二曲語），光明本體自會呈現於目前，故無須探究探索也。

(3)本體是無對待的、是無窮大的。

明道又說：「此道與物無對，大不足以明之」。按：此道與此理同義，仍是本體的異名。因在證會過程中，當此形上本體湧現時，人我、物我種種對待，均消失於無形，慧眼所照，渾淪爲一，萬物一體，那裡還有什麼人間衝突矛盾，種種對待呢？故云「此道與物無對。」而本體之量，又是無窮大的。人間所謂大，實際上，小得可憐，怎麼能形容本體之量之無窮呢？下文，明道言「天地之用，皆我之用」，以今日觀之，似不無擴張解釋之嫌。下面引述孟子「萬物皆備於我」一段話，值得注意。明道以此本體「涵蓋乾坤」義釋之，未必符合孟子本意；但是，如真要達到「萬物皆備於我」的境界，非如此詮釋不可。茲就禪宗悟道工夫達到破第二關或第二階段時，林林總總的物象，皆可從此本體中「印出」（明末憨山大師語）或則說顯現出來。豈不是涵蓋乾坤的意義嗎？既能涵蓋乾坤，當然，孟子「萬物皆備於我」義，就可明白了。孟子本意未必如此；但理學家的解釋，程明道開其端，以後陸、王派莫不如此。並非象山、陽明刻意步武明道後塵，因陸王的實證工夫，驗證孟子此語的意涵，就是如此。而此時明道的「大樂」，與其說與孟子接近，毋寧說與莊子逍遙之樂無殊。

(4)孟子「必有事焉」仍是主敬工夫

明道既以《孟子》「萬物皆備於我」釋本體（按：張橫渠的〈西銘〉，明道認爲與《孟子》此語同義。）很自然的，便以《孟子》「必有事焉而勿正，心勿忘，勿助長」釋工夫。的確「必有事焉」，又是主敬工夫的最佳詮釋；「勿正（預期義）、勿忘、勿助長」，正好是防弊的消極工夫。以王陽明晚年教人，即以「必有事焉」爲「致良知」的切實工夫。明道認爲照此工夫做下去，不須用一點力氣，都是很自然的。這就是他所說的主敬的具體方法。由明道說「未嘗致纖毫之力」一語看來，我們不難窺出此時明道的工夫已入化境，所謂「工夫自然，本體自然」，故陳白沙（憲章）「以自然爲宗」也。

(5)明道又以孟子「良知良能」釋本體

《孟子》說：「人之所不慮而知者，其良知也。所不學而能者，其良能也。」良知，就是良心，也就是本心；良能，即是本能，本來明白易曉。然而程明道卻賦予形上學的意義，以本體釋良知良能，理趣就深厚得多了。故其下文以「除習心」爲工夫。所謂除習心，即陸象山「打掃心田」之意，乃主敬的預備工夫。程明道以本體工夫釋《孟子》開其端，以後陸象山倡「發明本心」，王陽明倡「致良知」，非但爲明道後之逸響，而且更把《孟子》發揚光大了。至於《孟子》本義是否如此？不必具論。由此亦可看出理學與《孟學》之差異。

(6)「此理至約」云云，可視爲〈識仁篇〉的結語。

總括說來，證得此形上本體是至約至簡的。關鍵問題，在工夫難以持續下去；如果真能本體現前，又可享受逍遙之樂，工夫就可持續下去了。

對明道〈識仁篇〉，已分段詮釋如上。現在，總括地說，〈識仁篇〉所謂「仁者，渾然與物同體」，立論基礎是依據《莊子·齊物論》「萬物一體」的理論而來。因人與物共同一本體，故能萬物一體。而此共同的本體，又個別的潛藏於吾人之心靈深處，叫做「此理」或「此道」。明道教人先從認識入手。「識得此理」後，再以誠敬的「主敬」工夫，從事深度的驗證，自然「存久自明」。這與乃師周濂溪「靜虛則明」的工夫路線，並無太大差別，只是明道着重動靜兩面做工而已。既然此道與物渾淪一體，當然，人我、物我之間，對待隔閡即消失於無形。而此本體之量，又是「至大無外」的，故云「大不足以明之。」」至於引述《孟子》「萬物皆備於我」的一些話，不外就本體工夫反覆申釋而已。其主旨在「識仁」。識仁者，識得本體工夫之謂也。識得仁的本體，即吾人之本體；再從主敬工夫着力，本體現前，明道之學，即可入門矣。

(二)明道說「定性」，又是什麼意思？

明道的著作，除〈識仁篇〉外，還有〈定性書〉，也是一篇大文章。爲何稱爲〈定性書〉呢？明道的表叔張橫渠因「苦心力索之功多」（朱子評語），明道很不以爲然，故寫此信告訴橫渠，理學的涵養工夫該如何作法及其最高詣境，望橫渠回過來作切實內省的主敬工夫。哪知橫渠早有定見，仍然走他的老路，去苦心思索（按：橫渠這方面的性格，很像西方哲學家靠思索、靠邏輯形成一套哲學；但其哲理內涵，又與西方唯心論、唯理論等等，均大異其趣。）明道也無可奈何了。以此之故，明道才有這封極富哲理價值的信函留傳下來。明道所謂「定性」究竟是什麼意思？不妨先鈔錄原文，再逐段分疏，即可明白。

〈定性書〉說：「所謂定者，動亦定，靜亦定；無將迎，無內外。苟以外物為外，牽己而從之，是以己性為有內外也。且以己性為隨物於外，則當其在外時，何者為在內？是有意於絕外誘，而不知性之無內外也。既以內外為二本，則又烏可遽語定哉？

夫天地之常，以其心普萬物而無心。聖人之常，以其情順萬物而無情。故君子之學，莫若廓然而大公，物來而順應。《易》曰：『貞吉悔忘：憧憧往來，朋從爾思。』苟規規於外誘之除，將見滅於東而生於西也。非惟日之不足，顧其端無窮，不可得而除也。

人之情，各有所蔽，故不能適道。大率患在於自私而用智。自私則不能以有為為應跡；用智則不能以明覺為自然。今以惡外物之心，而求昭無物之地，是反鑑而索照也。

《易》曰：『艮其背，不獲其身；行其庭，不見其人。』孟氏亦曰：『所惡於智者為其鑿也。』與其非外而是內，不若內外之兩忘也。兩忘則澄然無事矣。無事則定，定則明，明則尚何應物之為累哉？

聖人之喜，以物之當喜；聖人之怒，以物之當怒。是聖人之喜怒，不繫於心，而繫於物也。是則聖人豈不應於物哉？烏得以從外者為非，而更求去內者為是也？今以自私用智之喜怒，而視聖人喜怒之正為何如哉？

夫人之情，易發而難制者，惟怒為甚。第能於怒時遽忘其怒，而觀理之是非，亦可見外誘之

不足惡，而於道亦思過半矣。」（以上錄自《宋元學案·明道學案上〈定性書〉》）

黃百家按語云：「橫渠問於先生曰：『定性未能不動，猶累於外物，何如？』先生因作是篇。」乃明道此篇命名之由來，並且對橫渠提出工夫上的問題，作了明確的圓滿地回答。試問：這篇妙文與前引〈識仁篇〉有何關連？我們必須透徹了解後，才能對明道思想作進一層的探索。因此文是從工夫效驗上立論，對〈識仁篇〉作更深入的闡發，要這麼去理解，這兩篇妙文的關係就很密切了。

張橫渠提出定性的問題是什麼意思？粗淺地說法，此時橫渠心猿意馬，向外馳求，老是受外在事物的糾纏，主敬工夫做不下去，怎麼辦？當然，此時橫渠的理學詣境，決非如此膚淺，經他苦心力索之後，什麼是性？什麼是本體？早已瞭然於心；可是，要去親自證會本體，這就難了。恰如陸象山所說：「識到不如行到」，縱然在認識上，識得本體如何；但是，沒有實際修爲工夫，證知此本體原來如此，也無濟於事。橫渠問題的癥結，可能就在這裡。因爲這個「性」字，就是本體的代號，要意念「定」在這識到的本體上，所以叫做「定性」。然而，橫渠老是受外物的糾纏，工夫做不下去，才提出這個問題來，請明道指點；而此時的明道先生不僅「行到」，而且功德圓滿，隱然以理學中的聖人自居。故明道、橫渠實際詣境之高下，就不難明白了。我們必須作如是觀，那對明道的〈定性書〉，就更深入、更親切了。

(1)動靜合一爲定性工夫的基礎

明道說：「所謂定者，動亦定，靜亦定；無將迎，無內外。」這幾句話，是全文的主旨。前者是說主敬的積極工夫，後者則是講它的消極工夫。什麼叫定？粗淺地說，就是意念集中一點。深一層看，就是老僧「入定」之定。照這樣定功做下去，才能達致動靜皆定的境地。陸象山稱爲「動靜如一」，王陽明則叫「動靜合一」。動態與靜態，完全是兩種不同的情景，怎麼能合一呢？要意念集中一點，這是最基本的要求。靜處容易動處難。故明道說：「寫字非是要字好，只此是學。」學個甚麼？精神集中，意念專一也。這便是動態環境的主敬工夫。南宋初期，張南軒（栻）任方面大員，治軍、臨民、講學等等一切活動，都在做工夫。什麼工夫？擴大延伸後的主敬工夫。照這樣動靜兩面工夫做下去，一旦力到功深，非但靜中呈現本體，即動中亦照樣可以呈現本體。（據明末憨山大師經驗談，可參閱《憨山大師集》。）既無分動中靜中皆可呈現本體，豈不是動靜合一麼？所謂動靜合一，主要是在這本體上才能合一，此外一切情境是不能合一的。工夫至此，非有高度的定力不可，故云：「動亦定，靜亦定」，「動靜如一」也。

下文「無將迎，無內外」，又如何解說呢?按：將字義是送的意思，引伸爲牽引義，即受外物之牽引。迎是拒的意思，引伸爲排拒之義。無將無迎，既不受外物的牽引，亦不排拒外物的來臨，順其自然而已。以明道的定力，固然如此；但橫渠可能就不然，因他「猶累於外物也。」至於「無內外」呢?所謂內境與外境，均指形而下的心境和物質環境言。明道的工夫，既能達到本體上動靜合一的境地，內境與外境，早已退隱於無形，故能無內無外，內外合一。此外，如陶淵明的〈飲酒詩〉「此中有真意，欲辯已忘言」，那只是觀念性的主觀世界與客觀世界一時的泯合，與此道體的或慧境的經湛深工夫證驗後的內外合一之境，是截然不同的。理學與玄學的區別在此。

下面「苟以外物爲外」直至「烏可遽語定哉」一大段話，既有上述的剖析，就容易明白了。由其中「不知性（本體）之無內外」一語看來，無論從認識上或工夫上作一比較，此時的橫渠遜於明道遠矣。由於動靜合一爲定性的基礎，因而在工夫上即可達致內境與外境的合一，橫渠似乎還未理會到此。

⑵廓大然公、物來順應的用世態度

在本體上，既能臻於內外合一之境，就其特性言，是無窮無際的、太空般的，又是無限光明的，可以普照人寰。這種形而上的形態，即稱爲「天地之心。」（按：《易經復卦》

云：「復其天地之心乎？」理學家便是如此詮釋。）故明道據此申釋其義，才有「夫天地之常，以其心普萬物而無心」之說。聖人的比重與天地等量齊觀，故天地之心，即是聖人之心，聖人之心，也就是天地之心，二者無二無別。惟有聖人可以「贊天地之化育，可與天地參」（〈中庸語〉）而不自伐其功，故明道又說：「聖人之常，以其情順萬物而無情。」我們今天看來，天地之心，聖人之情云云，都不外理學家的擴張解釋，實際情況未必如此。惟有如此擴張解釋，建構可實證的形上哲學基礎，據此深信不疑，才能涵毓出「廓然大公，物來順應」的用世態度來。明道這樣的認定、實踐和闡釋，似較乃師濂溪又勝一籌了。

明道的工夫如此，境界如此，故其下文引述《易經・咸卦》：「憧憧往來，朋從爾思。」云云，不外規勸橫渠要除去心理障礙，打掃心田，才是正本清源之道；不要老是在隔絕外在事物的困擾上做工夫，那是徒勞無功的事啊！

(3)何謂有爲爲應跡，明覺爲自然？

接著，明道又說，一般人的毛病，大體說來，不外兩端：一是自私心太重，佔有欲太强，一是賣弄聰明，鑿空撰杜，患此二病，極難入道。爲什麼？明道說：「堯舜事業，猶如一點浮雲過目。」縱使創建堯舜般的外王事業來，一過便了，不必放在心上，更不可遂一己之私，長期佔爲己有，必以廓然大公的懷抱，物來而順應，才能做到「堯舜事業，猶如一點浮雲過目」的地步，這就是「有爲爲應跡」了。

其次，在此修爲過程中，必如《莊子》所説「塞聰明，捐心智」，亦即放下個人的聰明才智，除去知識蔽障和文字言説的繳繞，及力到功深時節，本體豁然呈現於目前，既可湧出無限光明，又富於靈知智慧（指神通智慧言），故謂之「明覺」。而此明覺之顯現，又是自然而然，決非人力所能牽引者，故謂「明覺爲自然」。按此自然明覺義，爲《老子》「道法自然」之最高境界，非自然現象也。反之，如不做去智的工夫，把心田打掃得乾乾淨淨，靈明本體即無從顯現於前，故云「用智則不能以明覺爲自然」也。

於是，明道又規誡横渠，決不可以厭惡外在事物的心態，强加克制於一時，而求昭靈不寐之本體於「無何有之鄉」，猶如反鑑索照，是絶不可能的。

(4)由内外兩忘之工夫説到「虚明寂定」之本體

至此，明道又作進一層申釋。他先引《易經·艮卦》説：「艮（止義）其背，不獲其身；行其庭，不見其人。」前者是説要做「忘」的工夫，後者則寓「空」的工夫。接著，明道又引《孟子》「所惡於智者爲其鑿也」，要做消極防範的工夫。並告訴横渠説：「與其非外而是内，不若内外之兩忘」，最爲妥當、最爲便捷。爲什麼？内外兩忘，則可澄然無事，於是「虚明寂定」之本體，即可顯現於目前，應物爲累之顧忌，早就没有了。濂溪説：「靜則明」，明道此處則說「定則明」，意義一般。因爲沒有主靜的真實工夫，亦難達到定的境地。以後李二曲到此境地，說得最爲清楚、最爲周詳。他說：「虛若太空，明若秋月，寂若夜半，定若山嶽，則幾矣。」濂溪、明道師徒只點出本體定（靜）與明的特性，而二曲的話，更爲週延、更爲詳盡，又明白指出涵有「虛」與「寂」的特性。如是，「虛若太空，明若秋月，寂若夜半，定若山嶽」本體四大特性之標出，我們就更明白得多了。工夫至此，內外兩忘，「虛明寂定」之本體，即可時時湧現於目前矣。

(5)塑造聖人喜怒的客觀標準

至此，明道就提出聖人用世之喜怒問題來。他說：「聖人之喜，以物之當喜；聖人之怒，以物之當怒。是聖人之喜怒，不繫於心，而繫於物也。」何以會如此呢？所謂聖人者，此形上靈明本體之代名也。證成此境，早已無喜怒哀樂之可言。實際上，已臻至《莊子・逍遙遊》所謂「至人、神人、聖人」的境界。莊子用世的態度，適如〈應帝王篇〉所說，「無爲而自化」。無爲自化，又如何能用世呢？所以《莊子・天下篇》提出「內聖外王之道」的人生目標，其外王一面，是黯然不彰的。理學家則不然，這一面，是要積極有爲的。這是理學與莊學的絕大差異處。如何積極有爲呢？以面對客觀喜怒情緒的發抒標示正反兩面的作爲。所謂「物」者，應指人生社會之種種作爲也。有正面的，亦有負面的。碰上正面的事物，自然當喜；碰上負面的事物，自然當怒，故云喜怒不繫於心，而繫於物。這與一般人喜怒情緒的發抒，完全繫於主觀的好惡，是截然不同的。即使做到喜怒不形於色的修養，還是主觀的，只是喜怒情緒未爆發出來而已。

由此可知理學中的聖人修養，是道家老莊的，尤其是莊周般的，早已臻於泰上忘情的妙境，個我自然沒有喜怒好惡情緒之可言。衆人所喜，則喜之；衆人所怒，則怒之。個人沒有好惡的私心，面對社會大衆，舉國以爲是，則是之、喜之；舉國以爲非，則非之、怒之。如居於君主之上位，豈不是一位聖君嗎？這一政治上的烏托邦主義，可以程明道作代表。

然而，明道此書是針對張橫渠寫的。明道以理學中的聖人作標準，更確切地說，就是以明道自身的修養作標準，來肆應人生社會的種種事爲活動，應當如何如何。因爲橫渠作內省工夫，老是怕外在事爲活動的糾纏，老是非外而是內；明道說，只要達到忘我的修養地步，那裡還有這些顧忌呢？橫渠哪！你現在還是「自私用智」的，以主觀的喜怒情緒來對待外邊一切事物，而與我塑造聖人喜怒的客觀標準作一比較，又當如何呢？很明顯的，在這方面，橫渠較明道，就差得太遠了。

(6)治怒爲入道之門

這封信的末尾說：「夫人之情，易發而難制者，惟怒爲甚。」大概橫渠性情剛烈，容易發怒，明道才出此語來規勸他。明道治怒的方法，主要是一個「忘」字，故云「能於怒時遽忘其怒」；同時，再審察所怒之事物之是非理則，是者是之，非者非之，循此理則處置肆應，心平氣和，自然就没怒氣了。故縱有外在事物之牽引糾纏，亦不足爲患了。這就是入道之門。

治怒的方法，除忘字工夫，還須要一個「化」字。非但要忘掉，進而更要化掉。能作到化的工夫，没怒氣鬱結於内，胸中就更快活了。凡事看得開，看得淡，也是治怒的妙方。進而達致邵康節「兩儀長在手，萬化不關心」的妙境，怒氣早已消解於無形。此時的橫渠，在認識上，可能還没有到達這一地步。

以上把〈定性書〉分段剖析後，現在歸納爲兩個要點，再作扼要説明。①定指工夫言，性，指本體言。要以動靜皆定的工夫，才能隨時顯現明覺之本體，故謂之「定性」。②有體必有用，乃理學之鐵則，所謂「廓然大公，物來順應」；所謂「有爲爲應跡，明覺爲自然」，都不外講的體與用的問題。其他如「内外兩忘」以下云云，總不外就此兩大問題反覆中釋而已。明乎此，程明道的〈定性書〉，就可釋然了。

㈢「體貼天理」的意義、難點及其擴張解釋

程明道的著作不多，除上述〈識仁篇〉和〈定性書〉外，還有〈中庸解〉，不甚知名，此外，就是他的語錄文字，散見《二程遺書》中。在《遺書·語錄》裡，有兩大問題，頗值吾人矚目：一是「天理二字，卻是自家體貼出來。」二是我註六經的〈中庸解〉，茲分說如次。

⑴體貼天理的意義及其難點

明道曾說：「吾學雖有所授受，天理二字，卻是自家體貼出來。」故知「體貼天理」，在《明道語錄》中是一句關鍵語。其分量之比重，幾乎可與〈識仁篇〉、〈定性書〉定量齊觀。何以會如此呢?因爲他少年時代雖受學於周濂溪，但濂溪並未提示「天理」的問題。以後明道、伊川兄弟在洛陽與邵康節交往卅餘年，已如前篇所說，康節曾提到「天理」的問題，見〈觀物外篇〉；但康節爲學的重點，主要在「先天」觀念的詮釋，天理二字，不過隨便說說而已。故慎重提出「天理」二字作爲思想核心的，應自明道始。之後，伊川亦時言天理；朱子更强調「人欲去盡，天理流行。」明代王陽明崛起，在他未倡「致良知」以前，仍恪守程朱「去人欲，存天理」的舊說。而陳白沙高弟湛甘泉，更以「隨處體認天理」爲學說

宗旨。可知天理觀念在理學中的重要性。

茲按天理一詞，出於《禮記·樂記篇》。〈樂記〉說：「不能反躬，則天理滅矣。」我們如進一步考察，天理一詞，創始於何時？又是何人所創？是頗值得探討的問題。按天命、天道等古老觀念，自孔孟以來，一直傳承下來，如晚出的《禮記·中庸篇》說：「天命之謂性」及「誠者，天之道也。」縱然內涵有所改變，推陳出新，但觀念的形式，還是保存下來的。惟獨天理二字，卻是創新的，始於何時？不無蛛絲馬跡可尋。

按使用「理」字，似始於《孟子》，如言「義理之悅我心」，即其明證。以後義理一詞，沿用迄今，是孟子想像不到的。荀子創「大理」，韓非又創「分理」，可視爲理字觀念一步一步地演進與發展。現在《禮記·樂記篇》則提出「天理」（按：天理二字，最早見於《莊子·養生主》：「依乎天理」一語，〈樂記〉作者汲取《莊子》而來，意涵亦不同了。）的觀念，豈不是觀念的演進與創新嗎？經過漢、唐、宋千餘年的演變，程明道特別提出「天理」一詞作思想核心後，宋、明以來，即有「天理、人理、事理、物理」一系列的，各個層境的理則的出現與配搭，而鑄成思想的整體，又爲明道想像不及的。其中「人理、事理與物理」，顧名思義，容易了解；惟獨天理一詞的意涵，極爲含混不清，直到現今爲止，國人的認識，還是模糊的。即治理學者的認識，亦是模糊的。以個人爲例，中年以前，仍不知天理爲何物？中年以後，以鍥而不捨的精神，才把它的意涵弄清楚，可見徹底了解理學之不易。

宋明以來，天理觀念可以說深植人心，早已形成傳統觀念之一。如一般人常說「天理良心」；如以譴責的口吻說：「没有天理良心」，又如說：「絶滅天良」，即是顯著的例子。但如究其具體意涵，一般國人的認識，當然是模糊的。

正本清源，天理一詞的意含到底是什麼？頗值得吾人深入考察。按〈樂記〉說：「不能反躬，則天理滅矣。」天理究何所指？〈樂記〉作者雖未明言；但是，我們可從「反躬」二字去找答案。反躬，就是内省工夫。「内省不咎，無惡於志」，乃孔子的反躬内省工夫。何以能不咎？何以能無惡於志氣之昂揚？除無愧於清清白白的良心外，縱有其他種種掩飾的方法，恐怕時間長久下去，亦無濟於事。所以孟子才創「良心」「良知」「本心」之說，來解決這一思想上的難題。這不能不說是思想上的一大進展。到了漢代，《禮記》中〈樂記篇〉的完成，其作者乾脆在《莊子》書中找線索，於是，除天命、天道外，天理一詞，也在儒家典籍中出現了。實則，由反躬内省的工夫，即可斷定天理的意涵，即是《孟子》說的「良心、良知、本心」的翻版。這些都是形而下的，容易明白。及到理學家如邵康節提到「天理」和程明道特別以「天理」作爲其思想核心後，意涵就全然不同了。

明道、伊川以及朱子對天理的意義和具體內涵，都說得比較簡單，如明道說：「天理二字，卻是自家體貼出來。」如精通理學者，當然一望即知；可是今人就很難了。爲什麼？因爲明道講「體貼」二字，實際上，是指體驗、體認或證會、證驗等工夫言，與今人常說體貼一詞的意義，全然不同。如果說明道所體認出來的「天理」，即是孟子說的「良心」或「良知」，不免思想層境太低，如何能構築一套高深的哲學？明道似循〈樂記〉「不能反躬，則天理滅矣」的反躬自省路線，作極深度的證驗工夫，也就是他說的「主敬」工夫，不僅發現「天理」在內，而不在外；進一步，一直探索下去，卻有妙境出現，才奠定他的哲學基礎。

《明道語錄》說：「寂然不動，感而遂通者，天理具備，元無歉少，不爲堯存，不爲桀亡。父子君臣，常理不易，何曾動來？因不動，故言寂；然惟不動，感便通，非自外也。」按《易傳》說：「寂然不動，感而遂通天下之故。」基於工夫的立場，我懷疑《易傳》作者是一種像想之詞，或擴張解釋。單就工夫效驗言，以寂然不動之本體，要明通知曉天下之事物，談何容易！即以周濂溪那麼湛深的工夫，也只能說：「寂然不動，感而遂通。」通明的範圍，也就小得多了。濂溪又說：「寂然不動者，誠也。感而遂通者，神也。動而未形有無之間者，幾也。誠精故明。神應故妙。幾微故幽。誠、神、幾，曰聖人。」已如前述〈濂溪篇〉所說，濂溪這些話，完全是就形而上的靈明本體及其變化妙用來立論的。故知寂感問題，本屬形上學的問題，現在明道擴展乃師之學，已由形而上貫通到形而下了。

這一思想上的貫通問題，頗堪矚目。按《易傳》：「寂然不動，感而遂通天下之故。」周濂溪詮釋爲形上光明本體及感通——觀照宇宙人生一些事物。其寂然不動者，謂之「誠」；其感而遂通者，謂之「神」，均屬形上學範疇，明白易曉。現在程明道儘量儒家化，把它貫通到形下學的父子君臣——人倫關係——人理，卻有問題了。問題何在？明道以「寂然不動」之本體及感而遂通的作用釋「天理」，並作爲「天理」的內涵，未嘗不可；然而在此形上光明本體中，確確實實具足道、佛二家的「六通智慧」，絕對沒有父子君臣等人倫關係從這裡冒出來。就儒家立場看，最多只能說以此光明本體作爲道德主體，可以主導人倫關係或人理向正確方向發展，其功能作用，如此而已。如把人理亦渾括於天理中，不是過度儒家化，就是犯了認識上的錯誤。以後陸象山亦說「萬善皆是物（指本體言）也」，亦是犯了同樣的錯誤。因爲天理（本體，屬形上學）與人理（屬形下學），是不可混淆夾雜的。如認定可以把天理視爲人理或人理可混入天理中，都是犯了認識上的絕大錯誤，程明道便是始作俑者。他說「天理……元無欠少，不爲堯存，不爲桀亡」。這一判斷，無可非議，當然正確；但是，其下文則說：「父子君臣，常理不易，何曾動來？（按：此動字係變更義，與原來不動義有別。）因不動，故言寂；然惟不動，感便通，非自外也。」老實講，明道此處解說，近乎牽强。爲什麼？因父子君臣與人倫關係，謂之「人理」，古往今來，不能說沒有變動，尤其是中外情況更是懸殊，怎麼說不會變動呢？既然要變動，其下文「故言寂」云云，均難成立。況且，把乃師形而上的寂感問題，勉强解釋成形而下的寂感問題，於理不通，不無張冠李戴之嫌。以明道的深邃工夫，何嘗不知此理？其主要目的，不外設法沖淡乃師的佛老意味，儘量儒家化罷了。明道想把形上學直接貫通到形下學，這條路線是走不通的。他的註釋，也是錯誤的。以後程伊川把禪宗「體用一源」（見圭峰宗密〈禪源集都序〉）的理論汲取過來，才把這個問題解決了。

《明道語錄》又說：「有德者，得天理而用之，既有諸已，所用莫非中理。」「萬物皆只是一箇天理，已何與焉。」前者所言天理，即是隱指本體言的。以此本體看成道德主體，可以主導人倫關係之正常發展，故云「所用莫非中理。」後者很明顯的，亦指謂此形上靈明本體言，絕無疑義。他處，明道又解釋云：「天理也者，這一箇道理更有甚窮？不爲堯存，不爲桀亡。人得之者，故大行不加，窮居不損。這上頭來，更怎生說得存亡加減？是佗元無少欠，百理具備。」不必分疏，明道已把天理的義蘊，全部吐露出來。不過，所謂「百理具備」一語，不無大病。天理自有其分際，人理、事理、物理，絕不可混入天理中。這是理學家認識上的錯誤，不獨明道一人爲然也。

論證至此，我們可以斷定：明道所謂「體貼天理」，實際上，就是以主敬的工夫，去證驗形上本體之意；不過，他把天理的界說又貫通到形下學的範疇，故認定：「事有善惡，皆天理也。」這一貫通部份，仍是有問題的。蓋是非善惡，是屬於主觀的價值判斷，莊子所謂「彼一亦是非，此一亦是非」（〈齊物論〉）；孟子主性善，荀子主性惡，各言之有故，持之成理，怎麼說「皆天理也」？這顯然是把人理、事理等等，都混入天理中，才有這樣的斷語。現在把這貫通部份除掉不論外，我們可以徹底明白：程明道所體貼出來的天理，與他的〈識仁篇〉所識之「仁」，〈定性書〉所定之「性」，其意義內涵，並無若何差別，可以說義指無殊。

(2)程明道以天理釋〈中庸〉

此外，程明道還有〈中庸解〉一文，也值得在此一併申釋。在前面〈康節篇〉中，此文已經提過，現在為闡述程明道的思想核心，特再細說如次。

朱熹《四書集註・中庸章句》篇首引錄的那段話，就是明道〈中庸解〉的原文。明道說：「不偏之謂中，不易之謂庸。中也者，天下之正道，庸也者，天下之定理。……其書始，言一理，中散為萬事，末復合為一理。放之則瀰六合，卷之則退藏於密。其味無窮，皆實學也。學者如玩索而有得焉，則終身用之有不能盡者矣。」

果真有這麼大的功效嗎？也未必然。如果不深解理學與禪學，對程明道的〈中庸解〉，是無法明瞭其思想來源，更不要談什麼功用了。當年朱子引錄這段文字作〈中庸〉思想綱領時，其理解程度如何？我們不去管他，現在單獨申釋這段文字本身的意義。前面釋〈中庸〉一詞的意義，那只是程明道個人的見解，不必討論；最重要的，是要明白他如何以「天理」釋〈中庸〉的問題。「其書始，言一理」以後的一大段話，才是程明道對〈中庸篇〉的認識、了解與分疏。甚麼叫做「其書始，言一理」？他的意思是說「天命之謂性」，即是他貼體出來的「天理」的化身。這箇「言一理」的理字，即是指天理或本體說的，那「中散爲萬事」，又如何解釋呢？〈哀公問政章〉，就是它的正確答案。這箇答案所影射的，難道不是一箇統一的龐大的中央政府如漢武帝時代一般？〈中庸〉末章說：「『上天之載，無聲無臭』，至矣！」就是「末復合爲一理」的註腳。按〈中庸〉作者引《詩經》「無聲無臭」一語，乃對此形上本體的最佳形容，在理學中均指本體言，這是先要說明的。故「末復合爲一理」的理字，與前面「其書始，言一理」的理字，同一意義。我作這樣的論斷，惟一根據的，是它的下文「放之則瀰六合，卷之則退藏於密」的關鍵語而來。這兩句話的奧義，要透徹明悟後，那程明道的〈中庸解〉，我們要疏釋它，就沒有問題了。

什麼叫做「放之則瀰六合」呢？它的意思是說，這個靈光四射的形上本體，在極度定功支撑下，一旦放射出來，究其量之無窮言，可以瀰漫宇宙，故云「放之則瀰六合」，蓋寫實也。一旦收攝回來，仍潛藏於吾人之心性中，隱然不可見，他人不知，唯己獨知，故云「卷之則退藏於密」也。我們析論至此，可知程明道以「天理」釋〈中庸〉，是以此形上本體開其端，又以此形上本體來結束，把《中庸》思想凝合成一個整體。中間一大段，依照明道的說法，天理（本體）可向下貫通延展爲人理、事理等等紛紜複雜之事物，故云「中散爲萬事」也。已如前說，這是明道認識上的錯誤。這條路子是不通的。必須等待伊川把禪宗「體用一源」的哲理汲取過來，才能解決這一難題。不過，如就明道極湛深的證驗工夫的效果言，他這一說法——「其書始，言一理。中散爲萬事。末復合爲一理。」是可以成立的。至於〈中庸篇〉的本義是否如此？我們就不必去過問了。這是理學家「六經註我」的本領，周濂溪、邵康節已開其端，程明道、程伊川、張横渠則繼其後，可謂踵事增華，盛況空前矣。及到南宋形成朱、陸對峙之局，陸象山揭出「學苟知本（按：此本字，即指象山的本心或本體，始爲學問之根本。）六經皆我註腳。」的主張，可以說，「我註六經」或「六經註我」，已進入巔峰狀態。至矣盛矣！無以乎加矣！理學之所以稱爲理學或道學，而別於先秦儒學及兩漢經學者，其理在此。

走筆至此，我們析論明道思想，可得一結論：無論明道言「識仁」，言「定性」或言

「體貼天理」，其終極意義，總不外指的這個靈光四射或靈明覺知的形上本體說的；因此，這個形上光明本體即鑄成明道思想的核心，亦宋明理學的核心概念。反之，如無此核心概念作奠基，理學或道學決難成立，這是我們可以斷定的。

四、孔子仁底觀念的發展

站在先秦儒家立場說，孔子重「仁」，孟子重「義」，故孔子有「殺身成仁」，孟子有「舍生取義」之說，這是常識，不必細說。最要緊的是，孔子重「仁」的觀念，經過千餘年來的演變，到了理學家程明道手裡，卻發生了很大的變化。這種變化是什麼？就是把孔子倡導的仁的觀念，已經提昇到形上哲學境界了。

(一)提昇仁的觀念達致形上哲學境界

孔子思想，以「仁」爲中心，幾乎爲近代國人皆知之事實；然而，這一思想上的認知，實自理學家程明道始。明道特作〈識仁篇〉，即不難窺知其用心之所在。近代有人研究，識不及此，特就《論語》全書加以統計，的確發現孔子講仁的次數很多，因此，斷定孔子思想是以「仁」爲中心的。這樣的統計和論證，當然是科學的；不過，這樣整理「國故」的結果，恐怕就要面目全非了。

孔子論仁，細剖之，確有範圍廣狹之不同。如樊遲問仁，孔子回答：「愛人。」問智，孔子說：「知人。」愛人與知人，是仁與智最起碼的條件，也是個人修養的根本。大概樊遲器局狹隘（如孔子評曰：「樊須也，小人哉！」可證。）故孔子教他從根本做起。子貢問仁，情況就不一樣了。孔子則說：「仁遠乎哉！我欲仁，斯仁至矣。」孔子爲什麼要如此回答呢？我想愛人的基本修養，子貢老早作到了。子貢是位企業家，孔子教他不要爲富不仁；要從他週邊的人際關係做起，多多做些慈善事業，濟人利物，這就是仁了。顏淵問仁，孔子的答案又不一樣。孔子說：「克己復禮爲仁。一旦克己復禮，天下歸仁焉。」難道克己復禮有這麼大的功效嗎？原來顏淵的器宇非凡，志抱宏偉，以經國安邦，宰輔自任，在孔門中是第一人。所以孔子的答話，是設想他將來居宰輔之位，一定要克己復禮，以身作則，便可收風行草偃之效，治國如反掌，還有什麼困難嗎？所以說「天下歸仁焉」。至於對功業彪炳的管仲，更是讚不絕口地說：「如其仁！如其仁！」

孔子教人是因材施教，所以對仁的答話，深淺廣狹程度如此懸殊。在孔子心目中，仁的分量是占第一位，故有「殺身成仁」之說。到了孟子，把重心轉移了，儘管他强調「仁義禮智四端」，實際上，他把重心放在「義」字上，所以說「捨生取義」，不就跟孔子「殺身成仁」遙相呼應了麼？但是，孟子對仁的解釋是，「惻隱之心，仁也。」爲什麼？因爲「惻隱之心，仁之端也。」孟子把仁之根源處找出來了，較孔子答樊遲問仁爲「愛人」，又有深一層的體驗。而且釋仁爲「愛人」，語氣意義不夠充足完整，故孟子修正地說：「仁者，愛人。」這就對了。既釋仁爲愛，故孟子又說：「親親而仁民，仁民而愛物。」於是儒家的「差等愛」與墨子的「兼愛」，耶穌的「博愛」，也就全然不同了。孟子是用內省工夫體驗出來的，乃人心之所同然；墨子本於「天志」的假說，甚似耶穌基於上帝的意旨，都是越超的、客觀而外在的。要兼愛、要博愛、似乎強人所難。墨家思想之沒落，耶教在中土之難生根，這應是最根本的理由。

到了漢代，儒家學者釋仁，觀點又有改變。如晚出的〈中庸·哀公問政章〉說：「仁者，人也。親親爲大。義者，宜也。尊賢爲大。」這顯然是漢儒的見解，與孔孟均不一致；尤其釋義爲「宜」，與孟子「羞惡之心，義也。」和「羞惡之心，義之端也。」及「捨生取義」，其差距，幾不可以道里計。誠然，就孟子釋義引伸爲宜，自無不可；但是在分量上，就輕得太多了。而釋仁者爲「人」，亦與孔孟意見不合，固然，可視爲它的引伸義。我們如進一層探討，爲何把仁（者）釋爲在上位的人，把義釋爲事體之宜或政事之宜呢？〈中庸〉

作者的用心，由下文的論證，豈不昭然若揭？已如前篇思想考證所說，〈中庸篇〉的時代背景，應是隱約地指漢武帝時代；其對仁義的詮釋，未嘗不是針對漢武帝說的。（按：漢武帝聽信江充之讒言，廢太子據，造成宮廷流血慘案，爲漢家王朝人倫之巨變，〈中庸〉作者能評論嗎？爲了政治上的顧忌和安全，只好托魯哀公與孔子對話了。）

漢儒根據〈中庸〉作者對「仁者，人也」的詮釋，於是乾脆釋仁爲「相人偶」。何謂相人偶？仁字的造形是，二人爲仁。二人能和平相處或相處和諧，叫做仁；反之，就是不仁。仁字意義這樣的演變，與現代所謂人際關係就很接近了。到了唐代，韓愈另立新解，釋「博愛之謂仁」，又回到孔子的老路來。（按：韓愈此語，實由《論語》孔子說：「泛愛衆，而親仁。」一語演化而來。其言博愛與泛愛義同，但泛愛非仁，其說如前，故韓愈釋博愛爲仁，仍欠斟酌。）

由上述的論證，可知仁字意義的演變與發展，真夠曲折離奇。先從個人內心的體驗工夫做起，逐漸向外擴張到事功的建樹，都屬於仁的範疇。復因政治上的需要，把仁具體人格化，期冀成爲政治領袖人格的典型。由此意義再一轉變，於是普遍化，大衆化，只要二人相處和諧親近，就是仁了。最後，韓愈作一概括性的界說，「博愛之謂仁」，又回到孔子思想的舊路。無論仁字意義如何演變發揮，總不外就人生事爲種種活動說的。這一切的一切，都是形而下的，沒有甚深理趣可言。

直到宋明理學興起，大師輩出，如周濂溪、邵康節早把先秦和秦漢以來的儒學深度化了。程明道、程伊川及張橫渠繼起，更使儒學大放異彩。程明道〈識仁篇〉的完成與問世，更把「仁」字高高舉起，在孔子思想中占一中心位置。從此仁的觀念大放異彩，光芒萬丈，視漢唐儒的詮釋，不免相顧失色。爲什麼？因仁的觀念在明道思想中，已豁然開朗，顯出一形上哲學境界來。如前述〈識仁篇〉開宗明義即說：「仁者，渾然與物同體」，與前引《孟子》「仁者，愛人。」〈中庸〉「仁者，人也。」作一比較，義趣不啻有天壤之別。《孟子》、〈中庸〉釋義易曉，而明道說「仁者，渾然與物同體」這句話，其奧義就難明了。已如前述，〈識仁篇〉的主旨，即在闡釋這一形上哲學境界，並及於形下學，故云：「仁者，渾然與物同體，義、禮、智、信，皆仁也。」言渾然與物同體，是屬於形上學的範疇；言義、禮、智、信等人生社會的道德信條，就屬於形下學的範疇了。前面剖析〈識仁篇〉的意義和內涵，都是指形上學的本體界說的，還提及識仁的工夫或方法。明道《語錄》又說：「學者識得仁體，實有諸己，只要義理栽培。」這裡所說的「仁體」，就是「仁之體」，亦即程明道爲孔子創立仁的觀念，開拓出一形上哲學的本體世界來。這是理學的偉大成就，我們不可等閒視之。

㈡由仁之本體向外推演出「生」的觀念

程明道以理學的核心概念—形而上的靈明本體，來樹立仁之本體或仁之體，簡稱「仁體」。以後王陽明同樣以此核心概念視爲「良知本體」，在其〈大學問〉的鴻文中，發揮爲「天地萬物一體之仁」。孔子思想中有關仁的觀念，經過程明道構築形上哲學基礎後，再透過王陽明良知哲學的闡發，已從形上學與形下學兩方面發揮得淋漓盡致，而無餘蘊。孔子仁的觀念或孔子底「仁學」，到此登峰造極，可謂至矣，盛矣，無以乎加矣！

與程明道有戚誼關係的張橫渠作〈西銘篇〉，又就「仁之體」大加闡發，由形上學普遍及於形下學領域，甚得明道的推崇。在「北宋五子（周濂溪、邵康節、程明道、程伊川、張橫渠）」中，明道與橫渠頗有惺惺相惜之意。明道作〈定性書〉規勸橫渠體認功夫之不足，既而見橫渠〈西銘篇〉暢發「仁體」，拓展民胞物與的襟懷，又如此推重，足見明道先生之風範，誠不愧爲北宋第三位理學大師也。

現在來看明道先生由「仁之本體」向外推演，如何衍生出「生」的觀念來？

張橫渠作《西銘篇》，是根據《易經》的乾坤二卦立論；程明道就仁之本體向外推演解釋，則是依據《易傳》「生生之謂易」的觀點。而《易經》之「易」之具體內涵是什麼？就宋明理學家看來，仍不外這個形而上的靈明本體的代號。此不獨程明道一人爲然，自北宋周濂溪、邵康節以來，直到明代王陽明、清初李二曲，所有理學家的看法，莫不如此。爲何在理學中會形成如此共識呢？因爲工夫與本體爲理學的鐵則。「有工夫，纔有本體；」「有真工夫，纔有真本體」（均李二曲語），又是理學的定律。經過前後六百多年理學家們的工夫證驗之結果，大家都可契會此形上靈明本體，都可相視而笑，莫逆於心。而《易經》自班固以來，即列爲《六經》之首，儒家思想之源，這又是漢唐以來儒家學者的共識。

然而，墨守儒家矩矱的漢唐註疏學者，所謂經學家，要想提昇《易經》的哲理境界，始符合儒家思想之源的要求，顯然無此能耐，於是思想上的創新工程，只有等待崇尚老莊的玄學家來作了。何晏開其端，以老子底「無」詮釋孔子底「仁」（見《十三經注疏·論語何晏註》；王弼踵其後，則以《老子》釋《周易》。因而《易經》義理一派——專門講《易經》哲理的，遂由王弼開拓出來。南朝梁武帝又以佛理釋〈中庸〉，到了唐代，更有李翱據佛理作《復性書》。他們以佛老思想闡釋儒家典籍，對宋明理學家不無重大啓迪和影響。理學家更注重工夫的實證，於是佛老思想中，這個形而上的靈光四射的本體世界，他們亦可默契於心，較之何晏、王弼、梁武帝、李翱這輩前驅人物，又高明多多了。因而，共同認定，除此形上靈明本體作爲《易經》的「易」之具體內涵外，在中國儒、道、佛三家思想中，實在找不出更高深的哲理了。這是作者客觀的評斷，理學家囿於排斥佛老的偏見，看法當然不如此，這其中觀點的歧異，我們不去管它了。

現在剋就程明道的立場說，既然根據《易傳》「生生之謂易」的觀點，來闡釋由「仁體」如何衍生出「生」的觀念呢？其實，《易傳》作者是從萬物繁衍不息，牛生不已，才想出「生生之謂易」的意義來。這一意義，實在是《易經》三義（簡易、變易和不易）之一的「變易」一義之引伸。而明道將此形上靈明本體——《易》的內涵向外推演，與由「變易」引伸出來的「生生不息」的觀念相結合，於是便演出「仁之體」的形而下的「生」的觀念來。如《明道語錄》說：「『生生之謂易』，生生之用，則神也。」萬物生生妙化的功能，謂之神，爲明道言「生」的來源。

《明道語錄》又說：「仁者以天地萬物爲一體，莫非己也。識得爲己，何所不至？……如是觀仁，可以得『仁之體』。」這是就形上學立論，意在覓得仁的本體。《語錄》又說：「『天地之大德曰生。』『天地絪縕，萬物化醇。』『生之謂性』。萬物之生意最可觀……斯所謂仁也。」明道藉《易傳》「生之謂性」，即以生釋性（按：《易傳》以生釋性，與《中庸》「天命之謂性」「自誠明，謂之性」，思路迴然各別。）作橋樑，於是就回復到仁的觀念來。反過來說，應先由「仁之體」演出「生」的觀念，亦才能由生的觀念回復到仁的本體。但由明道言「萬物之生意最可觀」一語觀之，很明顯的已落到形而下的思想領域了。《明道語錄》又說：「『生生之謂易』，是天之所以爲道也。天只是以生爲道。繼此生理者，只是善也。……萬物皆有春意，便是『繼之者善也，成立者性也。』」這些話，都是明道根據《易》對生的觀念作普遍推演的解釋。又說：「靜後見萬物皆有春意。」這是普遍的對生的觀念的說明。「觀雞雛可以觀仁。」仁即生也。這是有名的例證。至於個人心裡感受如何呢？明道則說：「滿腔子是惻隱之心。」這又是就孟子言「四端」說的。

總括地說，有關孔子仁的觀念的發展，程明道先以理學思想的核心—形上靈明本作爲仁的本體，使仁的觀念提昇到形上學的境界。再由此本體向外推演，與《易傳》「生生之謂易」的觀念相結合，遂由仁衍生出「生」的觀念來。於是由形上學即落實到形下學。又以《易傳》「生之謂性」作橋樑，使仁的觀念的回復到湛然常明之本體。於是由形下學又回昇到形上學。這向外推演一往一復的過程，甚似前述明道釋〈中庸〉的架構。試問：明道何以要如此闡釋呢？這與他的修爲過程緊密關連。

五、明道的修爲過程與空靈境界

所謂修爲過程，即是修道工夫的全部過程，亦即思想形成的全部過程，古人稱爲「爲學次第」。在中國哲人裡，孔子這方面最爲顯著。如《論語》孔子自述：十五志學，卅而立，四十不惑，五十知天命，六十耳順，七十不踰矩。每個階段畫分得清清楚楚，在中國哲人裡，是很少見的。孟子這方面，就很模糊了。不過，他說：「博學而詳說之，將以返說約也。」由博返約。這是一句學問工夫的緊要語，對後代中國哲人、學人啓發很大。反過來說，由約而博，亦不失爲做學問的門徑。荀子重博學，知識由積累而成，至於思想如何形成呢？也就茫然了。老莊思想在這方面，更難把捉；如苦苦探尋，或可覓出一點線索。

魏晉玄學家没有什麼工夫過程可言。他們雖崇奉老莊，實則，他們的思想，幾與老莊背道而馳。他們僅憑個人的聰明才智，以「清譚」——名理——中國式的邏輯作利器，徒逞其玄思之「智力遊戲」而已。由思想展現出來的人品風格，玄學家與老莊相比，無異霄壤之隔。有人稱爲「新道家」，亦未必妥當；還不如依舊爲玄學家，倒能顯示他們思想一些特色。

在中國思想裏，理學家與佛學家（尤其是禪宗）、仙學家（道教的修證派）甚爲接近。儘管他們的人生態度有積極消極、用世避世的不同（按：這樣的畫分，純就儒家立場言，如改就道家與佛家立場看，這一觀點，似難成立。）然而，如論修道工夫與過程，他們之間並無若何差別。成仙、成佛、成聖，在本質上，可以說一樣一樣。因爲他們都是以此形上靈明本體作基軸。修道者，修證契會此靈明本體之謂也。儘管理學家占在先秦儒家立場排斥佛老思想，假如沒有佛老思想的啓迪和涵毓，理學思想亦絕難形成。因此，我們今天如探究理學家的修道工夫與修爲過程，道佛思想這方面的成就，是必須了解、必須汲取的。由理學可以旁通禪學和老莊，其故在此。自形上學的詣境言，道佛二家可能更爲精深，更爲高明，至於形下學的治平事業，因人生態度各異，也就相形見拙，無從比擬了。王陽明曾說：「佛老不能爲天下國家」，五百餘年後的今天，我們看來，仍不失爲公平的論斷。

現在回到本題，探索程明道的修爲過程，就容易得多了。程明道〈定性書〉，是唯一可以依據的第一手資料。前面對〈定性書〉已有詳盡的剖析，這裡，再言其特色。扼要言之，它可顯出兩大特色：一是修爲過程的彰顯，一是空靈境界的拓出。這二者在濂溪思想中，是無從探尋的。前者在康節思想中；我們根據《擊壤集》詩篇編排的次序，還可依稀看出一些痕跡來，至於後者，除康節愛「洩漏天機」外，其哲理境界如何空靈？起碼在文字表述上，就不十分彰顯。而伊川在這方面與乃兄相較，不免大爲遜色。張橫渠因「苦心力索之功多」，這二者的展露，就更模糊了。

㈠明道的修爲過程

已如前說，明道展示出修爲過程的，是在他答覆張橫渠的〈定性書〉中。張橫渠曾問明道關於「定性」的問題，明道才以此書作答。由明道的措詞、語氣等省察，橫渠提出的問題是這樣的「定性未能不動，猶累於外物，何如？」所謂定性，即是定在性體或本體上，無論靜態或動態的外在環境和內在心境中，都能定在這本體上，才是定性的實功。而橫渠的問話，似欠醒豁，定性在哪種情況未能不動？並未明言，幸好明道的答話：「動亦定，靜亦定」，才明白點出來。然而，橫渠在修爲過程中所遭遇的難題，到底是在動中或靜中？還是看不出來。就工夫效驗言，靜中易，動中難。故作者臆測橫渠此時所遭遇的困難，可能是動中如何定性的問題。此外，在定性過程中，常常受到外在事物的困擾，又該如何解決？

這兩個問題，應是橫渠問話的具體內涵。明道針對這兩個問題的答話，他的修爲過程也就展示出來。所謂修爲過程，最要緊的，就是指「所謂定者，動亦定，靜亦定。無將迎，無內外。」這幾句話。我們從以後陸象山和王陽明特別重視，才知道它的重要性。已如前說，陸象山主「動靜如一」，王陽明主「動靜合一」，都是從明道「動亦定，靜亦定。」二語變化而來。並且還有精闢的發揮，更重要的，都視爲他們修爲過程中重要階段之一。誠然，象山、陽明在這方面的闡發，較明道細密得多；但在理學中，明顯鉤畫出一工夫階段的，則自明道始。

至於〈定性書〉說：「無將迎，無內外。」則是針對橫渠第二個問題解答的。無將迎，是消極的防閑工夫。動靜皆定，則是積極的存養工夫。只要存養省察同時並進，功力深厚，工夫純熟，自然泯除內境與外境之隔，此即象山、陽明所謂「內外合一」也。

我們如以〈定性書〉作基石，再把〈識仁篇〉和明道「體貼天理」以及有關「仁體」的推演解釋等精要文字拼合起來，即不難窺出明道的全部修爲過程：先要識得「仁體」。其次，在工夫上，要求「動靜合一」，以達到「內外合一」之境。再次是「應物無累」，亦即「物來順應」。又次當應物以後，仍須恢復「仁之體」，亦即回復到本體湛然常明的境界。這一完整的修爲階段或全部工夫過程，已如前說，明道在〈中庸解〉一文裏，其大型輪廓，已經全幅展示出來。也就是說，以本體論始（「其書始，言一理。」）經過存養省察的保任工夫，發而爲用，應物無累，「廓然大公，物來順應。」（象徵「中散爲萬事」一語之義蘊。）當用世應物之後，仍然回復到「本體之湛然常明」（李二曲語），即以本體論終結。這樣的哲學思想結構，極爲獨特，除中國理學思想外，西方哲學思想裡是找不出來的。

㈡明道拓出的空靈境界

空靈境界，據作者所知，應有二義：一是玄學家開出的空靈境界，一是理學家開出的空靈境界。這二者在本質上是截然不同的。茲先說前者。

玄學家開出的空靈境界，是形而下的、想像的、意象的，仍未脫離物質世界，最多是超然物外的精神境界。說空，仍是有形質的；說靈，則未必真有靈慧之境，最多是主觀意識作用，看得開，看得遠而已。想像中的虛曠夐絶之境，宛如空中樓閣一般，可能就是這種境界追求的終極目標。如東晉藝術家顧愷之，可作最佳説明。他那有名的「手揮五絃，目送飛鴻」的名句，不正是這一境界的描繪嗎？又如陶淵明的〈飲酒詩〉說：「採菊東籬下，悠然見南山。」這是盡人皆知的詩句。又說：「山氣日夕佳，飛鳥相與還。此中有真意，欲辯已忘言。」忘人忘我，與物爲友。夕陽西下，山嵐圍繞，浩浩長空，只見飛鳥歸巢，襯托出一片空靈境界。所謂此中有真意，不外指的這片空靈境界而已。然而，陶淵明何以能凸顯出這片空靈境界呢？這詩篇首說：「結廬在人境，而無車馬喧。問君何能爾，心遠地自偏。」這「心遠地自偏」，便是它的答案，也是創造這片空靈境界的主觀意識。

顧愷之和陶淵明創造出來的空靈境界，實際上，就是玄學家的精神意境，對此後中國文學藝術的造詣、啓迪，影響十分深遠。文學作品如詩詞必須達到這一境界，始爲上上之選，臻於極詣。書法、繪畫亦必須達到這一境界，始爲神品、極品。

對比之下，理學家的空靈境界，就全然不同了。理學家的空靈境界，實際上，就是形而上的、空無一物的、靈慧覺知的、光明澄澈的本體世界。對物質世界、觀念世界、甚至玄學般的精神境言，它是形而上的。因爲空無一物，針對形而下的、各種層次不同的意境、意象及物質實境言，的的確確，它是空的。雖是空的，卻富於靈慧覺知的特性，即具種種神通智慧的奇異功能，故說它是靈的。除了空靈的特性外，它又是光明無際的。這才是是十足的空靈境界。明乎此，玄學家底，無異天上人間之別，是無從比擬的。如追本溯源，這一空靈慧境，仍由道（如莊子）、佛（如禪宗）思想而來。誠如王陽明所評：「佛老不能爲天下國家」，亦即不能開創儒家的治平事業，所以佛老思想亦不見容於理學了。必如此深入的探索、客觀公正的批判，那我們對程明道的《定性書》開出的空靈智慧境界，便可釋然於心，不致發生種種誤解。

明道《定性書》說：「夫天地之常，以其心普萬物而無心。聖人之常，以其情順萬物而無情。故君子之學，莫若廓然而大公，物來而順應。」《易經復卦》云：「復其天地之心乎！」爲明道天地之心之所本。依照程明道甚至所有理學家的觀點，聖人制《易》，那聖人之心，即可代表天地之心，反過來說，天地之心，亦即聖人之心。試問天地或聖人，究有何心？才能顯出這麼崇高偉大的價值來？說穿了，也沒有別的什麼奧妙的東西，仍不外這個形而上的，靈慧明覺之本體而已。以此無量無際的明覺之本體普照萬物，萬物並不自覺有此本體之存在，故云「以其心普照萬物而無心。」而代表天地的聖人，只須隨順萬物之生生不息，而無愛憎好惡之情流露出來，以免影響自然生態發展。這一形上學之構築，於理學家如程明道者影響可大了。什麼影響？效法天地、效法聖人，於是「廓然大公、物來順應」之理論不僅可以成立，而且更可實踐應用於人生社會種種活動，如程明道無忤於王安石之政治關係，便是最佳說明。

以上云云，即是程明道在理學中塑造的聖人標準，而此崇高完美的聖人，無異明道之化身。回頭來看這一聖人境界，豈不是空靈透頂嗎？〈定性書〉又說：「……自私則不能以有為為應跡，用智則不能以明覺為自然。」去私去智，正是明道實踐老莊之學。因私心用事，才把功業據為己有；要如明道般之無私無累，事過便了，於己（指本體言）何干？故有為之功業，不過順應事物之當然而已。如用智力苦心思索，此明覺之本體絕難顯現；必如明道般塞其心智，去其聰明，本體現前，純屬自然；無絲毫人力所能干預者。此處「明覺為自然」一義，更把《老子》「道法自然」的奧義，全部透顯出來。現在剋就明道說，「有為為應跡」，「明覺爲自然」，正是他證成空靈慧境之妙用與説明。關於前者，《明道語錄》有云：「……雖堯舜事業，亦只是如太虛中一點浮雲過目。」試爲明道設想，偌大的堯舜事業，竟看得這麼輕微、這麼平常，一過便了，難道不是「有爲爲應跡」嗎？至於後者，〈定性書〉末尾説：「……定則明。明則尚何應物之爲累哉？」是明道對空靈慧境之妙用更深一層之説明。

我們把明道先生拓出的空靈慧境作上述剖析後，它與魏晉玄學開出來的空靈境界，其哲學層境之懸絶，就可判然明白了。

六、明道修爲工夫剖析

就修爲工夫或證驗方法言，理學發展至此，亦以明道説的修爲工夫最爲細密，描述得最爲清晰，周濂溪、邵康節、張橫渠，都不能和他比擬。

《明道語錄》説：「人心不得有所繫。」「學至氣質變化，方始有功。」「學只要鞭辟近裏著己而已。」「資質美者，明得盡，渣滓便渾化。……其次，惟在莊敬持養。」「敬勝百邪。」「敬須和樂，只是中心没事也。」「執事須是敬，又不可矜持太過。」「若不能存養，只是說話。」可知「主敬」是明道的基本工夫。

有人問：「不知如何持守？」明道曰：「且未說到持守，持守甚事？須先在致知。」致知，並非開拓知識領域，而是在持守工夫上，致其所不知而達於知也。

明道說：「某寫字時甚敬，非是要字好，即此是學。」寫字時，凝神貫注，不是要字好，又學個什麼？因此凝神貫注，即動態中的主敬工夫也。又引《論語》孔子曰：「居處恭，執事敬。與人忠。」明道解釋說：「此是徹上徹下語，元無二語。」何以如此重要？因明道的主敬工夫，即由此而來。又說：「君子只在愼獨。」愼獨，是變相的主敬工夫。因明道說：「學始於不欺暗室。」即爲主敬工夫、「掃打田心」也。明末劉蕺山（宗周）視「獨」爲本體之代號，「學主愼獨」，又把明道說工夫的話，儘量深度化，已躍入本體世界了。

明道又說：「百官萬務、金革百萬之衆，飲水曲肱，樂在其中。萬變俱在人，其實無一事。」明道修爲工夫至此，可視總攝國家大政或掛帥統兵出征，與孔子飲水曲肱之樂，不外是做動靜兩面的工夫。這一切變化，總是操控在人的手中，實則本體寂然不動，湛然常明，絕不隨外在事爲活動之變化而變化也。

明道又說：「風竹是感應無心。如人怒我，勿留胸中，須如風動竹。德至於無我者，雖善言善行，莫非所過之化也。」風竹感應無心，只是工夫入於化境之比喻，而且是最佳的比喻。《孟子》言「所過者化，所存者神」，明道引來，作爲他的工夫入於化境的標誌。以後陸象山更把「過化存神」作爲他的工夫的完成階段。

明道說的工夫語，實在很多，單憑上面引錄的文字及作者的說明，即可洞知其修爲工夫細密之一斑。概括地說，可歸納爲下邊幾個要點：

㈠不知持守或做工夫的方法，先要致知，求其了解後，才有入門下手處。

㈡人心不得有所繫，即不爲外在環境，外邊事物所困擾。事情一過便了。不要泥泥滯滯，橫梗胸際；要看得開，放得下，使心中空空洞洞，就可正式入門了。

㈢消極的防制方法，適如陸象山所提示的，既不可蔽於意見，更不可溺於利欲。（象山致朱子書有云：「賢者蔽於意見，不肖者溺於利欲。」）此二者，正是〈定性書〉中說的「自私用智」之意。

㈣積極有效的方法，便是主敬工夫的持守。主敬工夫，通俗講，就是精神集中，意念凝聚一點之意。《莊子．逍遙遊》的「其神凝」，〈齊物論〉的「吾喪我」，〈大宗師〉的「心齋、坐忘」等等，都是主敬工夫的最佳說明，也是最具深度的主敬工夫。不過，這些都是側重靜態的一面工夫；程明道把乃師周濂溪側重靜態一面工夫，加以修正改良，由靜轉動，並據《論語》孔子說「執事敬」一語，作爲其「主敬」工夫的依據。這樣的修正，就沒有佛老意味了。如前引「某寫字時甚敬，非是要字好，即此是學。」這是程明道言主敬工夫的最佳說明。

㈤靜存動察，兩面做工。明道、伊川在主敬工夫的實際作法上，較濂溪多有改進，而且有關工夫語，特別說得深入細密、周延普遍，如言「靜時存養，動時省察」二語，即其例證。以後即簡括爲「靜存動察」，兩面做工。所謂「靜時存養」，顯然是理學家「見道」或「悟性」以後的事；不然，又能存養箇什麼？再以佛家爲喻，即是禪宗「悟道」後的「保任」工夫。莊子說的「心齋」「坐忘」，何嘗不是這項保任工夫的依據？至於「動時省察」，又該如何做法呢？如程明道引《論語》孔子說：「居處恭。執事敬。與人忠。」既是主敬工夫的依據，也是「動時省察」的要點。居處恭，指儀態端莊言。康節「不恭已甚」，似爲明道所不取。「執事敬」，反省自己是否能意念集中一點，心無旁騖？「與人忠」，即曾參「爲人謀而不忠乎？」的內省法。這三方面如有缺失，主敬工夫就做不下去，故須動時省察也。

㈥最後一步，則是要做「化」的工夫。如前引《明道語錄》說：「雖堯舜事業，亦只是如太虛中一點浮雲過目。」偌大的堯舜事業，亦須把它化掉；不然，如爲功業所累，橫梗胸次，終非工夫之究竟，亦即「明得盡，渣滓便渾化」之意。陸象山所謂：「事過便了，勿使泥泥滯滯。」與明道意同。王陽明對這步工夫，則稱「點化」。一經點化，「萬變俱在人，其實無一事」也。如深一層剖析，要「過化存神」，出神入化，是爲工夫入於化境之極致。工夫入於化境，即無工夫可言。陳白沙所謂「工夫自然，本體自然」，即是描述的這一境界。

七、明道內聖外王學之價值評估

理學中倡「內聖外王之道」，程明道實發其端。已如《康節篇》所說：「明道謂周純明曰：『昨從堯夫先生游，聽其議論，振古之豪傑也。惜其無所用於世。』周曰：『所言何如？』曰：『內聖外王之道也。』」現在，我們來看程明道的「內聖外王之道」的詣境如何？並作價值上的評估。

(一)內聖學方面

明道說：「欲當大任，須是篤實。」故其內聖學的造詣，都是向篤實一面發展。茲舉其特點，說明如次。

(1)有關仁底本體世界的開拓

今天大家公認，孔子思想是以「仁」的觀念為中心；然而，這一中心思想的揭出，實自明道始，故明道有〈識仁篇〉之作。就今天的學術觀點言，程明道實為孔子仁的觀念，開出一形而上的靈明本體世界。這麼一來，即可促使先秦儒家思想邁向形上哲學的範疇，以加深其義蘊，提昇其理境之層次，幾乎可與道、佛二家思想相頡頏，無分軒輊。

(2)修為工夫階段之畫分

從明道的〈定性書〉中，我們不難清晰地看出「動靜皆定」為明道修為工夫的重要階段，就明道學言，工夫方面，僅此而已。但是，我們如對宋明理學作通盤透澈的了解，尤其對清初「關中大儒」李二曲的成學經歷全部瞭解後，我們可以摭拾明道其他有關資料把它拼合起來，即不難窺知他底修為的工夫過程或工夫階段。這對此後象山、陽明均有重大啓迪和影響。

(3)明道的工夫語特別細密

周濂溪、邵康節，他們的工夫語言，甚是簡略；可是，程明道則不然。他在工夫語方面，就細密詳實得多了。這對陸王哲學，尤其陽明良知之學的發展，不無啓導作用。而內聖學的工夫如何做法?在明道思想中可以獲得比較清晰的了解。這些,都是明道先生鑄成內聖學的價值之所在,尤其對先秦儒家孔子思想的闡發,不難洞知宋代理學之形成,對儒家思想之演進實係一重大發展。

(4)形上學與形下學貫通之缺陷

周濂溪修正《易傳》「寂然不動,感而遂通天下之故」,就其明通之範圍,加以限制,故云:「寂然不動,感而遂通」。現在程明道似乎把形上學的感應關係,移入形下學的範疇,通過感應關係,把外在事物連接起來,作種種主觀的意識活動,故〈定性書〉中有「廓然大公,物來順應」之說。如視作個人修證工夫的理論依據,未嘗不可;但是,如剋就形上本體世界的體用關係言,就萬萬不可。爲什麼?因爲自感應關係立論,是貫不通的。必須待程伊川從禪學中把「體用一源」的理論汲取過來,於是形上學與形下學的融貫,才算大體解決了。故就這方面說,實乃明道思想中有關形上學部份的一個缺陷。

(5)明道拓出的人生境界

在人生境界方面,程明道如與周濂溪、邵康節相比,可以說各有擅長。最爲凸顯的,莫過於藝術人生。所謂藝術人生,是要比孔顏之樂更有深度的人生享受。與其說是孔顏之樂,毋寧說是莊子逍遙自適之樂,更爲恰當。此中何樂?「禪悅」是也。這方面,周濂溪表顯的藝術人生，是「光風霽月」型，程明道是「一團和氣」型，邵康節，則是「安樂窩」型。在道德人生方面，周濂溪的「政事精絕」，其人生境界極爲透顯。程明道要致君堯舜，深具宰輔器度，人生境界極爲遼闊。邵康節不用世，這方面就闇然不彰了。至於宗教人生方面，都是以此形上靈明本體作爲人生之歸宿，周濂溪、邵康節、程明道以及其他所有理學家莫不如此，只是不如道、佛二家特別突出、特別强調而已。故程明道開拓出來的藝術人生、道德人生以及宗教人生境界，都是完美的，都可作爲後世之典範。

(二)外王學方面

明道在外王學方面，可以他的〈陳治法十事〉作代表。他的理想標準是，「惟善通變，便是聖人。」以此作尺度，較康節的《皇極經世》就適用得多，較乃師濂溪，自有範圍廣狹之不同。如與泥於古制的橫渠相比，可能有雲泥之別。因明道曾任諫官，基於言責，才有〈陳治法十事〉之作。就此而論，他的著眼點，主要在修明內政；其次，因受孔子信古、好古的影響太深，一味嚮往堯舜事業，很想致君於堯舜，無視漢唐烜赫的事功。因此，處在當時的政局中，雖面臨嚴重的外患壓力，好像亦熟視無睹，不籌長策。如與王安石富國强兵的政治主張相較，不免大爲遜色。不過，安石之學與明道之學，亦各有其嚴重缺失，彼此心知肚明。如王安石評程明道曰：「公之學如上壁。」謂太難行也。明道則反唇相譏，評曰：「參政之學如捉風。」捕風捉影，不切實際，王荊公的「新學」，其病至此。

假如程明道、邵康節與王安石，他們三人所學之長，熔爲一爐，既有包容大度的宰輔器量如程明道，又有富國强兵的政治目標如王安石，再配合長於謀略的邵康節（康節以張子房、諸葛亮自命，應長於謀略。）更有一位英明果斷的君主的領導（惜乎宋神宗並非大有爲的創業之主），必可恢復漢唐事功，北宋積弱不振的歷史必然改寫。

茲單就外王事業的構想與設計而論，程明道就遠不及陸象山。陸象山恢復中原的構想與設計，見於回答宋孝宗的〈輪對五劄〉（拙著《陸象山研究》一書，論之甚詳，讀者可以參閱。民國七十一年一月台灣商務印書館出版。）即使我們今天看來，仍不失爲南宋初期恢復中原、統一中國，再造漢唐事功的完善構想與最佳設計。惜乎宋孝宗爲一中材之主，眼前諸葛竟不識，致把光復大好河山的機會錯失了。故明道在這一面，遠不及象山，其外王學的價值，終屬有限。前人過高的評價，我們並不十分贊同。

八、結論

綜合以上各節所說，可作結論如次。

㈠明道先生給予人的印象是，「一團和氣」，「如坐春風」。其所以如此，除與天賦「資質美」的性格有關外，主要的，還是由於他從修爲工夫中，把孔子底仁的觀念經深度化、普遍化以後，又從他的人品風格上反射出來，這就顯得他的人品風格的凸出，與宋明其他理學家都不一樣。

㈡明道對先秦儒家，尤其孔子思想的重大貢獻有二：一是透過他的極湛深的修爲工夫，就證驗得來的形而上的靈明覺知之本體，作爲「仁之體」，亦即仁底本體，作爲孔子思想的核心。於是爲孔子思想核心覓得了可證驗的形上學的依據，以加深其義蘊。二是將仁的觀念根據《易傳》「生生之謂易」，轉釋爲「生」的意義，於是就衍出「生」的觀念來，可及於宇宙萬物，這就把仁的觀念徹底普遍化了。

㈢理學中形而上的、靈明覺知之本體世界，在明道思想裡特別透顯，不獨爲周濂溪、邵康節、張橫渠所不及，即乃弟程伊川視之，亦自愧不如。南宋理學大師朱晦庵更難望其項背，即重踐履工夫的陸象山，這一面的描述亦是粗枝大葉，惟有明代王陽明才可和他比擬，先後輝映。及到清初「關中大儒」李二曲崛起，其所描繪靈明本體之晶瑩剔透，又遠爲明道、陽明所不及。這一發展趨勢，近人甚少道及。

㈣明道言工夫語甚多，而且很細密。從他言工夫、言境界如〈定性書〉中的動靜皆定、〈識仁篇〉裡的「仁者渾然與物同體」、及「體貼天理」等等有關文獻中，又可約略鉤勒出一大型輪廓，即先從「識仁」始，識得仁的本體後，次在工夫上求動靜皆定，以達內外合一之境。再次是「應物無累」，即是「物來順應」。又次是當應物之後，仍須回復「仁之體」，亦即回到本體湛然常明的境界。這一工夫段落，即是思想形成的全部過程，對此後理學家們都不無重大啓迪和深遠影響。

㈤明道鑄成的內聖外王之學，在「北宋五子」中亦極爲凸出。其內聖學之詣境，不亞於周濂溪和邵康節，張橫渠更是望塵莫及。即乃弟程伊川視之，亦不免大爲遜色。意謂其空靈慧境，自嘆弗如也。外王學之鎔鑄，明道雖不及象山，但其器識之宏偉，在宋代理學家中亦屬罕見。他評王安石學問不切實際，如云：「參政之學如捉風，」然而仍與安石無忤。如與因烏臺詩案入獄的蘇東坡相較，其器識之高下，就不可以道里計了。

㈥理學家可以拓出三個層面的人生境界，即藝術人生、道德人生與宗教人生。這三個人生境界，都植基於此靈明覺知的本體之上。就「北宋五子」而論，以明道所展現的，最爲完美。尤其宗教人生，明道雖未特別描述；但其〈中庸解〉，是以本體論始，亦以本體論終，寓意極爲深遠。明道是以他自己的修爲工夫及所證會之本體，來解釋〈中庸〉的。試問：明道在思想上何以要如此架構呢？此即宗教人生之寓意是也。陸王派的象山、陽明，莫不如。到了清初，極深度地融合程朱、陸王之學於一爐的李二曲，更是如此。故明道的啓迪之功，實不可泯，於理學、於整體中國思想文化，甚至現代和今後的中國人，如追求科技之餘，要找尋人生歸宿，明道這一面的思想，仍有其啓導作用與重大價值。

故程伊川作《明道先生墓表》云：「先生生（於一）千四百年之後，得不傳之學於遺經，志將以斯道覺斯民。」即使我們今天看來，伊川的評語，客觀公正，絕非溢美之詞。

98・12・15於美西加州

陸・道貌岸然程伊川

提綱

一、程伊川的生平事蹟
二、程伊川的人格風範
三、天理的內涵及其在理學中的地位
四、仁的觀念在伊川思想中的發展
五、伊川揭出體用問題、感應問題與中和問題
六、伊川創「性即理」的認識論之價值與缺失
七、理學思想方法之演進
八、伊川內聖外王學之價值評語
九、結論

一、程伊川的生平事蹟

程頤字正叔，河南洛陽人，程明道之弟。年十八上書，以諸葛亮自況，勸宋仁宗黜世俗之論，以崇王道爲心。游太學，胡安定試諸生，以「顏子所好何學論」爲題，得先生文大驚，延見，處以學職。同學呂希哲即以師禮事之。治平（宋英宗年號）、熙寧（宋神宗年號）間，大臣屢薦，皆不起。哲宗初，司馬光、呂公著共疏上其行義，詔以爲西京（北宋以洛陽爲西京）國子監教授，力辭。尋召赴闕，擢崇政殿說書。每當進講，必齋戒，潛思存誠，冀以感動上意。而其爲說，常於仁義之外，反復推明，歸之人主。一日，當講顏子不改其樂章，門人或疑此章非有人君事也，將何以爲說？及講，既畢章句，又復言曰：「陋巷之士，仁義在躬，意其貧賤；人主崇高，奉養備極，苟不知學，安能不爲富貴所移？且顏子，王佐才也，而簞食瓢飲。季氏，魯國之蠹也，而富于周公。魯君用舍如此，非後世之鑑乎？」聞者嘆服。

先生容貌莊嚴，於上（指哲宗）前不少假借。時文彥博以太師平章重事，侍立，終日不懈。上雖諭以少休，不去也。或謂之曰：「君之嚴，視潞公（文彥博）之恭，孰爲得失？」

先生曰：「潞公，四朝大臣，事幼主不得不恭。吾以布衣職輔導，亦不敢不自重也。」上在宮中漱水避蟻，先生聞之，問曰：「有是乎？」曰：「然。誠恐傷之爾！」先生曰：「願陛下推此心以及四海，則天下幸甚。」一日講罷未退，上折柳枝。先生進曰：「方春發生，不可無故摧折！」上不悅。

呂公著、范堯夫入侍經筵，聞先生講說，退而嘆曰：「真侍講也。」士人歸其門者甚盛，而先生亦以天下自任，議論褒貶，無所避諱。方是時，蘇軾在翰林院有重名，一時文士多歸之。文士不樂拘檢，迂先生所爲，兩家門下，迭起標榜，遂分黨爲「洛」、「蜀」。會帝以瘡疹，不御經筵。先生曰：「上不御殿，太皇太后不當獨坐；且人主有疾，大臣可不知乎？」宰相始奏請問疾。由是大臣亦多不悅。

諫議大夫孔文仲因奏先生爲五鬼之魁，當放還田里，遂出管西京國子監。屢乞致仕。紹聖（宋哲宗年號）間，黨論削籍，竄涪州（今四川省涪陵縣）。徽宗立，移峽州（按《宋史・地理誌》夔州路、夔州府有「帥臣帶歸、峽州兵馬司」句，歸州，即今湖北省秭歸縣，峽州兵馬司，其治所當在今四川省奉節縣。歸州、峽州兵馬司扼川鄂軍事要衝。）復其官。崇寧（宋徽宗年號）二年，范致虛言程頤以邪說詖行惑亂衆聽，而尹焞、張繹爲之羽翼，事下河南府體究，盡逐學徒，復隸黨籍，四方學者猶相從不舍。先生曰：「尊所聞，行所知可矣，不必及吾門也。五年，復宣議郎致仕。大觀（亦徽年年號）元年（西元一一〇七）九月庚午，卒於家，年七十五。疾革，門人進曰：「先生平日所學，正今日要用。」先生力疾微視曰：「道著用，便不是。」門人未出寢門而卒。學者稱伊川先生。（以上錄自《宋元學案卷十五·伊川學案上》）

二、程伊川的人格風範

二程隨侍太中（程珦，二程父）知漢州（今四川省廣漢縣），宿一僧寺，明道入門而右，從者皆隨之；先生入門而左，獨行，至法堂相會。先生自謂此是某不及家兄處。蓋明道和易，人皆親近；先生嚴重，人不敢近也。

明道猶有謔語。嘗聞一名公解〈中庸〉，至「人莫不飲食，鮮能知味」有疑，笑曰：「我將謂『天命之謂性』，便應疑了。」伊川直是謹，坐間無問尊卑長幼，莫不肅然。

經筵承受張茂則，嘗招講官啜茶觀畫。先生曰：「吾平生不啜茶，亦不識畫。」竟不從。

貶涪州，渡江中流，船幾覆。舟中人皆號哭，先生獨正襟安坐如常。已而及岸，同舟有父老問曰：「當船危時，君獨無怖色，何也？」曰：「心存誠敬爾！」父老曰：「心存誠敬固善，然不若無心。」先生欲與之言，父老徑去不顧。（按：此伊川道行，尚不及一村野父老。伊川以心存誠敬的主敬工夫，來抵擋那船危怕死之心；而村野父老卻已達到「心普萬物而無心」的境界，似無生死可言。較之伊川，道行之高下，不無雲泥之別，故伊川欲與之言，村野父老徑去不顧也。）

呂汲公（大防）以百縑遺伊川，伊川辭之。時族兄子公孫在旁，謂伊川曰：「勿爲己甚，姑受之。」伊川曰：「公之所以遺頤者，以頤貧也。公爲宰相，能進天下之賢，隨材而任之，則天下受其賜也。何獨頤貧也？天下之貧者亦衆矣。公帛固多，恐公不能周也。」

先生被謫時，李邦直尹洛，令都監來見。伊川才出見之，便請上轎。先生欲略見叔母，亦不許，莫知朝命云何？是夜宿於都監廳。明日差人管押成行，至龍門，邦直遣人賷金百星；先生不受。既歸，門人問何爲不受？曰：「渠是時與某不相知，豈可受？」

鮮于侁問：「顏子在陋巷不改其樂，不知所樂者何事？」先生曰：「尋常道顏子所樂者何？」侁曰：「不過是所樂者道。」先生曰：「若有道可樂，便不是顏子。」鄒志完曰：「伊川見處極高。」（按：儒家修己治人之道，實無樂處可言。修己爲的是治人，爲的是淑世、濟世，屬於爲人之學。縱然有功業成就，適如象山所説，是「附物而樂」。惟有孔顏之樂，才是爲己之學，才有真樂，故伊川的答話是對的。鄒志完讚嘆「伊川見處極高」，也是對的，絶非溢美。不過。在伊川甚至所有理學家心目中的顏子，絶非《論語》中的顏子，而是《莊子》書中的顏回，早已道家化了。）

伊川見人靜坐，便歎其善學。（按：靜坐工夫，由佛老思想而來。伊川見人靜坐，何以嘆其善學？又學個什麽？佛老之道是也。佛老之道，才是極深度的爲己之學。由此，便可找出伊川說：「若有道可樂，便不是顏子。」的答案來。）

謝良佐往見伊川，伊川曰：「近日事如何？」對曰：「天下何思何慮？」伊川曰：「是則是，有此理，賢卻發得太早，在伊川直是會鍛鍊。」說了天道：「恰好著工夫也。」（按：這則語錄，禪味極濃。伊川問謝良佐：近來證會本體的實況如何？良佐卻引《易傳》「天下何思何慮？」一語作答，極似禪宗的機鋒語，不易明白。伊川何以說「發得太早？」就理學家成學的階段言，這應是鍛鍊本體最爲成熟的階段。所謂「工夫自然，本體自然」，已入化境，才有何思何慮之說。伊川擔心謝良佐只是識到，而未行到，故伊川責備良佐發得太早，快下鍛鍊工夫啊！）

游定夫問：「陰陽不測之謂神？」伊川曰：「賢是疑了。問是揀難底問。靜坐獨處不難，居廣居應天下爲難。」（按：游定夫懷疑《易傳》「陰陽不測之謂神」一語的真實性和可行性，伊川認爲這是個難題，不易圓滿回答。因爲就伊川，甚至所有理學家看來，實即此形上本體變化多端，神不可測之意。欲驗知其真實性和可行性，個人靜中獨處甚易，但在動中應事接物之際，可就難了。至於居上位，應天下事，那就更難了。由此，不難窺知伊川較乃兄明道於〈定性書〉中說的：「夫天地之常，以其心普萬物而無心；聖人之情，以其情順萬物而無情。故君子之學，莫若廓然而大公，物來而順應。」的澄澈慧境及其應物無累之涵養工夫，其差距，不免太懸殊了。）

范淳夫之女讀《孟子》，至「出入無時」，語人曰：「孟子不識心，心豈有出入？」先生聞之曰：「此女雖不識《孟子》，卻能識心。」（按：這則語錄，可大堪注意，由此可以洞知《孟子》與禪學之關聯。《孟子》言心有二義：一是認識心、差別心，即對事物的認知與判斷能力。一是良心、本心或良知，即對善惡是非的判斷力。《孟子》說：「出入無時，莫知其鄉，其心之謂歟？」正是指的認識心言。有了這顆認識心作主體，我們探討的知識才能成立。而《孟子》又言良心、本心或良知，以後陸象山由主敬工夫，即發現了本體心，亦即心本體或本體；王陽明由此參入而創立良知哲學，仍不外以此本體作根荄。這些都是伊川無從見到的。而范淳夫之女評「孟子不識心，心豈有出入？」這話是對的。孟子所不識的，是本體心；而有出入的認識心，絕不同於本體心，所以范女才說「孟子不識心」，不識本體心。「識心」是禪學。范女通禪學而無理學家的衛道精神，所以她才能坦率地批評「孟子不識心」；伊川則反是，他的評語：「此女雖不識孟子，卻能識心。」上一句，我們並不贊同，因爲伊川排斥佛老的意味太濃厚了。）

司馬光、呂公著嘗言於朝曰：「程頤之爲人，言必忠信，動遵禮義，眞儒者之高蹈，聖世之逸民。」

朱光庭又言曰：「程頤純備，學問淵博，有經天緯地之才，有制禮作樂之具，實天民之先覺，聖代之眞儒也。」

呂公著又言曰：「程頤年三十四，有特立之操，出群之賢，洞明經術，通古今治亂之要，有經世濟物之才，非同拘儒曲士，徒有偏長。使在朝廷，必爲國器。」

張橫浦曰：「伊川之學，自踐履中入，故能深識聖賢氣象。如曰：『孔子，元氣也。顏子，景星卿雲也。孟子，則有泰山巖巖氣象。』自非以心體之，安能別白如此？」

朱熹曰：「明道宏大，伊川親切。」

劉剛中問：「程伊川粹然大儒，何故使蘇東坡竟疑其奸？」朱子答曰：「伊川繩趨矩步，子瞻脫岸破崖，氣盛心粗，知德者鮮矣。」

先生爲學，本於至誠。其接學者以嚴毅。嘗暝目靜坐，游定夫、楊龜山立侍不敢去。久之，乃顧曰：「日暮矣，姑就舍。」二子者退，則門外雪深尺餘矣。明道嘗謂曰；「異日能使人尊嚴師道者，吾弟也。若接引後學，隨人才而成就之，則予不得讓焉。」（以上均見《宋元學案十五．伊川學案下．附錄》。）

我們今天對程伊川的印象是：他是一位道貌岸然的道學先生，而且是近乎迂腐的道學先生。他十八歲，即上書以諸葛亮自況，不免少不更事，自視太高，甚至狂妄自大。試想：諸葛亮像程伊川這樣的人物嗎？絕對不是。諸葛亮是法家兼黃老學者，像程伊川這樣迂腐嗎？諸葛亮〈隆中對〉有「東聯孫吳，北拒曹魏」，復興漢室——統一中國的方畧，程伊川對積弱不振的北宋王朝有什麼恢宏構想？什麼遠大計畫嗎？沒有。所以他以諸葛亮自況，是犯了年輕人心高氣傲的毛病。

程伊川入太學，以〈顏子所樂何學論〉一文，受知於胡安定；其實，胡安定亦非什麼傑出人物，他能與隋末講學河汾的文中子王通相比嗎？不能。王通爲唐初作育了不少開國人才，而胡瑗呢？不過是一位墨守矩矱的儒家學者而已。程伊川這一面深受胡瑗的影響，所以他以後見人必稱「安定先生」，對他的理學啓蒙師——周濂溪早就淡忘了。

在胡安定影響之下，學宗孔孟，致君堯舜，既是伊川的教育目標，也是他的政治目標。殊不知這雙重目標，是大有問題的，是不切實際而行不通的。何以說呢？堯舜久遠，姑且不談,我們單說周朝開國的文王、武王罷。據《史記·周本紀》記載:周文王訪姜太公於渭濱(按:今陝西省寶雞市東北面,位於秦嶺西麓,有一小溪名曰姜水,爲渭河之支流;其西岸有石堆一座,相傳姜太公即垂釣於此。)才奠定周王朝政治軍事的基礎。周武王以太公爲軍師,統兵伐紂,才取代殷王朝而統一華夏;周公制禮作樂,主要的法寶是用「宗法制」,才完成周代封建式的統一。這些斑斑可考的史實,司馬遷瞭如指掌,難道孔丘、孟軻不知道嗎?他們一味昧於史實,只强調文治的一面;因此,才有「文王既没,文不在茲乎?」(《論語》)的概嘆!文王「一怒而安天下之民」(《孟子》)的誇大之詞。後儒不察,尤其是崇奉孔孟的宋儒信以爲真,不把史實與孔孟言論作印證,才有致君堯舜,「憲章文武」(〈中庸〉)的夢想,亦才塑造成像程伊川這樣的道學先生來。

程伊川任經筵講官,擔任皇帝的老師,我們試看他爲小皇帝——宋哲宗上什麼課呢?不外《顏子所樂何學論》那一套,可以說伊川搞錯對象,有失帝師之職。孔顏之樂是爲宰相及大臣講的,乃無爲的一面,怎麼會扯在帝王頭頭上呢?《帝學宏綱》(李二曲少年作品)又是另外一套學問,我相信程伊川不懂,才會張冠李戴,强調他的孔顏之樂。在這一面,漢儒較宋儒高明得多。正如前篇所說,〈中庸哀公問政章〉,是漢儒假托魯哀公與孔子的對話,把帝王之學的大綱領全部吐露出來。又〈禮運大同章〉亦是用同樣手法,把漢儒對政治的大同思想發揮出來。這才堪稱帝王之學嘛！但是，這些也只是漢儒的臆見和理想，實際上，未必行得通。

真正要開創政治事業的，是具超人政治智慧和知人善任的本領與乎從諫如流的雅量，如漢高祖劉邦之用三傑；漢武帝雄才大略之開疆拓土，北逐匈奴，消弭外患，造成漢代的頂盛之局，都是值得帝王效法的對象。至於雄才大略的唐太宗，造成大中國的統一，唐朝的盛世，更是帝王之學的樣版。而程伊川面對北方强敵壓境，宋室積弱不振的頹局，竟視若無睹，而教小皇帝的顏子之樂，真是糊塗透頂，怎麼可以作帝王師呢？

又程伊川聽到這位小皇帝漱水避螞蟻，大發思古之幽情，就想到孟子見齊宣王以羊易牛釁鍾的故事，於是喜不自勝，對小皇帝說，有此事否？小皇帝回答，有的，恐怕傷害牠們。伊川說，把這顆惻隱之心推擴出去，就是萬民之福了！伊川把天下事看得這麼簡單，僅憑一點惻隱之心，就能振興北宋王朝嗎？宋襄公不是以仁義之師與楚國戰，大敗而亡。伊川對春秋時代的歷史，怎麼不反省、反省，未免太不識時務了。

又小皇帝聽講畢，拆宮中柳條嬉戲，伊川即刻勸阻道：恐傷萬物生意。這位小皇帝便悻悻而去，無怪引起蘇軾的譏評。像這樣的「粹然大儒」，蘇東坡竟疑其奸」，未免懷疑過火，但食古不化的伊川，實在太迂腐了。

伊川對漢儒的節操觀念，強化到極點，竟說出「餓死事小，失節事大。」這樣悖乎情理的話來。近人林語堂氏批評理學迂腐，不近人情，程伊川實難辭其咎。

有上司請講官吃茶觀畫。伊川竟回絶說：我平生既不吃茶，亦不識畫，竟不往。這樣古板的道學先生，實在令人難以想像。反觀乃兄程明道就絶對不同了。明道說：「只要心中無妓，不妨席間有妓。」如果伊川有明道之和易灑脫，也不致造成蜀黨與洛黨之爭了。適如朱子所評：「伊川繩趨矩步，子瞻脫岸破崖，氣盛心粗。」這是伊川、東坡性格的差異處。亦由此性格的基本差異，才造成他們之間，尤其是兩派門人的衝突和矛盾。

儘管我們對伊川有很多不滿與微詞，但伊川其人其學，還是值得我們欽佩的。五代以來直迄北宋，恢復師道的尊嚴，伊川先生有不磨之功，適如乃兄明道所說：「異日能使人尊嚴師道者，吾弟也。」而對理學造詣之精湛，遂開出理學程朱一派，於學術思想上貢獻很大，這是我們必須肯定的。因此，伊川先生仍不愧爲宋代理學第四位大師。除濂溪、康節、明道外，就數伊川了。他的人格風範，還是值得後人效法的。

三、天理的內涵及其在理學中的地位

已如前述〈明道篇〉所說，引用《禮記·樂記篇》說「天理」一詞，充實其內涵，並賦予創新意義者，是邵康節；程明道踵其後，並說：「天理二字是自家體貼出來，」無異以天理觀念鑄成他底思想的核心。現在程伊川繼乃兄之後，又有進一步的發展，使天理觀念擴大其內涵，並在理學中占一中心位置。這是我們先要明白的。

(一)伊川說的「天理」包涵些什麼？

程明道極端重視天理的觀念，因爲他說：「天理二字是自家體貼出來，」表示在思想淵源上、傳承上，與周濂溪、邵康節無關。也可以說，是程明道另闢蹊徑，爲理學開出一條嶄新的、獨特的、周、邵以外的第三條路線，爲濂溪、康節未曾想到的。然而，明道除重視天理觀念外，還有〈識仁篇〉與〈定性書〉，在他思想中也占有極重要的位置。甚至可以視爲這二者凌駕天理觀念之上。因爲「識仁」與「定性」，亦明道思想重要脈絡也。

伊川則不然，他卻處處强調天理，與乃兄明道的看法，頗不一致；而且，伊川言天理的範疇，又比明道擴大得多了。明道使用天理觀念時，其內涵，多指謂形而上的明覺之本體，有時，亦涉及到人理、事理的範疇。伊川則反是，他用天理一詞，涵義極廣，除含形而上的明覺本體之根本義外，凡是形而下的「人理」、「事理」與「物理」，無不涵攝于天理中。

故伊川之言天理，細剖之，實可概括天理之自身（即形上明覺之本體），及形下學中之人理、事理與物理，而且認定這些理則，都可渾括於天理中。其範疇之廣闊，可以說「天下之理，皆源於一理也。」天下之理則，紛繁不可勝數，又如何能渾括於一理——形上之本體中？這就值得推敲了。

伊川有句名言：「一物之理，即萬物之理。」這是他的關鍵語，幾乎成了口頭禪，常常提到。我們必須明白其含義及其思想之來源，才能對伊川學作深入的瞭解。

伊川說：「一物之理，即萬物之理」，其中的「理」字，如放在人理的範疇，顯然於理不通；如放在事理的範疇，亦然；再改置於物理的範疇，雖與字面意義吻合，於理越發不通。爲什麼？一個具體物件之理則，怎麼會是萬物之理則？以現代物理學的基本知識言，非但於理不通，而且是反科學的，與物理知識背道而馳。即就伊川當年有限的物理常識而論，何嘗不是如此？然而，伊川何以要如此立論呢？這就須得看他這條《語錄》的全文了。

伊川說：「一人之心，即天地之心。一物之理，即萬物之理。一日之運，即一歲之運。」前兩句是屬於形上哲學中的本體論，第三句，卻是不折不扣的氣象學、天文學，屬於形下學範疇。伊川把這兩個思想領域的學問攪合在一起，而且造成伊川思想的矛盾和根本缺失。

如前篇所述，程明道在〈定性書〉中說：「天地之常，以其心普萬物而無心；聖人之常，以其情順萬物而無情。」天地何心？聖人之心也。以聖人之心，即可代表天地之心；而聖人之心，實即形上本體之異名，其量之大與宇宙一般。故言天地之心，言聖人之心，名稱互異，而義指無殊。明乎此，則伊川所謂：「一人之心，即天地之心。」這句話就好解脫了。所謂「一人」之人，既可以指聖人，又可以泛指一般人、常人或衆人。就理論上講，因人人同具此形上本體，故人人都可以做聖人。此義，伊川已發其端，及到王陽明良知之學完成，有「滿街都是聖人」之說出，於是人人都可以做聖人矣。就此義講，伊川所謂「一人（或聖人）之心，即天地之心。」在理學中已形成共識，無可爭議。至於如何證實這項真理的存在？王學中自有解說，這裡，我們就不去管它了。

伊川在《語錄》中又說：「聖人之心，未嘗有在，亦無不在。蓋其道合內外，體萬物。」由這條《語錄》去省察，即可證明伊川所謂「一人之心，即天地之心。」其中之一人，似泛指一般人，是就純理論上立論；可是，這裡專就「超凡入聖」之聖人言，其義蘊之深玄，就很難索解了。

試問：伊川說：「聖人之心，未嘗有在，亦無不在。」究作何解？這可用乃兄程明道釋〈中庸〉的話來分疏。明道說：「放之則瀰六合，卷之則退藏於密。」他的意思是說這個形上本體，當他放射出來，可以「充塞宇宙」（陸象山語），當然，就無所不在了。但是，當他收攝起來，退藏於吾人之心性深處，也就看不見了，故有未嘗有在云云。陸象山對此本體變化的情景，更有生動的具體的描繪。《象山語錄》說：「我無事時，如不識不知底人。（按：甚似老僧之入定。）一旦有事時，就出來，又是無所不知無所不能底人。」（按：除知識才能外，還有神通智慧作用摻合於其間，才能顯出如此本領來。）這較伊川純理論的疏解，就生動活潑得多，容易明白了。

伊川於此條語錄下文又說：「蓋其道合內外，體萬物。」又是什麼意思？與上文有何關連？〈中庸篇〉說：「成己，仁也；成物，智也。性之德也。合內外之道也。」伊川此語，即承〈中庸〉合內外之道而來。爲使思想脈絡清晰，須把〈中庸〉思想與理學思想分開來說。按〈中庸〉作者的意思是說：所謂「成己，仁也」，是指成就一己或聖人的德業；「成物，智也」，是指成就一己或聖人的功業。德業在內，功業在外。有時，這二者是相互衝突的。如把功業或政權據爲己有，即顯著之事例。現在〈中庸〉作者從德性上着想，只有把品德提升到崇高的境地，輕功業而重德業，甚至把功業轉化爲德業，化私爲公，就是萬人景仰的功業與德業合而爲一的聖人了。所謂「合內外之道」，其最高境界不過如此。孔子以來，所嚮往的堯舜聖君，亦應如此。

然而，這只是孔子以來儒家學者的理想而已。要把政權化私爲公，非但難乎其難，根本不可能。縱觀中國歷史，從古到今，上下五千年，除古老傳說堯舜禪讓外，那裡有一點公天下的影子？這實是中國思想、中國歷史一大難題。可是，在思想上，理學家卻把這個難題解決了。如何解決呢？即以此形上本體作爲人生真理，人生最後之實在，人生追求之終極目標，人生之最大慰托；此外，功業也，政權也，恰如程明道所說：「堯舜事業，祇如一點浮雲過目。」在此意義界定下，王陽明亦說：「舜禹天下而不與焉。」與其說「舜禹有天下而不與焉」，不如說陽明有天下而不與焉，更爲貼切，更爲恰當。這應是伊川「道合內外」的確詁，也是理學家解決了孔孟以來儒家思想的一大難題。儘管在思想上解決了這個難題；然而，在中國歷史上，始終是懸而未決的問題。爲什麼？適如王荊公批駁明道之學，說：「公之學，如上壁。」難行也。不如「强私爲公」，以民主政治爲規範，憲法爲制約。這個歷史難題就可解決了。但理學家的成就亦可取法，將此二者融爲一體，即可改造西方民主政治，爲世界民主政治樹一新的里程碑。我們由伊川此語，引伸出實際問題來，可視爲理學實際應用之一例。而其上下文之關連，前面闡釋甚多，也該明白了。

最後則說「體萬物」一語，又該如何詮釋呢？此體字，作體現解。緊接上文而來。試問「聖人之心」，又如何能體現萬物呢？這裡，不妨引用伊川自己的話作疏證。《伊川語錄》

說：「沖穆無朕，萬象森然已具。未應不是先，已應不是後。如百尺之木，自根本至枝葉，皆是一貫。不可道上面一段是無形無兆，卻待人旋安排出來，教入塗轍。」這條《語錄》，前面四句話最關緊要，其餘只是譬喻。但要真解這四句話的奧義，也不容易；現在不妨再引伊川的話作說明。《伊川語錄》又說：「寂然不動，萬象森然已具。感而遂通。感則只內感，不是外面將一件事物來感於此也。」這裡涉及到感應關係，姑且不談。我們在《濂溪篇》中即曾解說「寂然不動」的問題。所謂寂然不動，是指此形上本體寂然不動也。當它在此情況時，便能印出或顯現宇宙萬物種種事象來。我們必須從禪宗的「涵蓋乾坤」或華嚴的「事理圓融無礙法界觀」等玄義之瞭解，才能徹底明白伊川這句話的真實義蘊。作者解說如上，即從禪宗、華嚴而來；不然，我亦無從知其底蘊也。當然，自己也須要些主敬工夫作基底，才能解悟禪理，通曉華嚴玄義。

走筆至此，「沖穆無朕，萬象森然已具」的奧義，也就豁然明白了。沖，取《老子》「沖虛」之義。穆是寂靜的意思。朕是徵兆義。合攏來說，沖虛無盈的、寂然不動之本體，事先毫無一點點徵兆的預警，陡然之間，就把宇宙森然羅列之萬象，從這無限大的圓鏡般的本體中（即聖人之心）反映出來了。這純屬形而上的思想領域，早已超越時空的限制。其感應關係，又是自感自應，與外在事物無關；尤其泯除了時空觀念和時空限制，故伊川才說出

「未應不是先，已應不是後」的話來。

上述一切了然後，那伊川說的「聖人之心」可以「體萬物」的話，也就渙然冰釋，而無疑義了。剩下來的，是亟待解說「一物之理，即萬物之理」的關鍵問題。伊川這話，把它放在天理的範疇，絕對正確無誤，是可以成立。因爲天理，即是聖人之心、甚至一人之心、或此形上本體的代號。就純理論說，一物之本體與萬物之本體，無貳無別，都是一樣的，所以伊川才說出這樣的話來。儘管伊川排斥佛老，但他這句關鍵語，實在是汲取華嚴哲學、加以引伸變化而來。華嚴「事事圓融無礙法界觀」，即爲伊川之所本，也是他思想的根源。華嚴的「理法界」，就是此形上本體的異名，簡稱「理」或「理體」。華嚴的「事法界」，就指現象界的宇宙萬物，簡稱「事」。修證工夫如果達到「事事圓融無礙」的境界，就可成佛了。這一境界，乃是中國佛學的最高境界。禪宗的修道工夫破第三關後，可以了生脫死，即是達到這一境界。天台哲學的「中道觀」，仍是要達到這一境界，才可詣於佛境。

現在剋就華嚴哲學說，一個證道者，如果達到這一境界，宇宙萬物的本體都可從這證道者的本體中一一顯現出來。而且萬物各自的本體與此證道者的本體，一樣一樣，了無差別。這叫做「事事圓融無礙」。所謂圓融無礙，是指理境上說，本體上說；如改就千差萬別的現象界來看，怎麼能圓融無礙啊！這一妙境，非但佛學家能做到，好多理學家也能做到。然而伊川的工夫能否達到這一境界？作者無法懸揣；但是，若從前述伊川貶涪州、渡江船危、心存誠敬的故事來看，不若鄉野老父之「無心」。故伊川的主一工夫，還須更上層樓。但是，我們可以肯定的，伊川起碼是「識到」了，才能講出「一物之理，即萬物之理」的深富哲理的話來。然而，必須在限於「天理」的前提下，才有其正確的哲理意義。不幸的是，伊川卻任意擴張解釋，把現象界的人生界、事象界、物象界的種種千差萬別的理則亦摻入其中，認爲天理亦可渾涵人理、事理與物理，這就犯了認識上的絕大錯誤，以致造成伊川思想的根本缺失。沿此思路發展下去，以後程朱派理學家莫不如此。而伊川既然認爲天理可以包涵人理、事理與物理，故作「人性中曷嘗有孝弟來」的怪論，這就造成伊川思想上的矛盾。因人性之「性」，經過修證過程，確可呈現本體於目前，故此性字，仍是天理或理的代號。伊川在認識上主「性即理」，即由此而來。在此形而上的本體中，根本沒有形而下的孝弟等觀念，故伊川此語是對的。不過，伊川又認爲天理以下的、人理事理物理，都可渾涵於天理中，那孝弟觀念不折不扣屬於人理範疇，而說「人性中曷嘗有孝弟來」？這就不對了，這就造成伊川思想上的一大矛盾。

(二)天理觀念在理學中居於首要位置

由於伊川在認識上的錯誤，才造成他的思想的矛盾和根本缺失。將錯就錯，一錯到底，直到八九百年後的今天，國人言理學者，仍依稀存留伊川的影子。伊川在學術上的影響力何以如此之大？實在是天理觀念在理學中地位太重要了。

按理學開山祖師周濂溪，只言「太極」（如〈太極圖說〉）和「誠」（如《通書》），邵康節則言「先天」，直至程明道才說出：「天理二字是自家體貼出來。」意在說明天理一詞之重要性。但明道還有〈識仁篇〉和〈定性書〉的創發，對比之下，天理觀念在明道思想中所占的份量，還是有限的。可是，伊川則不然，天理觀念在他思想中，就占一首要位置。何以如此重要呢？因伊川認爲天、人、事、物之理，都可包涵於天理中，造成伊川思想的根本缺失和矛盾，伊川並不自知。程門弟子固不必說，即南理學大師朱元晦，亦照伊川的思路亦步步趨地走下去，以後程朱派的理學在認識上，亦莫不如此。又就陸王派而言，陸象山愛言「本心」，言「此理充塞宇宙」之此理，卻很難看到他言天理，這實是一大例外。王陽明就不然。他未倡「致良知」以前，仍然遵循程朱途轍，一再强調「去人慾，存天理」的重要性；及到倡「致良知」以後，雖然創立新說，揚棄程朱路線，卻又教人要「主一」爲「致良知」的工夫。何謂「主一」？陽明就伊川的工夫語作進一步的改進和發揮，答覆他的門弟子說：「主一，就是主一箇天理。」這就對了。目標明確，不像伊川教人去瞎猜了。即以陸王派的大師王陽明來說，仍然脫離不了「天理」範疇的局限。由此可知天理一詞或天理觀念，在理學中的地位是如何重要了。而天理觀念在理學中居於首要位置，實始於程伊川。八九百年來，一直影響中國人的思想，其影響之深入、之普遍，令人實難想像。如今日國人常說：「要講天理良心」，或「泯滅天良」，即其顯例。但「百姓日用而不知，君子之道鮮矣。」能曉知其思想來源及其哲理依據的，恐怕就不多了。

現在爲了釐清思想的來源、意涵、理境層次，並考慮今後中國思想的發展方向，不得不對天理觀念加以檢覈與辨正，以免再籠罩五里霧中。

已如前說，天理一詞，簡稱理，爲理學命名之由來。儘管程明道說：「天理二字是自家體貼出來。」但其思想來源，是出自華嚴哲學，如華嚴的「理法界」、「事法界」、「事理圓融無礙法界」及「事事圓融無礙法界」的「法界觀」，爲理學思想之所本，在程伊川、張橫渠思想中最爲昭著。這是理學思想中最上層的思想建築。如果沒有它，理學思想根本不能成立。由於宋明理學家排斥佛老的衛道精神特別强烈，故對此思想來源，都諱莫如深，避而不談；甚至加以掩飾，認爲佛老有的，我們儒家也有，並不稀奇。這樣的治學態度，太欠公允客觀，爲識者所不取。老實說，我們今天如不瞭解佛家哲學、老莊哲學，那我們對理學思想根本無從深入理解。這是作者畢生治學的經驗之談，非泛之論可比。

其次，在這思想領域中，名目實在繁多，令人眼花撩亂：如言「太極」和「誠」有周濂溪，言「先天」有邵康節，接著，二程換個名稱，叫做「天理」，張橫渠名曰「太虛」、或「本體」（如云：「太虛無形，氣之本體。」但橫渠命名「太虛」或「本體」之意函，與周、邵、二程均不同，詳〈橫渠篇〉。）到了南宋，朱晦菴遵循伊川塗轍，未創新名，可是陸象山則說「本心」，到了明代，陳白沙又名爲「自然」，王陽明則倡「良知」，及到明末，高景逸（攀龍）竟名爲「中庸」，劉蕺山又叫做「慎獨」，還不夠令人眼花撩亂嗎？如此名目繁多，五光十色，已夠困煞人也。理學之不易爲人了解，即此一端，便是一大難題。經過作者「出入佛老」幾十年，才把這個難題解決了。由於各人入門路徑不同，所以名稱互異，固然，亦有標新立異，以別於前人之說者；但天理一詞，卻是大家公認的。（陸象山例外，只愛言「本心」，言「理」或「此理」，而不言「天理」。）究其實際，究其意涵，總不外作者常說的：這個形而上的、「大圓鏡」（李二曲沿用《唯識學》的「大圓鏡智」）般的、靈光四射的、靈明覺知的光明本體。它能觀照宇宙萬物，卻不能創造宇宙萬物。它富於神通智慧，令人不可思議。它的理境層次，是屬於形上哲學，與形下學無關。占在儒家的立場來看，最多只能視爲道德主體，絶對不可認定爲知識主體；因爲，形下學中的人理、事理與物理，決不包涵於天理或此本體中。蓋理境層次不同，各有分際，界說亦別，功能互異。譬如屬於天理範疇的，絶對不可混爲人理與事理，更不可混爲物理；反過來說，本屬人、事、物各個範疇的理則，亦不可與天理混爲一談。經過如此明確畫分後，非但可以辨正宋明以來理學家在認識上的錯誤，抑且更可凸顯中國思想文化的偉大成就在什麼地方，從而與西方思想作比較對觀，即不難爲中國思想文化今後發展的方向，指出一條正確路徑來。由此，可知天理觀念不僅在理學中居於首要位置，進而更可融成「天人事物」之理之整體，在世界思想中亦可能大放異彩。

四、仁的觀念在伊川思想中的發展

程明道、程伊川兄弟，對孔子仁的觀念，都有極深度的發揮。故孔子思想在理學中出現突破性的發展，實爲漢代經學家所不及。已如前說，〈識仁篇〉爲程明道深化孔子思想的代表作。它爲孔子思想建立了形上哲學的基礎，並次第及於形下學。程伊川這一面的，沒有專著，只散見語錄文字中。他的思路與乃兄不同。明道說：「學者須先識仁。仁者，渾然與物同體。義禮智信，皆仁也。」是把形上學與形下學一齊貫穿起來。以「仁之體」或「仁體」（仁的本體）爲孔子思想建立形上哲學基礎，亦即爲仁的觀念覓出哲理的根源。於是一齊滾下來，義禮智信四德目，皆屬仁的範疇，亦順成章。其中的「禮」字就其意義講，當然是仁。如《論語》孔子說：「人而不仁，如禮何？」或《孟子》的「辭讓之心，禮也。」都與仁字意義緊密關連。而智字意義，依《孟子》詮釋：「是非之心，智也。」是屬良知而非理知。故明道說：「義禮智信，皆仁也。」是屬仁的作用，即仁的觀念可以概括義禮智信種種作用，就形下學講，自無不當；但就仁之本體之形上學言，義禮智信諸德目，就不應列入此範疇了。理由詳後。至於明道言「仁者，渾然與物同體」一語，其思想，實導源於《莊子》的〈齊物論〉。〈齊物論〉建構「萬物一體」的理論，豈不是明道此語的思想根源？伊川則不然。這一面的思想，實源於禪宗。這是二程思想的歧異處。而伊川的思路，似乎是由下逆流而上，先講形下學的「公」，再講形上學的「一」，爲孔子仁的觀念構築哲學基礎，這與乃兄又大異其趣。茲分說如次。

(一)伊川詮釋仁字的義蘊

《伊川語錄》說：「（《論語》子曰：）『唯仁者能好人，能惡人。』仁者用心以公，故能好惡人。公最近人。」

有人問：「如何是仁？」伊川曰：「仁只是一箇公字。」學者問仁，則常教他將公字思量。

伊川又說：「仁則一，不仁則二。」

又說：「仁之道，要之只消道一公字。公即是仁之理，不可將公使喚做仁。公而以人體之，故爲仁。只爲公則物兼顧。故仁所以能恕，所以能愛。恕則仁之施，愛則仁之用也。」

有人問：「愛是仁否？」伊川曰：「愛人乃仁之端，非仁也。」「某謂仁者，公而已矣。」

伊川曰：「何謂也？」曰：「仁者能愛人，能惡人。」伊川曰：「善涵養。」

伊川又說：「公則一，私則萬殊；至當歸一，精義無二。人心不同如面，正如私心。」

由以上引述各條語錄看，伊川釋仁，强調兩個字：一是「公」字，一是「一」字。公字意義易曉，未有仁而不公者。婦人之仁，有失公允，那是例外。至於伊川言一，含意就深玄了。

茲按明道、伊川釋仁，都强調「公」的觀念，如明道〈定性書〉說：「故君子之學，莫若廓然而大公，物來而順應。」所謂君子之學，更貼切地說，就是明道之學。明道非但重視公的作用，而且更要加强其作用，要「大公無私」。唯有理學修養如明道者，才能廓然大公而去其私心。如要求政治人物之大公無私，這就可難了。

孔子重仁，孟子重義，只有荀子才講「公生明」，着重一個公字，是否受老子的啓迪和影響？不得而知。但是道家是「貴公」的，因爲老莊之道在形上學方面，已紮下結實的基礎。如老子之「常道」，莊子之「萬物一體」，都屬於形上學範疇。惟有在此思想範疇內，才能了解老莊的玄理；落實在形而下的人生社會種種活動中，當然就是公心應事，此道家貴公之由來。然而，明道、伊川雖然都强調一個「公」字，其思想來源各異。明道源於莊子，伊川則導自禪宗。無論莊子與禪宗，由明道、伊川汲取而來，對孔子思想都有極大發揮，這應是不爭的事實。孔子講仁，講「愛人」，當然，還有其他種種說法；然而，一是落實在政治上，該怎麼樣去對應、去處理？不免茫然，没有尺度、没有準繩了。現在明道、伊川卻拈出一個公字來，卻有依據，有準繩了。這不能不說是二程兄弟在形下學方面，對孔子仁的觀念的重大發揮與貢獻。尤其伊川之强調，更不遺餘力，可見釋仁爲公的義蘊，在伊川思想中所占份量之重要。照伊川看來，「公則一，私則萬殊。至當歸一，精義無二。」又是伊川强調釋仁爲公的唯一理由。理由何來？下文再說。不過，伊川恪信孔子「唯仁者能好人，能惡人」的話，應用在他當時政治環境、人際關係上，就不無偏頗之失。洛黨與蜀黨之爭，即由此而起。伊川方面，自認爲全是仁者；難道東坡那邊，就沒有仁者嗎？後人觀之，伊川、東坡，都是正人君子，何必如此自相攻擊呢？假如明道尚在，以他豁然大度，如坐春風，就可避免兩黨意氣之爭了。很不幸的，兩黨相爭的結果，釀成政局極度惡化，真正的小人當道，北宋政權也就岌岌可危了。

由此說明伊川之嚴毅，思想之偏激，對當時政局之影響，不知在他有生之年能悟及否？當然，宋神宗與宋徽宗，均非有爲之君，尤其宋徽宗更是亡國之君，北宋政權之覆亡，這位昏君要負全部責任。作者所以對伊川不無微詞，不過春秋責備賢者罷了。他釋仁爲公，自無不當，但實際應用起來，就不免發生嚴重的偏差，亦爲伊川始料所未及。

㈡由「一」與「公」開出仁的哲學

稍後，講伊川的工夫，他强調「主一」，是把乃兄明道的「主敬」，改爲「主一」。而此處對「一」字的重視，更是無以乎加。如前引《伊川語錄》說：「仁則一，不仁則二。」「公則一，私則萬殊。至當歸一，精義無二。」其對「一」字之重視，可見一斑。試問：伊川何以這麼重視「一」這個數字呢？並非「一」這個數字符號重要，而是這個數字符號在中國文字裡，含有特殊的意義。什麼特殊意義？凡形容一件東西是整全的、渾淪的，不可分割的，籠統稱之爲「一」。老子具有超人的智慧，他把體悟出來的「常道」——即此形而上的光明本體，作抽象地描述，即稱之爲「一」。如云：「天得一以清，地得一以寧。」即其顯例。至於科學的論證，是否如此？那就不去管它了。因爲這是哲學呀！尤其是形上哲學，早已超越科學的範疇，科學的論證與此無關。我們持如此觀點，老子哲學仍有其輝煌成就、獨特詣境與偉大價值。

繼老子之後，特別强調「一」的渾淪的整全意義的，是禪宗的高僧大德。如六祖慧能的「本來無一物，何處惹塵埃？」的偈語，就是他此後倡「即心即佛」的濫觴。如青原禪師的「見山是山，見水是水；見山不是山，見水不是水；見山仍是山，見水仍是水。」像這樣近乎顛倒錯亂的、撲朔迷離的、違背邏輯規律的禪理，煞是令人費解。又如馬祖道一說：「即心即佛。非心非佛。」又說：「不是心，不是物，不是佛。」等名句，更困煞多少學禪人以及禪學的研究者。惟其如此，以後禪宗大德乾脆把這難解的禪理，仿照老子的用法，籠統稱之爲「一」，一個渾淪的、整全的「一」，這就容易明白了。如果深解禪理的底蘊，再以華嚴哲學來會通，那禪宗所謂渾淪的、整全的「一」到底是什麼？說穿了，還不是這個形而上的、靈明覺知（指神通慧言）的、大圓鏡般的、靈光四射的本體而已。作者這樣肯定，不近乎武斷嗎？絕對不是，它有科學根據的。我們只須從老子「致虛極，守靜篤。」的工夫及禪宗參悟禪理的工夫，來加以實踐，加以印證，所得的結果，都是一樣的，這就很科學了。再者，除此靈光四射的本體外，成仙、成佛的修證，絕無可能，更不要談後起的理學家要想成聖了。

行文至此，伊川强調的「一」的思想來源，不就昭然若揭了嗎？現在剋就伊川的話來說明。伊川云：「涵養吾一。」這句話非常重要，不可等閒視之。試問：假如是數字符號的一，又有什麼值得涵養呢？伊川排斥佛老思想，不願道其來源罷了。

至於伊川强調「公」的觀念，亦有其思想來源。乃師周濂溪在《通書》裡，即有「明、通、公、普，則幾（於聖人）矣。」的話。公字出於道家，道家「貴公」。普字出於佛家，佛光普照十方。通字來於《易傳》「寂然不動，感而遂通。」至於明字麼？道佛二家均用，尤以佛家用得最多，即光明智慧或神通智慧之意。這明、通、公、普四大特性，在孔孟書中是沒有的。較晚的《荀子》有「公生明」之說，可能是受了老子思想的啓發，才有這一創見。晚出的《禮運》倡「天下爲公，世界大同」的思想，其公與同的觀念，分別源於道家和墨家。因道家「貴公」，墨家「尚同」，孔子是主「君子和而不同」的。所以濂溪這一面的思想，是來自道佛二家的。（按：《易傳》亦晚出，是儒、道思想的融合作品。）

程明道更把公的觀念擴大了，故有「廓有大公」之論；實則，他在〈定性書〉中說的這段話，無異莊子思想（〈應帝王〉）的發揮與翻版。到了伊川特別著重一個「公」字，更甚於乃兄了。其爲孔子建構的形下學，即以公的觀念爲基礎，其思想正源於道家的老子，就更不必說了。

我們把「一」與「公」的思想來源釐清以後，即好論述伊川由一與公兩個觀念開出仁的哲學來。

已如前說，伊川釋仁所强調的是「一」與「公」的觀念，所謂「仁則一」，「公則一」，「仁只是一箇公字。」這些觀點，與明道釋仁就全然不同了。縱然他們中間存有這麼大的差異；但是，他們要爲孔子思想構築一套形上哲學，可以說目的一致，只是名稱不同。程明道是把理學中的核心概念，即形而上的光明本體，爲孔子仁的觀念拓出了形上哲學。（按：孔子五十而知天命起，理學家即以此形上哲學中的本體來詮釋。）程伊川亦復如此，不過，在名稱方面改變了。他不稱爲「仁體」，他叫做「一」。所謂一，已如前說，取其渾淪整全之意。所謂「涵養吾一」，即是顯例。如果不是涵養這個渾淪的整全的形上光明本體，試問：又該涵養個什麼？故知伊川說「仁則一」、「公則一」的「一」字，就是指這光明本體說的；由於須加涵養工夫，更可獲得證明。

伊川近乎抽象地描述「仁之體」，並以「一」字的整全意義來代表，再加一代號，「理即一」。這就是把仁的觀念躍入形上哲學境界。同時，伊川認孝弟屬情，這就落入形下學了，故他才發出「人性中曷嘗有孝弟來？」的高論。實際上，伊川又誤認人理可渾括於天理中，孝弟屬情理，自應畫入人理的範疇；而人性之「性」，又是天理的異名，人理既可包蘊於天理中，那人性中怎麼會沒有孝弟呢？實則孝弟觀念與德行，委實由教育培養而來，如果人性中沒有孝弟的因子，怎麼會產生孝弟觀念和德行呢？這就造成伊川思想的矛盾。又據伊川「體用一源」的理論，孝弟觀念仍可涵蘊於仁體中，故伊川竟説出「人性中曷嘗有孝弟來？」的話，不能不説是他思想的雙重矛盾。

其次，在仁的形下學方面，伊川以「公」字釋仁，與明道以「生」字釋仁，都對孔子仁的觀念有重大發揮。一個落在宇宙自然，一個落在人生社會，都寓有深意。因爲社會的發展，惟有本著公的原則，才能生生不息。天下爲公，便指出了人類社會發展應走的道路。能如此，那民主法治精神就可與孔子思想銜接，這不能不説是伊川釋仁對先秦儒學的貢獻。但由於伊川認定人理、事理與物理，均可包涵於天理中，這又是伊川在認識上的嚴重錯誤，以致造成伊川思想的根本缺失。

五、伊川揭出體用問題、感應問題與中和問題

體用觀念在理學中，是一重要議題。即從形上學如何落實應用於形下學的問題，也就是從本體界如何落實到現象界、實際應用於人生社會的問題。周濂溪只提到感應關係，如云：「寂然不動，感而遂通。」感與應的關係，說得並不完全。至於體與用的關係之重要，周濂溪、邵康節似乎還沒有察覺到；程明道已作實際應用，但在理論上卻沒有提及。如他的〈識仁篇〉開宗明義即說：「仁者，渾然與物同體，義禮智信，皆仁也。」因明道此時似乎還沒悟及體用關係之重要，故將形而上的與物同體的仁者，一齊滾下來（我無以名之，姑且如此說。）和形而下的義禮智信諸德目緊密銜接，落實到人生社會，遂產生種種道德規範作用。實則，前者屬體，後者屬用，明道未明言罷了。而伊川發現它在理論上的重要性，才正式揭出體用問題來。此外，伊川又揭示感應問題與中和問題，但以體用問題最關緊要，一直影響今天國人的思想，並作普遍的應用。

㈠伊川揭出「體用一源」的問題

按體用觀念，創始於王弼。王弼註《老子十一章》說：「三十輻共一轂。當其無，有車之用。」即以「無」爲體，以「有」爲「用」，體用觀念，即肇始於此。以後佛學家闡述佛教哲理，亦提到體用問題。如《華嚴義海百門》云：「用則波騰鼎沸，全真體以運行。體即鏡淨水澄，舉隨緣而會寂。若曦光之流采，無心而朗照十方；如『明鏡』之端形，不動而呈萬象。」（見馮友蘭《中國哲學史》七四一頁引。）而禪宗六祖慧能，對體用問題的詮釋，截然不同，較華嚴就明快得多。如《壇經》說：「定是慧體，慧是定用。」又說：「定慧一體，不是貳。」所謂定是老僧入定，慧是神通智慧之慧。因有定的功力，才能產生慧的作用，故云：「定是慧體，慧是定用。」而定與慧，實際上，就是一個東西。當入定時，光明智慧即刻顯出來，没有時間觀念的限制，故云：「定慧一體，不是貳。」而定慧問題，又是寂照問題。因入定的境界，必然處於「寂」的狀態；在此寂的狀態時，光明智慧立即顯現出來，故稱爲「照」。照者，如紫微高照，取其光明之意。故禪宗有「寂而恒照，照而恒寂」之説，王陽明亦愛引用它。清初李二曲覺其文義稍欠妥貼，故修正爲「寂而能照，照而恒寂。」只改一「能」字，意義就不同了。因爲寂的境界，常人多能體會，未必是照的境界；

必使寂的程度達到入定的境界，光明智慧就產生了，故曰「寂而能照」。這一能字，改得最好。

那「體用一源」的觀念，又是怎麼來的呢？華嚴五祖圭峰宗密，原來走禪宗路線，深悟禪理後，又折入華嚴，精研「法界觀」的理論，深感其修持方法支離煩瑣，即身成神之不可能，於是沿著四祖清涼澄觀大師創的四法界，即「事法界」（現象界）、「理法界」（本體界）、「事理圓融無礙法界」（本體可印出萬象來。）與「事事圓融無礙法界」（即「月印萬川」——「一多相涵」之意。）等奧義密旨，用禪宗的工夫可一一證實，並會通其哲理，這是圭峰宗密對華嚴哲學的一大貢獻。而禪宗、華嚴自此可以相互會道，專重悟道、證道的禪宗自山也有哲理可說了。這又是圭峰宗密對禪宗的一大貢獻。他又爲禪宗作〈禪源諸詮集都序〉，特別拈出「體用一源」的理論來。故「體用一源」論，創始於圭峰宗密，這是我們須要瞭解的。前引六祖慧能說：「定是慧體，慧是定用。」「定慧一體，不是貳。」又爲宗密創「體用一源」論之所本。

程伊川把它汲取過來解釋《易傳》的哲理（見《周易程氏傳》），於是理學中也出現「體用一源」的理論了。由這一理論的移殖，上述程明道說：「仁者，渾然與物同體，義禮智信，皆仁也。」由形而上落實的到形而下的，只須透過體用一源的理論，就可作合理的解釋了。

惜乎伊川這方面，並未多作發揮，直到陸王派的良知之學興起，王陽明確有精到的闡釋。他說：「即體而言，用在體；即用而言，體在用，此所以體用一源也。」（見《傳習錄下》）然而，陽明這些話究竟是什麼意義呢？須得作者再加疏解。所謂體用關係，先就本體說，其「昭靈覺知」（即神通智慧之意）之作用，既潛藏於此本體中；次就作用說，其寂然不動之本體，亦涵蘊於此昭靈覺知之作用中，此所以體用一源也。

但這體用關係，又是指形而上的境界（即本體世界）說的，至於由形而上的本體世界如何落實到形而下的人生世界？在此人生世界又如何應用各種施爲、以完成人生種種活動？這個問題又來了。前者屬感應問題，容俟下文申說；後者則是次一層級的體用關係如何解決？宋明理學家似乎還沒發現其重要性。直到清初李二曲崛起，才提出這個問題來，並且把它解決了。二曲言體用關係，特別畫分爲「天地之體用」與「人事之體用」雙重體用關係。前者屬形上學的體用關係，後者則屬形下學的體用關係。經過這樣明確的畫分，體用問題在理學中可以說徹底解決了。近人牟宗三先生在其大著《才性與玄理》一書中，把前者稱爲「境界的體用關係」，後者稱爲「存在的體用關係」，命名方面，也許更爲恰當，更易了解。如略爲調整，予以綜合，名曰「境界的體用關係」、「人事的體用關係」，就更切於日用了。今天一般人常說的體用關係，多半指人事言，即其顯例。不過，牟氏體用關係，是指玄學言，又不無商榷餘地。已如本書各篇所論述，玄學與理學截然不同。它所陳述的境界，只是一種超然物外的精神境界。是意識的、意象的，針對可證驗的、有神通智慧的光明本體言，它是虛擬的，還是形而下的。故牟氏以此雙重的體用關係釋之，並不妥當。如用來詮釋理學體用一源的哲理，就很貼切、很恰當了。

現在剋就伊川說，什麼是體？什麼是用？如前引：「沖穆無朕，萬象森然已具。未應不是先，已應不是後。」前兩句說的是體，因指本體言；兩後句說的，便是用，蓋指作用言。這就稱爲「境界的體用關係」。因爲它是形上學的境界呀！在這一面，理學跟禪學一樣，所以都稱爲「智慧之學」，就是指的這一體用關係言。再明白地說，即以此形上光明本體爲體，由此光明本體顯現宇宙萬象的作用，就是用。實際上，此一作用，完全由本體放射出來，故稱「體用一源」。再以此光明本體視爲「仁之體」，亦即在此境界上樹立道德主體，透過感應關係，就顯示出義禮智信等等道德作用來，亦叫做用，李二曲稱之爲「人事之體用（關係）」。於是就可與外在的知識學問和經驗智慧相銜接，作爲處理一切事物的最高準則。這一面，就與禪學截然不同，各自分道揚鑣，判若霄壤。理學家從這一面去反對佛老，不能說没有充分理由。王陽明譏評：「佛老不能爲天下國家」，即持此一態度。程伊川强調

「公」的觀念，對人生社會之偉大價值，即由此而來。試問：理學家在理境層次上，何以要如此設計？如此安排？因爲不如此，程明道「廓然大公」的道德崇高境界，就不可能實現了。

㈡伊川提出的感應問題

伊川揭出的體用一源問題，既釋之如上，這裡，便可賡續解說他的感應問題了。感應問題，又稱寂感問題，應從周濂溪說起。周濂溪在《通書》中即說：「寂然不動，感而遂通。」這話是根據《易傳》「寂然不動，感而遂通天下之故」一語而來，不過把《易傳》通明的範圍縮小了。這些話，已在《濂溪篇》中說過，現在又加引述，來中釋感應問題之起源。因濂溪有「寂然不動，感而遂通」之語，故近人又稱爲寂感問題。因有寂然不動之本體之呈現，才能感通知曉外在某些事物；而《易傳》說，盡知天下之事物，未免太誇張了。（按：除非工夫境界達到華嚴「事事圓融無礙」的地步，才有此可能。）故濂溪才把通明的範圍加以限制。濂溪似乎只說了一半，只點出一箇「感」字的作用，還有「應」字沒有提到；但仔細思量，「感而遂通」的「通」字作用，豈不是「應」了嗎？只爲濂溪未曾明白道出罷了。故感應問題之拈出，應自濂溪始。伊川有感應問題之討論，與乃師未必不無思想淵源。而感與應的關係，由伊川到象山，直至陽明，非但有重大發展，抑且又可理出內感與外感的關係來。以濂溪「政事之精絕」，內感與外感應兼而有之。從「寂然不動，感而遂通」一語之意涵，亦可窺出消息來。只因濂溪行文過於精簡，就令人頗費猜疑了。以濂溪工夫之精湛，內感外感兼而有之，才算合理。

其次，程明道又怎樣呢？明道雖未正式提到感應問題，但從〈定性書〉中，亦可窺知其感與應的作用。如云：「夫天地之常，以其心普萬物而無心。聖人之常，以其情順萬物而無情。故君子之學，莫若廓然而大公，物來而順應」這段話，如仔細分析，感應關係仍寓於其中。理學家認爲聖人可與天地合其德，天地之心普萬物而無心，正是聖人普照寰宇的本體世界。有此本體世界普遍的、持續不斷的湧現，自可感應萬物而無情。下邊君子之學云云，就落實到明道自身了。廓然大公，不妨視爲明道顯現的本體世界。（按：如果没有廓然無際的本體世界作基底，怎能做到大公無私啊！）有此本體世界之涵毓，才能做到物來順應其當然，而無一點私心摻雜於其間。不就顯出明道思想中的感應關係了嗎？

但是，明白道出感應關係的，還自伊川始。如《伊川語錄》說：

「寂然不動，萬物森然已具。感而遂通，感則只是自內感，不是外面將一件物來感於此也。」

「寂然不動，感而遂通，已言人分上事。若論道則萬理皆具，更不說感與未感。」

「沖穆無朕，萬象森然已具。未應不是先，已應不是後。如百尺之木，自根本至枝葉，皆是一貫；不可道上面一段是無形無兆，卻待人旋安排引出來，教入塗轍。既是塗轍，卻只是一個塗轍。」

這三則語錄，伊川把感應關係就和盤傾出了。最堪矚目的，有以下幾點：

⑴若就本體（道）之自身說，無所謂感與應的問題。因爲本體之自身即包涵了宇宙萬象，故不必說感與應也。現在剋就證驗此道體者說，情況就不一樣了。所謂感應問題或感應關係，完全由證道者發生的。伊川這一畫分，確具創見。

⑵現在就證道者如伊川本人說，因寂然不動之本體之湧現，客觀界林林總總之萬象，早已森然呈現於此本體中。故伊川釋「感而遂通」一語，其作用，只是內感，與外在事物之接觸無關。這仍是單就形而上的境界說的。至於落實到形而下的人生世界，如何處理周邊的事物？伊川就未說明了。由此，可以窺知感應關係，實含有內感與外感之別。由於伊川只提到「內感」的關係，實則還含有「外感」的關係，伊川未曾想到。這一畫分，非常重要，此

可從《陸象山語錄》中，不難找出證明來。

(3)感應關係之實際應用，已如前引《象山語錄》說：「我無事時，像箇無識無知底人；當有事時一出來，又是箇無所不知、無所不能底人。」這應解釋爲象山暗示的感應關係，而且是屬於外感的感應關係。伊川說感應關係，是比較抽象的，象山則不然，他說得很具體，而且，又是他自己現身說法，這就比伊川親切得多了。

這則語錄，是象山以自己爲喻，頗遭當時人的非難，認爲象山的禪味太重。實際上，這樣的批評，不是衛道精神作祟，就是昧於理學之無知。所謂「程朱近華嚴，陸王類禪宗。」這是近人的考評，最具見地，亦最客觀公允。如不瞭解華嚴的玄義，要通程朱之學，絕不可能；如不洞知禪宗的哲理，要真解陸王之學，亦同樣不可能。這條路徑，作者走了一生。才能明悉程朱、陸王與華嚴、禪宗關係之密切。明乎此，就不怕象山這則語錄禪味過重了。

單從表象觀察，這時的象山酷似老僧之入定；但就華嚴哲理來分析，是常川住在本體界中。他所暗示的，是一形上光明本體世界。用象山的術語說，叫做「此理充塞宇宙」。他人不知，唯己獨知而已。所以才說出：「我無事時，像箇無識無知底人。」的話來。單就這一面觀察，理學跟禪學並無若何差別；然而，一透過外感的關係，就做起儒家的治平事業來。這時，理學與禪學就有天淵之隔了。所以象山又說：「當有事時一出來，又是箇無所不知、無所不能底人。」這話的真意，就容易明白了。

我們從上邊的剖析，和感應關係應用於實際事爲活動中，即可悟出感應關係跟體用關係一樣，也是雙重的。由於內外感應之不同，就有內在的感應關係與外在的感應關係之畫分，以及它們之間的差別。

⑷感應關係之擴張解釋感應關係，自伊川正式提出後，經過象山的驗證與實際應用，才知道有內感與外感的區別，及到王陽明崛起，又有重大發展。就理論上講，感應問題之探討，已進入巔峰狀態。如陽明的《大學問》說：「心無體，感應天地萬物之是非以爲體。」最具有代表性。

陽明這句話，一直困惑我幾十年。有時想到它，老是反問自己：爲什麼陽明先生說「心無體」，一定要「感應天地萬物之是非以爲體」呢？天地萬物那裡有是非啊！又如何感應呢？這一連串的問題，我委實不解。直到寫本書涉及伊川、象山的感應關係時，又對陽明這句深玄莫測的話重新思考，再憶及陽明有關的話，並參會華嚴哲學，於是陽明先生這句話的奧義，總算領悟出其哲理的來由。

陽明這句難解的話，見於《大學問》。而這篇鴻文又是陽明出征「思（恩）、田（州）」前作的，最能代表他的晚年思想。現在把我領悟出來的哲理，分述如次。

先說「心無體」的問題。這句話，就陸王哲學的觀點看來，非但是高論，而且近乎怪論，與伊川說「人性中曷嘗有孝弟來」的話，一樣怪異，更是難解。其恢宏詭譎，氣勢雄渾，又遠爲伊川所不及。現在剋就象山說，象山愛言「心體」、「心之體」，即是心的本體。這個本體非但存於吾心而且存於千萬人、甚至人人之心，存於古先聖賢之心，所以人人可以成聖成賢，這是理學家的基本觀點。現在，陽明推翻這一觀點，逕說「心無體」，豈不是怪論嗎？這個問題要求合理的解答，又須從陽明在《傳習錄》中對他的門弟子說「草木瓦石皆有良知」的話，找出答案來。這句話，近人講理學者多避而不談，即使偶爾引來，亦不得其解，似乎只目爲陽明言良知的偏病。因草木瓦石哪來良知囉！誠然，草木瓦石沒有良知；但是須先了解陽明此處所謂的良知，絕非一般人習知的分辨是非善惡的良知或良心，而是指的「良知本體」，即理學中之「道」，也就是作者常說的，這個形而上的靈光四射的本體。試問：草木瓦石中也有「道」，也有本體存在嗎？這就與莊子哲學緊密關連了。《莊子・知北遊》說：「道無所不在，」正是陽明這句話的最佳註腳。而〈齊物論〉暢發萬物一體的哲理，又引伸出萬物的平等義。萬物何以能平等？即要在「道無所不在」這句話找根源。再明白地說，因萬物同具此道，同具此一本體，就道的立場觀之，萬物應該是平等的。而陽明這句話，又與佛教哲理密切關連。佛教所以主張「衆生平等」，是因爲衆生皆有佛性之故。由於衆生皆有佛性，衆生才能證悟此本體而成佛，理學家亦才能證此本體而成聖。現在陽明融合莊子與佛教哲理對心本體作擴張解，由吾人之心體擴及天地萬物之心體，再就天地萬物立場看，好似吾人之心體已不存在，瀰漫宇宙，都是萬物之心體了。所以才說出「心無體」的話來。

這樣的詮釋，仍極膚淺，絶難透顯陽明此語的奥義。須知陽明先生此時的工夫本體，已經直登聖域，達致成聖成佛的境界，就須得用華嚴哲學來疏解。已如前說，華嚴哲學達致「事事圓融」的境界，是中國佛學的最高境界，禪宗至此可以「了生脱死」，理學家至此，才竟聖學之全功，即可超凡入聖了。這也是理學的最高境界。陽明先生作此鴻文時，早已達到這一境界。明乎此，就好申釋「心無體，感應天地萬物之是非以爲體」的奥義了。

就陽明的觀點説，他既然認定「草木瓦石皆有良知（本體）」，那天地萬物各各有其本體，亦順理成章。陽明以其心體（良知本體）去感應天地萬物，可使天地萬物各各顯其本體，與陽明之心體無貳無別，互相涵攝，並可一一呈現於陽明之心體中。而此心體又可與天地萬物各各的本體融成一個總的本體，就此總的本體來看，也可以説是「心無體」了。

然而，爲何要感應天地萬物之是非呢？因是非屬心體之作用，故感應天地萬物之是非，即可由作用顯示其本體（此即「體用一源」，「即用攝體」的道理。）因此，感應天地萬物之是非，目的在各自顯出天地萬物之本體。工夫臻於此種境地，即達到了華嚴「事事圓融」、「一多相涵」的最高境界，亦因此，陽明才能說出「心無體，感應天地萬物之是非以爲體。」的話來。我們今天申釋這一奧義，不妨看成是陽明先生對感應關係的擴張解釋。

㈢伊川開出未發已發的中和問題

程明道、程伊川兄弟對〈中庸〉的看法，頗不一致。已如〈明道篇〉所說，明道着重〈中庸〉理論的系統解釋，如〈中庸解〉，最具有代表性。伊川則不然，他着重〈中庸〉首章中和問題的詮釋；因此，中和問題，便成爲程門熱烈討論的議題。

〈中庸〉首章說：「喜怒哀樂之未發，謂之中；發而皆中節，謂之和。中也者，天下之大本，和也者，天下之達道，致中和，天地位焉，萬物育焉。」單就文義作粗淺的觀察，中和問題該是如何的重要了。

〈中庸篇〉雖晚出，但對先秦儒學不無重大發揮。所謂「喜怒哀樂之未發，謂之中。」這是一種什麼心理狀態呢？如稍加反省，即可了知。它實是一種靜止的心理狀態，沒有喜怒哀樂種種情緒的產生，當然，更沒有七情六慾的攪和，像這樣靜止的心理狀態，就叫做「中」。一旦喜怒哀樂種種情緒產生了，並且顯發於外在的行爲活動，合乎禮儀、禮法等等規範，就是「中節」。這種中節的行爲活動，就叫做「和」。其心理是動態的，與前者就不同了。〈中庸〉作者認爲「中」與「和」，就是天下之大本與達道，不免有誇大之嫌。即使聖人在位，哲王治國，具有這樣的修養，也不過是儒家的人治因素之一，怎麼能說是大本達道呢？由於〈中庸〉作者對人治主義如何才能奠定長治久安的基礎問題，沒有深入思考，只抓住一個中和觀念作文章，近乎文學作品的誇張手法，最後才有「致中和，天地位焉，萬物育焉。」的結語。這樣的結語，不免閉門造車，迂腐而又過於誇大，與事實太離譜了。

孟子當年和齊宣王對話，亦多有誇大處，且不合史實。如說：「文王一怒而安天下之民，」即其顯例。這太悖離《史記·周本紀》所載的史實了。周文王訪賢於渭濱（按：太公釣魚台在今陝西秦嶺西麓姜水西岸。姜水只是一條小溪，渭水之支流。在今陝西省寶雞市之東北面。去春，作者曾遊於此。）禮聘姜太公爲軍師，才建立西周初年的軍事、政治基礎，孟子竟說：「文王一怒而安天下之民」，是孟子太不懂軍事政治了。孟子當年遊說諸侯活動的範圍，也僅限於現今山東、河南兩省境內，周文王的政軍基礎建於岐山（今陝西省西安市西北岐山縣），那能一怒而安天下之民啊！而《禮記·中庸》作者行文之誇張：「致中和，天地位焉，萬物育焉。」就連孟子也自愧不如。這是作者對《中庸篇》的貶詞，也是作者經思想考證後對〈中庸篇〉的評價。

現在，理學家如程伊川者認爲〈中庸篇〉爲儒家經典之作，又以理學思想貫穿於其間，當然，他的說法，只可目爲理學，而非〈中庸篇〉的本義。如《伊川語錄》說：

蘇季明問：「先生說喜怒哀樂未發謂之中，是在中之義，不識何意？」伊川曰：「只喜怒哀樂未發，便是中也。」又問：「中莫無形體，只是箇言道之題目否？」伊川曰：「非也。中有甚形體？然既謂之中，也須有個形象。」再問：「當中之時，耳無聞，目無見否？」伊川曰：「雖耳無聞，目無見，然聞見之理在，始得曰中。」又追問：「是有時而中否？」伊川曰：「何時而不中？以事言之，則有時而中；以道言之，何時不中？」

由伊川與蘇季明師弟的對話看來，伊川以此形上光明本體釋「中」，非常明白。如云：「只喜怒哀樂未發，便是中也。」即是此義。又云：「既謂之中，也須有箇形象。」既須有個形象，那不是本體是什麼？這個本體，是耳無聞，目無見的；但是，由體用關係的導引，即體可以顯用，豈不是聞見之理嗎？而伊川又把這個本體（中）分作兩個層面說，就道言，無時不中；就事言，有時而中。前者是講體，後者是講用，尤其指「人事之體用」關係中之用，才是如此。程門以「看喜怒哀樂未發時氣象」，最爲有名。如何看法？即是用伊川強調「主一」的涵養工夫。由此足以證知所謂「未發之中」或「未發時氣象」，都不外與此光明本體異名同實，用它們作代號而已。

伊川這樣解釋「中」的義蘊，甚是勉强。爲什麼？就理學立場言，涵養工夫至此，喜怒情緒早已銷鎔罄盡，而「哀樂不能入」（莊子語），那裡還有什麼未發的喜怒哀樂啊！故就實際修養工夫言，早已達致人我雙亡、物我雙亡的境地，那裡還有未發的喜怒哀樂潛存於其間？伊川以他自己的理學涵養工夫緊貼〈中庸〉原文解釋，實在過於牽强。而且〈中庸〉首章這段文字，已如前邊思想考證，未發爲中，已發爲和，最多象徵聖人在位，爲人治主義健全因素之一，那裡能夠達致「天地位，萬物育」的境地？〈中庸〉作者對治國之艱難，一無所知，才發出這樣的狂想。而伊川不察，以理學中的核心概念——形上光明本體釋「未發之中」，只可視爲伊川個人的臆見，〈中庸〉作者的思想裡，那裡有這樣的境界啊！

《伊川語錄》蘇季明又問：「學者於喜怒哀樂發時，固當勉強裁抑，於未發之前，當如何用功？」伊川曰：「於喜怒哀樂之時，更怎生求？只平日涵養便是。涵養久，則喜怒哀樂發自中節。」

又或人說道：「有未發之中，有既發之和。」伊川答曰：「非也。既發時，便是和矣。發而中節，固是得中，只爲將中和來分說，便是和也。」

伊川認「未發爲中，已發爲和」，即所中和問題。並認中爲本體，和爲作用，根據「體用一源」的原理，有體必有用，故知中和問題，實際上，就是變相的體用問題。就伊川「主一」的涵養工夫說，伊川以體用關係來詮釋中和觀念，已如前說，甚屬牽强，並且〈中庸〉思想裡根本没有此等境界，這只是理學家闡發先賢之微言，〈中庸〉本義並非如此。我們今天闡述理學，不能不作此嚴格的畫分，始知理學與儒與的差別之所在；況且根據思想考證，〈中庸篇〉實係漢儒作品，亦非先賢微言也。即使是代表孔子思想的《論語》，我們今天亦可作客觀公正的評價，何況代表漢儒作品的〈中庸〉呢？這是作者治理學、甚至中國思想的基本態度。必如此，中國思想如何演變？如何發展？今後又該如何走向？才能探出一條正確的道路來。

六、伊川創「性即理」的認識論之價值與缺失

我們從理學的探討中，才發現中國思想，如從認識問題看，確可開出兩大思想領域：即形而上的「道」或本體世界和形而下的「器」或經驗知識世界。前者屬形上學，後者則屬形下學。再簡括地說，就是修道與治學。這兩大思想領域，涇渭分明，路線各別。這是作者闡

述伊川認識論目的所在。我們切不可再混淆夾雜，認識不清，重蹈前人的覆轍。

按中國思想在認識上，認識得最爲清楚，亦畫分得最爲清楚的，首推老子。《老子》四十八章說：「爲學日益，爲道日損。損之又損，以至於無爲。無爲而無不爲。……」爲道，就是修道或證道；爲學，亦即治學，也就是做學問。前者屬形上學，後者則屬形下學。前者所證悟的是道，即此形上光明本體。（按：以老子「致虛極，守靜篤」的工夫做下去，所得的結果與禪學、理學一樣，絕無差別。故知老莊之道，即是佛家之道，亦即理學家所求之道。）故須「損之又損，以至於無爲。」「無爲而無不爲」，就理學的觀點言，已是即體顯用了。後者是做學問，當然，旁收博覽，多多益善，要廣泛汲取經驗知識，故云「爲學日益」也。這一畫分，多麼清晰。莊子側重在形上學方面，形下學的知識領域，所言不多。

儒家孔孟就不同了。這方面的認識，好像是模糊的。如孔子在《論語》中說：「學而不思則罔，思而不學則殆。」很明顯的，以學思並重的方式來解決知識問題，並及於人格道德的修養，如此而已。而孔子之言「天」、言「命」、言「天命」或「天道」等等觀念，都含有古老的人格神的意味，可以主宰人世間的一切。如云「天之將喪斯文也」與「天之未喪斯文也」，就是最有力的證據。孟子亦復如此，如言「天將降大任於斯人也」，與孔子言天，意義無殊，顯係承襲孔子思想而來。至於孟子在知識道德方面，僅講「心之官則思」，在認識上，卻是模糊的。

至於荀子，與孔孟的思路和認識，截然不同。荀子以批判的態度治學，決不迷信古人。他汲取老子的自然觀念，揚棄古老的人格神的意識，把對天的認識回歸自然，因有「甚天」之論。他批判老子「有見於詘」無見於信（同伸）；但他卻汲取老子「致虛守靜」的觀念；開出了「虛壹而靜，謂之大清明」（見〈解蔽篇〉）的境界。這個虛壹而靜的大清明境界，就是荀子的認識或知識世界，從此擴展了儒家的知識領域。惜乎荀子之學，漢代以後不爲儒家學者所重視。（按宋儒中只有陸象山注意荀學。其「王霸兼用」的政治主張，即由荀子而來。其〈輪對五劄〉中，曾引述《荀子》「兼聽則明，偏聽則暗」的智慧語，進諫宋孝宗。）其〈解蔽篇〉，亦多爲後人所不解，直到兩千餘年後，才有唐君毅先生爲之整理疏釋，於是，荀子的認識論始大白於世。而理學中創認識論的，則自程伊川始。惟伊川與荀子亦有所不同，荀子是純粹討論知識問題，伊川則就「天人事物」之理、整全的思想領域，亦在討論之中。這比荀子的思想領域更擴大了。但就純知識之來源、如何被認識、及如何構築知識系統言，當然，伊川在這方面，就無法與荀子相比了。

㈠創「性即理」的認識論

伊川思想最爲凸出的，是創「性即理」說，由此，遂開出理學中的認識論。以後陸象山不贊同伊川這一見解，另闢「心即理」說，爲象山言心之所本。於認識問題上，即拓展爲程朱、陸王兩派，程朱派主「性即理」，陸王派則主「心即理」，他們之間思想的歧異，便從這裡畫分出來。陸王派的「心即理」說，俟闡述象山思想時，再來研究，此處專述伊川的「性即理」說。

《伊川語錄》說：

有人問：「人性本明，因何有蔽？」伊川曰：「孟子言人性善是也。……孟子所以獨出諸儒者，以能明性也。……性即是理。理則自堯舜至於途人一也。才稟於氣，氣有清濁。稟其清者爲賢，稟其濁者爲愚。」

伊川又說：「性即理也。所謂理，性是也。天下之理，原其所自，未有不善。喜怒哀樂之未發，何嘗不善？發而中節，則無從而不善；發而不中節，然後爲不善。……」

明末劉蕺山釋曰：「性即理也，即伯子（程明道）所謂天理。」

由此可知伊川所謂「性即理」說之「理」，是指天理——本體言。因伊川認爲此「理自堯舜至於塗人一也。」何以能一？因堯舜之本體與塗人之本體，一樣一樣，故能一也。這則語錄有「才稟於氣」之說，乃伊川理氣論之萌芽，以後朱子大張旗鼓，高唱理氣論矣。單就伊川言「性即理」的立場說，性既是天理或理的代號，故天理要從人性中去認識、去研尋、去證會，才能體悟出天理——形上光明本體之真實面貌。於是伊川就開出了認識天理的塗徑。只要我們從人性中去認識天理、體悟天理，天理即可顯現出來。這是多麼簡易直截呀！從此敞開了靈魂之窗，不再作盲目的追尋，自然對理學、乃至中國思想，都有深遠影響和重大貢獻。

㈡伊川認識論的價值

伊川在認識問題上，認爲認識在先，踐履在後，即知先行後之意。故《語錄》說：「須是識在所行之先。譬如行路，須是光照。」

伊川從認識問題上出發，就他所知道的東西畫分爲兩大範疇：一是「德性之知」，一是「聞見之知」。伊川解釋道：「聞見之知，非德性之知。物與物，則知之非內也。今之所謂博物多能者是也。德性之知，不假見聞。」以後黃梨洲就此加以詮釋，如說：「有知、有不知，此麗物之知，動者也。爲知之爲不知，此照心也。麗物之知，有知、有不知；湛然之知，則無乎不知也。……所謂麗物之知，湛然之知，即此聞見之知，德性之知也。」（《伊川學案上·語錄》聞見之知條後，黃百家案語引）黃梨洲把伊川「德性之知」詮釋爲「湛然之知」，「聞見之知」，則爲「麗物之知」，涵意更爲明確。所謂聞見之知或麗物之知，即是今天說的經驗知識，須由接觸外在事物、認識外在事物而來，容易了解；德性之知或湛然之知，其真實含義爲何？不知困煞了多少學人？

就一般學人的看法，顧名思義，伊川所謂德性之知，不外道德知識，實則大謬不然。因爲求取道德知識，亦由外在的經驗事物而來，即由書本而來，或老師傳授而來。故道德知識，亦屬經驗範圍，在外而非在內，伊川的畫分，仍屬聞見之知，最多可作通往德性之知的橋樑。那德性之知究竟作何解釋？可說至今仍隱晦不明。

德性之知，黃梨洲釋爲「湛然之知」，最爲確切，最爲的當。湛然之知，其義爲何？姑且不論，但是可以判斷的，絕非道德知識。梨洲說：「爲知之、爲不知，此照心也。」「湛然之知，則無乎不知也。」仍是語帶玄機，令人費解。如對理學中的形上本體不知爲何物？就連黃梨洲這些話，亦無從理解。李二曲形容本體的話很多，其中有「湛然常明」一語，是「湛然之知」的最佳說明。因此形上本體是靈光四射的，是光明無際的，而且是又持續不斷大放光明的，所以才說出「湛然常明」的話來。湛然一詞，是取其明得極有深度廣度的意思。以此形容本體之無限光明，極爲恰當，極爲貼切。走筆至此，所謂「湛然之知」的意涵，不就明白了嗎？作者曾說智慧之知，又常說神通智慧，就是指的這個本體大放光明之意。然而，伊川何以名爲「德性之知」？一則的確由德性高度涵養工夫而來，再則儘量沖淡佛老意味，恢復儒學面貌。伊川用心，如此而已。

所謂德性之知或湛然之知，再明白地說，就是理學家所謂的「前知」或「先知」，與佛、道二家的神通智慧，含義上等同無別，只是命名各異。已如本書《康節篇》所說，邵康節在這方面洩漏天機最多，伊川則三緘其口，將易名爲德性知。伊川有「語默猶晝夜。晝夜猶死生。死生猶古今。」等語，最爲難解。茲錄原文如次，以示德性之知的真實意含。

《伊川語錄》說：

「人多言天地之外，不知天地，如何說內外？外面畢竟是箇甚？若言著外，則須是似有箇規模，天地安有內外？言天地之外，便是不識天地也。人之在天地，如語默猶晝夜。晝夜猶死生。死生猶古今。」

伊川這段高玄莫測的話，究竟是什麼意思？下文再作申釋。有關晝夜、死生的問題，以後王陽明亦曾說過。《傳習錄》有這麼一段記載：

有問死生者，陽明回答：「知晝夜，即知死生。」又問：「晝夜豈有不知乎？」陽明曰：「汝是夢晝……須是通乎晝夜之道而知。」

這可說是理學中極難了解、極難解答的一個難題。近人蔣夢麟先生曾提出這個難題來探討，並引明末禪宗憨山大師的一則故事，試作解答。故事是這樣說的：

有陽明學者周公鼎石率門弟子拜訪憨山，並向憨山請益。周鼎石即以如何知死生問題發言，並求憨山開示。憨山回答：「須是通乎晝夜之道而知。」周鼎石就不便追問了。

接著，夢麟先生申說他的感想：憨山大師的答案與王陽明說的完全一樣。我相信周鼎石不懂，我們今天還是不懂。（見蔣氏〈王陽明「通乎晝夜之道而知」〉一文，載《中華文化論文集》，文復會出版。）

可見晝夜死生問題，的確是理學中的一個難題。作者曾試作解答，有專文發表。該文，過後即輯入拙著《明學探微》一書，台灣商務印書館出版。

現在藉撰《伊川篇》之便，不妨就思想來源上，作一通盤檢討，並申釋其意義，及所含之哲理。

伊川這一面的思想，導源於《莊子》「死生一條」及「無古無今，即入於不死不生」之說，又與《易傳》「通乎晝夜之道而知」一語，在思想上緊密關連。陽明僅就《易傳》立論，但思想上亦與《莊子》密不可分。茲分說如次。

前引《伊川語錄》說：「天地安有內外」一語，最關緊要。明道、伊川愛言天地，象山卻愛言宇宙；其實，宇宙與天地意思完全一樣，都是取其象徵意義。象徵者何？明道釋《中庸》有云：「天地之大，人猶有所憾！」憾的是什麼？天地小，本體大也。故知言天地、言宇宙，都是象徵本體說的。伊川所謂「天地安有內外？」即言本體之大，無內無外也。且此本體是持續不斷地顯現，山河易改，本體長存。故吾人生此宇宙中，以其智慧之覺知所能深切感觸者，語默動靜之儀態，猶如晝夜而已。晝夜猶如死生而已。死生猶如古今而已。不過，莊子的話比伊川說得更爲清晰明白。因爲「死生一條」，一樣一樣。「無古無今，不死不生」，也是一樣。爲甚麼？就此萬古長存的本體觀之，就是如此。剋就莊子發明的人生真理說，在此道——本體涵蓋之下，根本沒有語默、晝夜、死生、古今之可說，伊川云：「語默猶晝夜。晝夜猶死生。死生猶古今。」已落第二義了。不過，伊川能把它們貫穿起來說，也不失爲一種創見。

我們試想：如果把語默動靜來況謂晝夜，晝夜來況謂死生，死生又況謂古今，有何哲理意義可言？只有順《莊子·大宗師》原文「無古無今，則入於不死不生」的玄義去解析，那哲理可深了。而王陽明答覆門弟子晝夜死生的問題，亦含同樣的哲理，只是措詞與伊川不同，「知晝夜，即知死生。」「通乎晝夜之道而知。」甚至憨山的答話，亦復如此。憨山大師是明末得道的高僧，當然，深知晝夜死生的問題，有《莊子內篇註》，對莊學尤爲擅長。他的答話與陽明同，可見方內方外同一見解。我們試想：陽明爲什麼說「知晝夜，即知死生」呢？「通乎晝夜之道」，究係何道？本來晝夜與死生兩個概念毫不發生關連，怎會知晝夜就知死生呢？可見其中的玄理，不是僅從字面意義所能了解的。就一個得道者言，靈光四射的本體，無分晝夜，持續不斷的現顯，即是常川安住本體世界中；而晝夜、死生等現象，只限於宇宙界、人生界，與本體界毫無關連，故就得道者言，那裡還有什麼晝夜之隔、死生之限呢？陽明、憨山，都是得道者，當然可以這麼說。明乎此，「通乎晝夜之道而知（死生）」的話，也就沒有什麼神秘了。

現在回頭來說伊川的德性之知。德性之知，已如前說，黃梨洲更名爲「湛然之知」，最具識見，亦最難了知，故引陽明、憨山的話申釋如上，自信可以解答理學中這一難題。由於德性之知，是對此光明本體之認識、理解與由證驗工夫得來的智慧，故作者稱爲智慧之學。

因它與經驗知識的性質、功能、作用等全然異趣，且由個人的德性涵養而來，故伊川稱爲「德性之知」。至於伊川所謂「見聞之知」，正是今天廣義的科學知識，因由經驗而來，故稱爲經驗知識，也就是作者說的致用之學。它們之間的相互關係，伊川認爲「德性之知，不離乎見聞。」就證驗過程言，正是伊川說的「上達即在下學中」，足見它們之間關係的密切。再就「立體達用」言，由道德人生開拓治平事業，更須要廣博經驗知識相配合，故伊川才說出這樣的話來。即就現代知識觀點來看，伊川把智慧之學與致用之學作如此明確的畫分，仍然具有重大意義和價值。

㈢「性即理」說的缺失

伊川創「性即理」說，固然有其價值，但不可避免的，亦有其缺失。問題的癥結出在哪裡?就在「性」與「理」這兩個概念上。因爲它們來源不同，含義各別，伊川要勉强把它混同爲一，才有「性即理」的認識，亦才有這一觀念的產生。

伊川所謂「性」，實含人性與物性，遙承〈中庸〉思想而來。〈中庸〉說：「能盡己之性，則能盡人之性。能盡人之性，則能盡物之性。」人性與物性是截然不同的，怎麼能盡人性後就可以盡物性呢?〈中庸〉作者的思路，認爲盡物性後，就可以「贊天地之化育，與天地參矣。」所謂與天地參，即與天地並列爲三，這正是漢儒流行的「天地人」的三才觀念。據此，就可斷定〈中庸〉爲漢儒的作品。至於怎麼能贊化育、參天地？我們就不去管它了。而伊川言性，包涵人性與物性，顯然遙承〈中庸〉思想，爲其言性之所本。

至於伊川所言「理」，乃是「一物之理，即萬物之理」，又汲取華嚴哲學而來。這就是理學中的核心概念——形上光明本體之來源，也是天理一詞的基本内涵。可是，除此一意義外，還含有「人理」、「事理」與「物理」三種意義渾括於其中。要包舉天人事物之理，才是理學的全部義蘊。由天人事物之理，可畫分爲四個思想領域，層境不同，含義各別。其中的天理，爲理學之首腦，沒有它，理學根本不能成立。在這四大思想領域内，其所占的層境最高，亦最難懂。最重要的，是要把這四大思想領域所言之理，畫分得清清楚楚，絕不可混淆夾雜。舉例來說，天理就是天理，決不可認爲是人理，更不可認爲是事理，尤其不可誤認爲是物理；反過來說，物理絕不可誤認爲是天理，事理與人理。如此明確畫分，那理學家開出的四大思想領域，豈不界線分明，含義各別？以現代術語言之，天理，就是形上學的範疇；人理、事物與物理，則屬形下學的範疇。人理應畫入人文科學，事理即社會科學，物理，則係自然科學範圍。舉天、人、事、物之理，即可概括思想的整體，不能不說是理學家對中國思想的一大貢獻。不幸的是，他們在認識上有了偏差，才引發出兩大問題來：一是天、人、事、物之理相互混淆，夾雜不清，非但使理學家自身受其困擾而不自覺，更重要的，是把中國思想也攪糊塗了。一是誤認物理爲天理，以格物窮理的方法，向物理世界中去尋找天理，這是一條走不通的死路。程朱派學者都犯了這樣的錯誤。這是認識上的錯誤，只是他們不自覺而已。

現在作進一層探討，他們爲什麼會犯認識上的錯誤呢？這可能就是熊十力先生所批評的：宋儒如不排斥佛老，他們的成就更大。已如前說，伊川汲取華嚴哲學之「理法界」爲其言理之所本，如說：「沖穆無朕，萬象森然已具。」或「寂然不動，萬物森然已具。」不外「理法界」的變相說法。因爲「理法界」屬本體界，「事法界」屬現象界，只須證驗工夫達到禪宗「涵蓋乾坤」的境地，林林總總的萬象，都可從這本體中一一呈現出來。所以叫做「涵蓋乾坤」，即取此義。這一境界，正是華嚴的「事理圓融無礙法界觀」。伊川的證驗工夫，大概到此爲止。已如前說，還有更上層樓的「事事圓融無礙法界觀」，即「一多相涵」的境界，伊川也許只知其大概，未明其究竟。其「一物之理，即萬物之理」的基本觀點，即由此而來。但是，必須限於華嚴這一境界，伊川這句話，才能成立，亦才含有深玄的哲理意義。因爲這一「理」字的意涵，不論一物也罷，萬物也罷，都應指本體或天理言，才算正確無誤；然而，伊川言理並未嚴守分際，漫無界限，竟把事法界——現象界所包涵的人生界、自然界、甚至宇宙界之一切的、千差萬別的理則，統統概括進去，籠統稱之爲萬物之理，這就悖離華嚴「一多相涵」之旨，且在認識上犯了絕大錯誤。伊川所謂「萬物之理」，除天理外，人理、事理與物理等等理念、理則，都渾括於其中。試問：一物之理怎麼會是萬物之理呢？於理不通，且在認識上犯了嚴重錯誤。假如伊川真解華嚴「一多相涵」的哲理，不犯這樣的錯誤，他在理學的認識上及其理學的造詣，可能成就更大。由於伊川排斥佛老，才造成「性即理」說的重大缺失。無論〈中庸〉說的人性與物性或「天命之謂性」以及「自誠明，謂之性。」都不能包括這些數不清的理啊！我們今天必須加以釐清，重新認識，理學中才有科學的園地。

七、理學思想方法之演進

所謂理學思想方法，是指理學思想形成的方法或工夫言，可分爲主要方法與次要方法兩大類。前者是修道方法，後者則是治學方法。前者名稱很多，主要是「主靜」或「主敬」兩種方法或工夫。此外，如體貼、體認、體悟、證驗、證會、涵泳等等，名目繁多，恕不備舉。總括言之，就是修道方法或修道工夫，均由佛道二家思想中汲取而來。宋儒多所避諱，我們今天就沒有這些顧忌了。

(一)修道方法與治學方法之畫分

修道方法，顧名思義，是用它來證會本體或「涵養本原」(李二曲語)的基本方法或工夫。其中證會本體，又名「證悟本真」。爲何如此命名呢?因爲「人生到頭一場空」，但追尋到最後，只有這個靈光四射的本體才不空。禪宗特名爲「真我」，以後程門高弟謝上蔡(良佐)從禪門中汲取過來，於是理學中也有「真我」之名了。以其與變化無常的「假我」相對，故名爲「真我」。因名爲真我，證會本真，亦極恰當。至於李二曲言「涵養本原」，亦同此義。因人生分析到最後，也只有這「真我」，才是人生的本原。二曲命名爲「涵養本原」，亦極貼切。理學家修道，就是修的這個東西。這是理學思想的源頭，也是理學思想的總匯，其重要性，可想而知。至於治學方法，即求取經驗知識的方法，在理學中居於次要位置。與英哲洛克說「知識就是力量」觀念的演變發展，造成今日知識爆炸的危機，其思路、其人生重點，完全不同。

修道方法與治學方法作明確的畫分，自程伊川始。在伊川以前，如周濂溪的「主靜」，邵康節的靜坐(如康節早年在百源山中正襟危坐，就是靜坐。)，程明道的「主敬」等，都是修道的主要方法，而且成爲以後理學家必備的方法。然而，除此主要方法外，他們求取經驗知識，他們爲實現治平事業的美夢，一切知識、學問、才能又從那裡來呢？我們可以斬釘截鐵地說，濂溪、康節與明道，都是含混不清的。伊川針對這一缺陷，作了極大的改進，如云：「涵養須用敬，進學則在致知。」正是最佳的說明。伊川這一明確畫分，於修道方法與治學方法之界說、分際、作用等，判然各別，互不混淆。這不能不說是伊川在理學思想方法上的一大貢獻。

㈡修道工夫趨於細密完整

在修道的涵養工夫上，明道、伊川都有所改進。明道認爲濂溪的「主靜」工夫，過於偏頗，因考慮到動態一面的涵養工夫，特取《論語》孔子言「執事敬」一語之義，改爲「主敬」，不僅意義有別，工夫的做法，也就不同了。濂溪只注意靜態一面的涵養工夫，明道作如此修正，於是動態一面的涵養工夫，也包括進去了。這當然是方法上的一大改進。可是及到伊川，又不同了。

伊川就明道「主敬」的涵養工夫，又作進一步的充實與改進，特別稱之爲「主一」。何謂主一？伊川解釋說：「無適之謂一。」就是意念不要亂跑，要集中一處的意思。思慮紛繁，意念亂跑，前人叫做心猿意馬或向外馳求。這只是消極一面的涵養工夫。還有積極的一面工夫，就是意念必須凝聚於一處或一點，精神不要分散，這才叫做「主一」工夫。老實講，這種工夫，就是禪宗的證悟工夫。已如前說，禪宗把這本體或真我，稱爲「渾淪的一」，是取其渾淪整全之義。現在，伊川說「無適之謂一」，單就其中「一」字的來源說，也與禪宗關係密切了。

明道的「主敬」，伊川的「主一」，對以後理學家卻發生莫大的影響。程朱派奉爲涵養工夫的圭臬，自不必說；即陸王派的象山，亦必遵循主敬的原則，其〈敬齋記〉說：「敬，其本也。」就是明證。

到了明代，王陽明崛起，倡「致良知」哲學，在主一工夫上，作了大幅度的修正並充實其內涵。有問：何謂主一？陽明回答：「主一，就是主一箇天理。」伊川主一的目的，不就明確了麼？所謂「主一箇天理」，我們已知宋儒的「天理」，就是本體的別名，也是禪宗「真我」的代號，經陽明修正後，主一工夫的目的，即在覓取天理，或證悟真我，就更容易理解了。因它明白醒目，還能保持「一」字的意義與禪宗的關聯。至於在做工夫中，不可心猿意馬，向外馳求，更是他們常說的警語。經過陽明如此修正補充後，只說「主一箇天理」，本體工夫俱到，這把伊川主一的目的，就點得十分醒豁了。

以上云云，是修道的涵養工夫的主要內涵，此外，還有外在的制約工夫的配合，這與張橫渠重視禮制的規範作用一樣，都屬於修道的輔助工夫。伊川有「敬以直內，義以方外」之說，合攏來看，即是「敬義夾持」的工夫。其中「敬以直內」，就是主敬的工夫；「義以方外」，正是一種外在的制約工夫。如此內外兼修，相互交養，工夫做法日見細密完整，即完成內聖修養的方法，也是理學修道的唯一目的。

㈢建構「致知格物窮理」的方法系統

在修道方法上，伊川把〈大學〉言「致知在格物」及《易傳》言「窮理盡性以致於命」二語一齊組合起來，就建構成「致知、格物、窮理」的方法系統。這是令人特別矚目的。按《大學》的「致知」，就理學家看來，實含有兩層意義。如明道說：「不致知，涵養箇什麼？」須知要了解內聖修養的方法，應從致知的工夫做起。伊川言「進學在致知」，這是進學重要的一面，明道已發其端。伊川進一步又擴展到知識的層面，仍然屬於進學的範圍，這是致知的另一意義。也就是說修道與治學必須兼顧，才是致知工夫的全部意義。

合此雙重意義，使下一步的格物工夫必然趨向兩方面發展：一是向內在的心性中去追尋，一是向外在的事物上去索取。前者應是內聖修養的正確路線，後者則是外王事業完成必備的知識條件。因此，第三步的窮理工夫，亦必朝著這兩個方向發展。一方面要窮究吾人心性中所潛藏的「人生本原」——「人生本真」或「真我」——人人同具的形上的光明本體，這應人生真理的源頭。另方面，又要研尋探究客觀事物的關係法則，所謂自然真理。這二者探討的對象不同，研究目的各異。照這樣發展下去，路線方向本來是很正確的。已如前說，由於伊川認識上的錯誤，這條正確的道路就發生問題了。不僅是偏差，而且成了死胡同。

伊川深受華嚴哲學的影響，但他似乎又不真解華嚴「一多相涵」——「一即一切」的玄義，才說出對錯兼半、含混不清的「一物之理，即萬物之理」的話來。伊川這句關鍵語，難道不是華嚴「一即一切」的翻版？殊不知這話的玄義，他誤解了。華嚴這句話，是占在理法界——本體界立場說的。故伊川的「一物之理，即萬物之理」，無論就華嚴或理學的本體世界來看，絕對正確無誤；不過，就事法界——現象界來看，伊川這句話，又是錯誤的。因爲人生界的人理與事理，自然界的物理，層境各別，意義、作用等等，判若天壤，複雜萬端，不可勝窮，怎能說「一物之理，即萬物之理」呢？這是伊川認識上的錯誤。再就修道證驗工夫言，這條路子是走不通的。

既然走不通，伊川何以要這樣堅持呢？唯一的理由，就是想由《易傳》的「窮理」路徑，達到「盡性致命」的目的。試問：窮什麼理？盡什麼性？又致什麼命？就理學的立場來看，總不外證悟此形上光明本體而已。名稱有三，其理則一。殊不知把本體界的天理混同爲現象界的物理，或則把物理混淆爲天理，乃宋明理學家在認識上的共同錯誤，又不止伊川一人而已。但是，我們如就建構「致知、格物、窮理」的方法系統言，伊川這方面的貢獻，是不可抹煞的。

八、伊川內聖外王學之價值評估

理學家把學問分成兩大類：一是爲己之學，一是爲人之學。前者是內聖學，後者則是外王學。這一明白畫分，實自伊川始；然其思想來源，又始於孔子。《論語》孔子說：「古之學者爲己，今之學者爲人。」孔子說的爲己，究竟爲個什麼？今人多不了解。這方面，最能了解孔子的，是理學家。孔顏之樂，才是孔子顏回爲己之學的核心，其他一切學問，都是爲人打算、爲人設計的。要覓得孔顏之樂的樂處，才是孔子顏回自己享有的，其他一切，都不免爲人也。就理學觀點看，只有孔顏之樂，才是內聖學的核心。縱如孔子的仁智兼盡，也只是外王學必備的條件，再以知識才能相配合，致用的外王之學由此完成。如果没有真真實實地爲己打算，那爲人的外王事業必然落空；非但落空，連自己也喪失了。故《伊川語錄》

說：「『古之學者爲己』，其終至於成物；今之學者爲物，其終至於喪己。」伊川這幾句話，與孔子原意略有出入。前兩句爲己、成物，就是由內聖修養，以達成外王事業；後兩句講爲物、喪己，就比孔子原意更深入了。如開口就想做外王事業，不僅外王事業做不成，最後連自己也賠進去了。王安石爲相，就是一最佳例證。王安石變法圖强，自然是偉大的外王事業，最後徹底失敗，什麼都賠進去了，落得蔣山（今南京鍾山）學佛，爲什麼？他喪失了自己，要找回自己啊！這爲己之學或內聖學、爲人之學或外王學，是理學中的兩大骨幹，也是理學家畢生努力以赴的目標。而以前者爲重，後者次之。因爲不能真真實實的爲己，亦不能真真實實爲人也。

㈠伊川開出內聖外王學的輪廓

自周濂溪、邵康節、程明道以來，一直朝內聖學一面發展，外王學一面，並不十分彰顯。已如本書《濂溪篇》所說，朱子曾讚美濂溪已達到內聖修養的最高境界。如說：「釋氏（指華嚴及禪宗）謂：『一月普照一切水，一切水月一月攝。』濂溪《通書》，不過說底這些子。」這是華嚴和禪宗哲學的最高境界，周濂溪也做到了，可視爲理學之極詣。而伊川呢？只說：「沖穆無朕，萬象森然已具」，也不過華嚴「事理圓融」、禪宗「涵蓋乾坤」的境界，這與乃師相比，就差得太遠了。而濂溪最强調孔顏之樂，達到這一妙境，其樂無窮，又不止孔顏之樂了。這一妙境，禪宗叫做「真我」。理學家的爲己，就是爲的尋找真我，實證真我；到此真我境界，又可享受無窮無盡的悦樂。故理學中的爲己之學，不僅與孔顏之樂義恉無殊，而且更深度化了。濂溪、康節、明道自不必說，即伊川亦復如此。這是理學思想最大的成就，我們今天闡述理學，必須予以肯定，予以宏揚。因爲這些，都是指内聖學說的。

至於外王學方面，伊川亦有其不可磨滅的貢獻。由「進學在致知」的引導，很明顯的，必須朝向經驗知識一面去發展，以擴大外王學的知識領域。濂溪以來，這一面，都是模糊的。注重知識的配搭，實自伊川始。儘管他們具足了知識條件，但在思想上，這一面的認知，始終是模糊的。伊川能二者兼顧，開出了内聖外王學的輪廓，是值得我們稱道的。

㈡由仁的觀念發展爲仁的哲學

伊川在理學中建樹甚多，如由孔子仁的觀念發展爲仁的哲學，是最堪矚目的。孔子重仁，只能說是孔子對仁的一種看法、一種觀念，和孔子自身之實踐，還不能稱爲哲學；但是，經過理學的演變與發展，就全然不同了。首先是程明道把仁的觀念深度化了，即〈釋仁篇〉之所說者。明道爲仁的觀念建立一個本體世界，故說「仁者，渾然與物同體。」這是孔子思想中沒有的。它來源於《莊子·齊物論》中「萬物一體」的理論，是十分明顯的。伊川又作進一層的發揮，汲取禪宗「渾淪的一」，作爲仁的本體；又以公字釋仁，視爲仁的作用。未有公而不仁者。故云：「公則一，私則萬殊。」「至當歸一，精義無二。」如此一來，形上學與形下學，都顧到了。在理學中，把孔子仁的觀念儘量使它深度化，發展成一套高深的哲學，程明道是創始者，程伊川則是完成者。這是我們必須認知的。

㈢汲取「體用一源」思想以解決理學中的難題

體用關係，實是理學中一個重要問題。自周濂溪到邵康節，似乎還未發現這個問題的存在，及程明道〈識仁篇〉爲孔子底仁建構形上哲學基礎後，這個問題就發生了。明道似乎不自覺問題的存在，由「仁者渾然與物同體」的本體世界，一直滑下來，就衍生出「義禮智信」的種種道德條目。由形而上的本體世界如何落實到形而下的經驗世界？明道似乎還沒考慮到這一問題怎麼解決。

伊川卻想到了。他汲取禪宗「體用一源」的理論，來解釋《易傳》卦與象的關連問題。即以卦爲體，以象爲用，使卦與象之間作合理的詮釋。然而，這本是禪宗闡釋形上學的哲理，不如用來解釋理學中的體用問題，就更恰當了。非但明道〈釋仁篇〉的問題獲得解決，即以後理學中這一難題也就一齊解決了。從明代以來，直到現在，更有重大的發展，已如前說，一曰「境界的體用關係」，一曰「人事的體用關係」，是爲雙重的體用關係，一直影響現今中國人的思想。

㈣伊川又提出感應問題與中和問題

感應問題，自周濂溪《通書》說：「寂然不動，感而遂通。」發軔以來，程明道〈定性書〉亦謂：「天地普照萬物而無心，聖人順應萬物而無情。」這正是本體界的感應關係。但是，把這問題說得明白而又比較完整的，仍始於伊川。伊川說：「寂然不動，感而遂通，非自外也。」又說：「未應不是先，已應不是後。」這就詮釋得很清楚了。由於伊川的提示，使我們悟出感應關係，又有內在感應與外在感應的區別，並引述象山故事及陽明「心無體」妙語來疏證，於是感應問題也就解決了。

至於伊川言中和問題，是根據〈中庸〉「未發爲中，已發爲和」而來。即以中爲體，以和爲用，故中和問題，乃是變相的體用問題。我們今天可以看成〈中庸〉理學化後，與明道的《中庸解》性質無殊。

㈤伊川創「性即理」的認識論

伊川創「性即理」說，乃理學中一重大議題，也是伊川在認識上的一大發現，值得大書特書。他創「德性之知」與「見聞之知」，使內聖學與外王學作明確的畫分。他又把《論語》孔子說：「君子上達，小人下達。」二語，加以理學化，作深度的宏揚，由上達直通智慧之門，可躍入本體世界。下達，則釋爲下學，並說：「上達即在下學中」。因此，由下學可通往上達的路徑，形下學與形上學也就密切關聯了。而作者所謂的「智慧之學」與「致用之學」，亦即「德性之知」與「見聞之知」，不再各自獨立，可以互通聲氣，互相往來。這實在是伊川的一番創見。故伊川創的認識論，儘管有它的缺陷，但它的價值是值得肯定的。

㈥伊川在方法上的貢獻

從伊川起，理學的方法或工夫，卻有大幅度的改進。關於修道方面的涵養工夫，由主敬改爲「主一」；在汲取經驗知識方面，則主「致知」，又敞開了知識的大門，使外王學必備的知識條件，也就有了着落。而修道工夫與治學方法作如此明確畫分的，亦自伊川開始。他的名言：「涵養須用敬，進學則在致知。」又是他的創見。

故理學的發展，伊川以後，修道工夫趨於深度化，治學方法亦趨於系統化，的確爲理學家所嚮往的「內聖外王之道（語見《莊子·天下篇》）」，紮下了結實的基礎。縱然我們對伊川在認識上與方法上指出了一些缺失，並加以非難；然而，他這方面的貢獻，仍然是值得我們稱道的。總而言之，我們對伊川其人其學，不無微詞，但他的創見很多，對理學的發展具有深遠重大的影響，以後程朱學派即由此確立。我們抱持這樣的觀點，或不失爲對他的內聖外王學的客觀評估。

九、結論

綜合以上所論述，可作結論如次。

㈠在宋明理學中，程伊川是位十足的道貌岸然的理學先生，在此之前，在此之後，儘管理學大師輩出，卻很難覓出一位與他類似者。伊川所以道貌岸然，除了稟賦謹嚴剛毅的性格外，與他的思想也有緊密關連。他的內聖外王學展現於外者，爲我們所認知、所理解的，是不折不扣的一副師嚴道尊的形象。我們從「程門立雪」及教導小皇帝宋哲宗的一些故事中，都可明白看出，令人厭倦，甚至望而生畏。孔子的儀態是「望之儼然，即之也溫。」伊川只做到一半，無怪與蘇東坡不和，才造成「元祐」（宋哲宗年號）的黨爭，對當時大局不無嚴重影響。於是正人君子紛紛排斥於外，只有章惇入相了。伊川這一面的表現，實在缺乏乃兄明道宏偉的氣度，很難博得世人的諒解。不過，伊川重視變化氣質的涵養，及到晚年，就寬和得多了。

㈡伊川思想對理學的貢獻很大，創見亦多，如繼明道之後，對孔子仁的觀念發展出仁的哲學。其形上學，即以理學中的核心概念光明本體作爲仁之體，與明道無殊；可是在形下學方面，卻以「公」字釋仁爲仁的作用，可普遍應用於人生、社會、政治、倫理各個文化層面，較明道以「生」字釋仁更切於日用。而孔子的仁學也就活躍起來，未有公而不仁者。較孔子要顏回「非禮勿視、聽、言、動，天下歸仁」的遺訓，實在高明多多。即以今天來看，孔子思想如要普遍實現於人間，事事能秉持公的原則來處理，也就是天下歸仁了。

㈢伊川在理學中另一重要貢獻，是講體與用的問題。如何由形上學貫通到形下學？這「體用一源」的體用關係，就是其間唯一的橋樑。如果沒有伊川的見地，從方外汲取過來爲我所用，那只有如明道般的一齊滾下來，形上形下如何貫通？如何銜接？恐怕永遠是個迷團，這不能不說是伊川的一番創見。儘管有它的缺陷，爲王陽明、李二曲，甚至近人的多番修正與補充，使體用關係日漸臻於完美，但伊川的開創之功，亦不可抹煞。

㈣伊川又一重要貢獻，是開出理學中「性即理」的認識論。他把形上的德性之知——智慧之學與形下的見聞之知——致用之學作了明確的畫分，使內聖外王之道的界限清晰，分際明確，於是過去含混籠統、夾雜不清的毛病，可一掃而空。形上的智慧、形下的知識，從那裡來？作何用？等問題，都已獲得合理的解決。惜乎伊川對華嚴「一多相涵」、「一即一切」的奧義，似乎認識不真，了解不夠，才說出漫無邊際的「一物之理，即萬物之理」的話來，才造成他在認識上的重大缺失。這是我們今天必須指出的。

㈤在理學的工夫或方法上，伊川亦有重大改進，使修道工夫與致知方法，畫分得清清楚楚。所謂「涵養須用敬，進學則在致知。」一句斬釘截鐵的話，使這糾纏不清的問題，便可迎刃而解。又以「上達即在下學中」的睿見，使形上學與形下學打通聲氣，相互貫穿起來，因而擴大了理學工夫的活動範圍。如南宋初期張南軒（栻）的治軍臨民亦主敬，明代陽明弟子王龍谿的「行、住、坐、臥，皆在覺中。」（即無論靜態或動態環境中，光明本體都可顯現出來。）便是有力的例證。

㈥經過伊川的大力發展，理學中的程朱派思想，大體趨於完成，對此後理學的發展，乃至中國思想文化的演進，都有重大的啓導作用與深遠影響。如「性即理」說，主一的涵養工夫，與致知格物等方法，對以後的理學家，乃至注重修養的中國知識份子，都有莫大的啓發。尤其他所強調的「天理」觀念，即使八百餘年後的今天，仍普遍存在一般國人心目中。㈦然而，伊川思想亦有偏激的一面，如說：「人心私欲，故危殆，道心天理，故精微。滅私欲，則天理明矣。」像這樣嚴格畫分人心與道心，遂演成朱子「人欲去盡，天理流行」的說法，而激起反理學思想的考據大師戴東原的忿怒，致有「以理殺人」的譏評。由於伊川過度強調天理的光明聖潔，無視人們生存欲望的適度滿足，才釀成「餓死事小，失節事大」的極端論調，又激起近人林語堂的不滿，作為反對理學的藉口。這些都是伊川思想對中國思想文化產生負面的影響。

儘管伊川思想有其負面影響，但他對理學乃至中國思想文化的重大貢獻，是不可抹煞的。中國思想文化今後要繼理學之後，作進一步的發展，使西方的科學思想、科技文化融入中國思想文化中，也只有從程朱派的理學着手，才能找出一條發展的道路來。

99·1·17·於美西加州

柒・「苦心力索」張橫渠

提綱

一、張橫渠的生平事蹟
二、橫渠思想形成的方法
三、揭穿橫渠「太虛」「太和」的奧秘
四、本體推演的宇宙觀
五、萬物一體的人生哲學
六、修養方法的形上學依據
七、橫渠內聖外王學的價值與缺失
八、結論

一、張橫渠的生平事蹟

張載字子厚，世居大梁（今河南省開封市）。父迪，仕仁宗朝殿中丞，知涪州（今四川省涪陵縣），卒於官。諸孤皆幼，不克歸葬，以僑寓爲鳳翔府郿縣（今陝西省郿縣）橫渠鎮人。先生少孤，自立，志氣不群，喜談兵，因與邠（今陝西省邠縣）人焦寅遊。當康定（宋仁宗年號）用兵時，年十八，慨以功名自許，欲結客取洮（即洮河，在今甘肅省臨洮縣。）西之地。上書謁范文正公（范仲淹）。公知其遠器，責之曰：「儒者自有名教可樂，何事於兵？」手鈔〈中庸〉一編，授焉，遂翻然有志於道。已而求諸釋老，乃復返之《六經》。

嘉祐（宋仁宗年號）初，至京師，見二程子。二程於先生爲表兄弟之子，卑行也。先生與語道學之要，厭服之。因渙然曰：「吾道自足，何事旁求？」於是盡棄異學，淳如也。

當是時，先生已擁皐比，講《易》京邸，聽從者甚衆。先生謂之曰：「今見二程至，深明《易》道，吾不及也，可往師之。」即日輟講。

文潞公（文彥博）以使相判長安，聘延先生於學宮，命士子矜式焉。舉進士，仕爲雲巖令，以敦本善俗爲先。月吉具酒食，召父老高年者，親與勸酬爲禮，使人知養老事長之義，因問民所苦。每鄉長受事畢，輒諄諄與語，令歸諭其里閭。民因事至庭，或行遇於道，必問某時命某告若曹某事，若豈聞之乎？聞則已；否則，詰責其受者。故教命出，雖僻壤婦人孺子，畢與聞，俗用丕變。

神宗熙寧初，遷著作佐郎，簽書渭州（故治在今甘肅省隴西縣西南）軍事判官。以御史中丞呂公著薦，召對問治道。對曰：「爲治不法三代，終苟道也。」神宗方勵精於大有爲，悅之。曰：「卿宜日與兩府議政，朕且大用卿。」謝曰：「臣自外官赴召，未測新政所安，願徐觀旬月後，當有所獻替。」上然之，除崇院校書。

時王安石執政，謂先生曰：「新政之更，懼不能任，求助於子何如？」先生曰：「公與人爲善，孰敢不盡？若教玉人琢玉，則固有不能者矣。」安石不悅，以按獄淅東出之。程純公（程明道）時官御史，爭之曰：「張載以道德進，不宜使治獄。」安石曰：「淑問如皐陶，然且讞囚，庸何傷？」獄成還朝。會弟御史戩爭新法，爲安石所怒，遂託疾歸橫渠。

終日危坐一室，左右簡編，俯讀仰思，冥心妙契，雖中夜必取燭疾書。曰：「吾學既得諸心，乃修其辭命；辭命無失，然後斷事；斷事無失，吾乃沛然。」蓋其志道精思，未始須臾息也。告諸生以學必如聖人而後已。以爲知人而不知天，求爲賢人而不求爲聖人，此秦漢以來學者之大蔽也。故其學以《易》爲宗，以〈中庸〉爲的，以《禮》爲體；以孔孟爲極。

患近世喪祭無法，期功以下未有衰麻之變，祀先之禮，襲用流俗。於是一循古禮爲倡，教童子以灑掃應對，女子未嫁者，以觀察祭祀納酒漿，以養遜弟就成德。嘗曰：「事親奉祭，豈可使人爲之？」於是關中風俗一變而至於古。

熙寧九年，呂汲公（呂大防時爲秦鳳帥臣）薦之，召同知太常禮院，會言者欲講行冠婚喪祭之禮以善俗，禮官持不可，先生力爭之。適三年郊（祀之禮），禮官不致，嚴疏正之，俱不能得，復謁告歸。中道疾，抵臨潼（今陝西省臨潼縣），沐浴更衣而寢，旦視之，逝矣。時熙寧十年（一〇七七）也，年五十八。囊笥蕭然。明日，門人在長安者，咸奔哭致賻襚，乃克斂。詔賜館職賻，奉喪還葬於涪州（今四川省涪陵縣）。

先生氣質剛毅，望之儼然，與之居，久而日親。居恒以天下爲念。道見饑殍，輒藉口嗟嘆也。對案，不食者終日。雖貧不能自給，而門人無貲者，輒粗糲與共。

慨然有志於三代之法，以爲仁政必自經界始。經界不正，即貧富不均。教養無法，雖欲言治，牽架而已。與學者將買田一方，畫爲數井，以推明先王之遺法，未就而卒，學者稱爲橫渠先生。著有〈西銘〉、《正蒙》、《理窟》、《易說》及《語錄》、《文集》等（見《宋元學案卷十七橫渠學案上·張橫渠傳》）

二、橫渠思想形成的方法

我們從橫渠的生平事蹟中，可知橫渠成學經歷的大概：他少年時代因喜歡研究兵學，深受范仲淹的啓迪和影響，才放棄兵學而轉入哲學的探討。范仲淹授〈中庸〉一篇，便成爲他的入門書。年少的橫渠對〈中庸〉不一定看得懂，但他起碼知道〈中庸〉是言「道」之書，哲理涵意是很深的。此時，他無明師指點，在黑暗中摸索，似懂非懂的銳意精進，想在學術思想上找出一盞明燈來。於是便涉入佛、道二家思想領域，從事佛學與老莊的鑽研。他的研究方法，不外閱讀佛書與道書。而華嚴哲學與老莊哲學，應是他用功最勤、領悟最深的佛老之書。「求諸釋老」，是理學家治學、成學的必經過程，周濂溪、邵康節是如此，二程兄弟是如此，張橫渠自然不會例外。然而，橫渠與周、邵、二程之最大不同處是：後者從佛老的工夫入手處悟解佛老思想，前者則是用純思考的方法去探索佛學與老莊的哲理。由於橫渠用的方法不同，他的思想反而較周、邵、二程不易了解。

橫渠探討佛老思想是用純思考的方法，當他「返諸六經」後，必然亦用此種方法。以佛老思想釋《六經》而成爲理學，乃周、邵、程、張的共通點；但是，橫渠思想生澀隱晦，不易爲人所瞭解，這是他們之間最大差異處。他們所完成的都是「道學」，但在道學中卻有這麼大的差異，這是我們先要明白的。

橫渠思想是以《易傳》爲核心。當他自認爲成學後，入洛陽，與二程兄弟見面，討論「道學」的核心問題，渙然自信地說：「吾道自足，何事旁求？」於是盡棄佛老之學，搖身一變，而成爲純粹的儒學了。事實上，盡未必然？橫渠與二程，尤其伊川一樣，仍是排斥佛老思想的。這幾乎成了理學家的共通見解，不去管它。現在，我們要探討的，是張橫渠的思想問題。如就理學立場來看，橫渠與周、邵、二程的方法或工夫都不一樣，所以我們要闡述橫渠思想，必須先探討橫渠成學或思想形成的方法。這方面，非常重要。如不從這裡著手，那要探討橫渠學的真相，是不可能的。現在，作者就現身說法吧！

張橫渠是「北宋五子」之一，乃北宋理學的第五位大師，也是關中第一位大儒。有「關學」之名，亦自橫渠始。已如前說，要了解橫渠學的真相是很不容易的，因爲他的思想形成的方法與傳統理學家都不一樣。如果作者不是以關中第二位大儒李二曲的思想作橋樑，上溯陸王哲學，再通程朱哲學，那橫渠思想根本無從理解。原因何在？已如上述，最主要的，是橫渠成學的方法和他們都不相同。因此，要想真解橫渠之學，要想有深度了悟橫渠思想，必須先從他的思想形成的方法著手，去探究、去追尋，才能找出其思想脈絡來。

由上邊陳述橫渠的平生事蹟來觀察，即不難曉知張橫渠的性格是愛「思考」的。這與今人强調的獨立思考，倒有些類似。故知橫渠所用的方法，是以思考或思索爲主的方法。這是他成學的基本方法，與此前此後理學家所常用的方法或工夫，是大異其趣的。

㈠專重思考的方法

宋明理學家無一不注重證驗工夫，以證驗工夫來證實形上本體之存在。通過了這一關，稱爲「見道」；否則，叫做「學未見道」。當年陸象山譏評朱晦菴「學未見道」，即指責他還沒通過第一關，親見得此形上本體也。又如明末高景逸（攀龍）自序其成學經歷說：他二十二歲以前讀前人理學諸書，即已知道「無聲無臭之本體」（按：理學家愛以〈中庸〉末章「無聲無臭」一語來形容本體之性質、形狀，極爲恰當，完全儒家化，沒有一點佛老意味。）但是，僅限於在書本上認識而已。至於本體究竟像什麼樣子？他還是茫茫然無所知。以後貶揭陽（今廣東揭陽縣）典史，在途中旅舍「見道」，非但親見得此聲臭俱無之本體之存在，而且更把見道時的情景描寫得清楚明白、細膩生動，在理學中是極少見的。

了解這些情況後，我們再來看張橫渠是怎麼樣去探究本體、去認識本體呢？朱子爲了解答這個問題，確有最佳的考評。他說：「明道之學，從容涵泳之味洽；橫渠之學，苦心力索之功深。」這兩句話，最爲中肯。我們在〈明道篇〉中，首先引述〈識仁篇〉的話說：「識得此理（仁之本體），以誠敬存之而已。不須防檢，不須窮索。」明道的意思是說，只要識得仁的本體，照主敬的工夫做下去即可，不須用禮制來規範，更不須苦苦地去探索。這就是朱子的考評：「明道之學，從容涵泳之味洽」的真實意涵。比較之下，又看橫渠如何呢？由朱子的考評：「橫渠之學，苦心力索之功深。」我們不難想知，橫渠對這形上本體之真實樣狀，是如何的去苦苦探尋了。由「苦心力索之功深」一語，即可洞知箇中消息。故知張橫渠與程明道用的思想方法，截然不同，朱子看得很清楚。橫渠不僅重思考，而且是苦心地思考，這就顯出他的思想特色，與周濂溪、邵康節、程明道、程伊川都不一樣了。

(二)主靜工夫有限

主靜工夫，可以說是理學家「見道」成學的基本工夫。自周濂溪倡「主靜（自註：無欲故靜。）立人極」以來，即爲這項工夫奠定了基礎。邵康節與周濂溪似不相識，更無學術淵源；但康節與濂溪一樣，深受佛老的影響，亦從主靜入門（康節在百源山中正襟危坐，就是用的主靜工夫。）故主靜工夫是周、邵用力最深的基本工夫。二程兄弟亦不例外。明道加上動態一面的工夫，把偏重靜態一面的主靜工夫，加以變化，配合動態環境的需要，於是動靜兩面做工，就變成「主敬」工夫了。伊川言「主一」，不過就主敬工夫作進一步發展，仍未脫離主敬的規範。以後理學家除張橫渠外，無不以「主靜」或「主敬」來作爲他們成學「見道」的最基本工夫。這方面，橫渠的認識似乎有限，脫離了理學工夫的正軌，特別着重思考的方法，他用的主敬工夫，實在太有限了。程明道的《定性書》，即爲鍼砭正張橫渠認識工夫之不足而作，但對橫渠似乎沒有發生多大影響。這就註定他底思想是重思辯的、理論的性格，與周、邵、二程重證驗的、實踐的中國傳統思想性格，就全然不同了。由於使用方法不同，思路各異，以致影響思想性格如此之大，這是張橫渠當年想像不到的。因他用的主敬工夫太有限了，才造成這麼大的差異。

(三) 兼重禮制的方法

當做工夫時，爲了保持身心內外的平衡，程伊川卻有一套週密的設計，已如前邊〈伊川篇〉所說，叫做「敬以直內，義以方外。」前者目的，爲達到工夫上的「主一」，故須「敬以直內」。主敬的工夫，即精神集中，念慮凝聚一點之意。能使念慮凝聚一點，便做到《莊子·逍遙遊》說「其神凝」的境地。工夫能達到這步田地，心無旁騖，一直浸沉下去，豈不是「敬以直內」的最佳說明？至於「義以方外」呢？如覺行爲失檢，必然於義有虧；現在以

「義」字來提醒自己，使內心先有所反省，有所檢討，做防微杜漸的修養工夫。這麼一來，就很自然，就不吃力了。這叫做「敬義夾持」的工夫，當然，較單純的主敬工夫，又細密得多了。

然而，橫渠在這方面的工夫做法，與明道、伊川絕對不一樣。他是用禮制的規範來約束自己，期以達到身心平衡、內外平衡的狀態。殊不知這完全是强制性的，是要用極大耐力去克制的。橫渠在行爲方面，所以苦苦約束自己，這與他少年喜談兵，跅弛不羈的個性有密切關連。

在上述三種方法或工夫中，橫渠唯一仰賴的是，專重思考的方法；因此，才鑄成他那不易爲人理解的哲學思想。經我仔細省察，才發現他底哲學思想早已偏離理學的核心概念，在理學中似乎獨樹一幟，只有清初重思辯的王船山，才是橫渠的知音。爲了深入瞭解橫渠思想，我們可採迂迴曲折的路線，如前所說，由「關中大儒」李二曲，上溯陸王、程朱，以及濂溪、康節，對理學思想作全盤的、通透的認知以後，那橫渠思想也就不難探索了。

三、揭穿橫渠「太虛」、「太和」的奧秘

作者一再强調，橫渠思想所以不易爲人所理解，主要的原因，是他用的思想方法較此前此後的理學家都不一樣，即與明道、伊川比較對觀，還是顯得很特別。他那苦心力索的思考方法，在理學中是罕見的。由於他用的方法很特別，由方法形成的思想，也就不易爲我們所認知。現在我們知道他的方法後，沿著他的思路探索探下去，那橫渠學的真相，亦可展露於世人之前。

在橫渠思想中，最令人迷惘、令人困惑的，是他言「太虛」和「太和」的問題。這兩個問題，非但近人似乎不求甚解，即三百餘年前的王船山，極爲推尊橫渠之學，還作《正蒙註》，老實説，難免對橫渠思想亦多所誤解。正因此一誤解，將錯就錯，王船山的思想，才由此形成（作者按：拙著《李二曲研究》首篇，論之甚詳，讀者可參閱。台灣商務印書館再版已發行。）。至於近人有謂橫渠思想爲「氣化論」、甚至抱持「太虛神體」説，不是近乎唯物論，就是過於神化橫渠思想，均不足取。

㈠橫渠言「太虛」的義蘊究竟是什麼？

《正蒙・太和篇》說：

「太虛無形，氣之本體。其聚其散，變化之客（體）形爾。」

「太虛不能無氣。氣不能不聚而爲萬物。萬物不能不散而爲太虛。」

「知虛空即氣（之本體），則有無隱顯，神化性命，通一無二。……若謂（太）虛能生氣，則（太）虛無窮，氣有限，體用殊絕，入老氏『有生於無』自然之論，不識所謂有無混一之常。若謂萬象爲太虛中所見之物，則物與虛不相資，形自形，性自性，形性天人不相待，而有限於浮屠以山河大地爲見病之說。」

「氣，坱然太虛，升降飛揚，未嘗止息。」

「氣之聚散於太虛，猶冰凝釋於水。知太虛即氣（之本體），則無『無』故。……諸子淺妄，有『有無』之分，非窮理之學也。」

「太虛爲清，清則無礙，無礙故神。」

「由太虛有天之名。由『氣化』有道之名。合虛與氣，有性之名。合性與知覺，有心之名。」

「神者，太虛妙應之目。凡天地法象，皆神化之糟粕爾。」

「故愛惡之情，同出於太虛。」

又〈神化篇〉云：

「虛明照鑒，神之明也。無遠近幽深、利用出入，神之充塞無間也。」

又〈大心篇〉云：

「大其心，則能體天下之物。」

「天之不禦，莫大於太虛。故心知廓之，莫究其極也。」

由以上所引述《正蒙·太和篇》各條，可知橫渠所謂「太虛」云云，就是指謂的理學中的本體思想，亦即作者所界定的理學中的核心概念——形而上的靈光四射的本體。其「太虛無形，氣之本體。」一語，最關緊要，我們必須弄明白，才能了解橫渠的思想。

(1)太虛與本體二詞之來源

按「太虛」一詞，首見於《莊子·知北遊》。〈知北遊篇〉說：「……是以不過乎崑崙，不游乎太虛。」這是太虛一詞的出處。援用於理學，則始於橫渠，也可以說是橫渠的創見，在他以前和他同時的理學家是沒有的。不過，禪宗在理學之先，早就用過了。如《六祖壇經》說：「心如虛空，而無虛空之量。」即其顯例。以後太虛與虛空二詞連合爲用，簡稱「太空」，如李二曲說「虛若太空」，爲本體四大特性之一。故知太虛一詞在理學中是形容本體的，也是本體的代號。以本體無形無狀，無邊無際，儼若太空一般，故以太虛來描繪最爲恰當，亦最爲貼切。

至於「本體」一詞，創始於劉勰。劉勰作《文心雕龍》論述文章體裁時，即創本體一詞來說明其性質。故本體實即本質之意。因本質有不變性，以後佛學家便用來形容「佛性」具有永恒不變的特性，故佛書中遂有「真如本體」之說，並大爲流行。橫渠又從佛書中移植過來，形容理學中最後實有而不變的東西，叫做本體。故援用本體一詞，亦始於橫渠。明道只說「仁體」或「仁之體」，實際上，就是指謂仁的本體。伊川則言「性體」，亦即性的本體。陸象山則愛言「心體」，也就是心的本體。以後王陽明倡「致良知」，又有「良知本體」之說。於是本體一詞，在王學中極爲普遍，幾乎隨處可見。但追源溯始，北宋五子中，援用本體一詞的，則自橫渠始；而沿用至今，成爲理學中之核心概念，又爲橫渠始料所未及。

(2)太虛一詞的義蘊

橫渠說：「太虛無形，氣之本體。」其中太虛與本體二詞之來源及其演變情形，已釋之如上；還有「氣之本體」的「氣」字，又從哪裡來的呢？因爲太虛與本體，異名同實，可畫一等號，而「氣」字則代表屬性不同的另一重要之「物」或東西。說它是物，正是氣字代表的意義。它來源於《易傳》。《易傳》說：「易有太極，是生兩儀。」又說：「一陰一陽之謂道。」兩極，即陰陽之意。就理學觀點言，《易傳》作者的見解，還不夠十分通透。爲什麼？姑且說，「太極」一詞，即是理學中的本體，於理亦通，事實上是否如此？姑不具論。然而《易傳》又說：「一陰一陽之謂道。」這就大有問題了。問題何在？因《易傳》作者既已認定「太極」是道，陰陽是氣；現在卻又改變說法，認爲一陰一陽，就是道，豈不自相矛盾嗎？程伊川窺出這一破綻來，加以修正，並斬釘截鐵地說：「一陰一陽非道，所以一陰一陽是道。」這就對了。伊川特加「所以」二字，是指陰陽二氣的發生與變化，全由太極本體所主導，這就釐清了《易傳》作者思想的混淆夾雜，與太極生兩極的原意吻合了。因此之故，橫渠思想雖來源於《易傳》，卻不採用太極一詞，而改用莊子的太虛，爲了避免《易傳》上述思想矛盾的糾纏，只取其陰陽二氣罷了。實則「太虛無形，氣之本體。」與「易有太極，是生兩儀」，意指無殊，只是措詞不同而已。

現在合攏來說，橫渠是把《莊子》的「太虛」，《佛學》中的本體及《易傳》的陰陽二氣糅合在一起，才形成「太虛無形，氣之本體」的思想。由此，又開出兩個世界來：即形而上的本體世界與形而下的物質世界。前者對太虛言，後者則對陰陽二氣言。這樣的思想的展開，就比《易傳》進步多多了。

(3)「太虛無形，氣之本體」爲橫渠思想之核心

橫渠說：「太虛無形，氣之本體」一語，極關緊要，因爲它是橫渠思想的核心。只要我們能抓住這一核心思想，了解這一核心思想，極不易爲世人所知的橫渠學，也就容易窺見廬山真面目了。

太虛義蘊，簡釋如上，現在作進一層的剖析。太虛既然是陰陽二氣之本體，而陰陽二氣，又要起凝聚與散發的作用，這一作用變化的主導，隱含於二氣之中，使它不得不起變化，正是「變化之客（體）形爾」之義。因此，「太虛不能無氣」；否則，此本體又掛搭何處？而陰陽二氣的結合，即萬物之所以生成；但既經結合爲萬物之後，又不得不發散還原爲太虛之本體。這一見解，我們今天只能看成是橫渠的臆說，萬物之變化，未必如此。

下面則說橫渠抨擊佛老的意見。在上述引文中，即有這段文字。他說：「知虛空（按：虛空二字，出於《壇經》，已如上引。）即氣（之本體），則有無隱顯，神化性命，通一無二。……若謂（太）虛能生氣，則（太）虛無窮，氣有限，體用殊絕，入老氏『有生於無』

自然之論，不識所謂有無混一之常。」這段話，是橫渠對老子「有生於無」的批判，是大有問題的。

①既認定虛空爲陰陽二氣之本體，於是就開出有無隱顯的物質世界與本體世界來。所謂「神化（即神通智慧之意）性命」，皆指此本體世界之作用及其賦予人之本體言，怎麼能使物質世界與本體世界通一無二？此其難點一。

②橫渠反對《易傳》「易有太極，是生兩儀」之說。他認爲太虛（即太極）本體如能產生陰陽二氣，那末太虛本體是無窮盡的，陰陽二氣是有限的。怎麼知道物質世界是有限的？據今日科學證實，物質世界的宇宙太空還是無窮無盡的。其次，橫渠誤解境界的體用關係，才有「體用殊絕」之論。這些，都是橫渠思想的難點。

③按老子「有生於無」之說，是指物質世界是由本體世界產生出來的。事實是否如此？姑且不論；而《易傳》「易有太極，是生兩儀」的意見，顯係遙承老子「有生於無」的思想而來。我們今天可視爲古人對本體現象二元觀的一種看法。橫渠卻反對《老子》《易傳》這一看法，另創新說，認爲「有無混一之常」，才是物質世界與本體世界混合爲一的常軌。老實說，這是橫渠全憑苦心思索得來。何以知其如此？又如何證明？這又是橫渠思想的一些難

題。

老子持「有生於無」之論，還有堅强的「致虛極，守靜篤」的工夫作基礎；橫渠憑苦心力索的邏輯思考認爲如此，就理學觀點言，恐怕是站不住腳的。因爲理學是重「實證」（李二曲語）的，不是單憑思考得來的。尤其提到「神化性命」云云，全屬本體界的事，橫渠卻要貫通爲一，非但工夫缺如，而且更犯了認識上的錯誤。他比程伊川錯得更離譜。程明道對他苦苦規勸的〈定性書〉，顯然没有發生什麼作用，才造成上面的種種誤解。

④我們看橫渠對禪宗的批評。如說：「若謂萬象爲太虛中所見之物，則物虛不相資，形自形，性自性，形性天人不相待，而有限於浮屠以山河大地爲見病之說。」這段話，顯然是橫渠對禪宗的批判。橫渠對禪宗哲理的了解，有限得很。如說：「萬象爲太虛中所見之物」，這句話，他未必真知其奧義。程伊川的「沖穆無朕，萬象森然已具」，難道不是這種境界嗎？伊川全憑證驗工夫得來，橫渠則由思索工夫想到此一境界，其真實情況如何？他並不了知，只是一味照著他的觀點去分析，才發生「物與虛不相資」云云的困境。如真解禪宗哲理，怎麼會有這樣的說法？這一境界，禪宗謂之「涵蓋乾坤」，華嚴則稱爲「事理圓融」。橫渠如解悟及此，本體與現象是可以融攝的，怎麼會發生「形性天人不相待（包容義）」的疑慮呢？因爲一連串的誤解，禪宗「見道」後說「山河大地是如來」的偈語，橫渠

未必知其所以然。等到「破三關」以後，自然見到山河大地是如來，而華嚴哲學的「事事圓融無礙」，亦是此等境界。橫渠只汲取華嚴「一多相涵」的玄義，去建構他「一本萬殊」的理論，而對禪宗哲理，近乎一無所知，他的批評是大有問題的。

最後則說橫渠以無形的太虛概念爲陰陽二氣之本體及其難點。橫渠說：「（陰陽二）氣，坱然太虛，升降飛揚，未嘗止息。」如果橫渠認爲陰陽二氣升降不停，飛揚不息，如塵埃一般，瀰漫空中，就是太虛，就是氣之本體，似乎不無誤認本體之嫌。瀰漫空中的本體，難道是這樣嗎？先生差矣。

橫渠既有誤認本體之嫌，於是把他想像中的陰陽二氣之聚散作用，以冰與水的關係來作比喻。如說：「氣之聚散於太虛，猶冰凝釋於水。知太虛即氣（之本體），則無『無』故。……諸子淺妄，有『有無』之分，非窮理之學也。」橫渠於冰水比喻之後，即截鐵斬釘地說：「知太虛即氣（之本體），則無『無』故。」橫渠這樣的武斷，未免不解老子言「無」的真義了。所謂「無」者，並非數學上的零值，亦非儒家「空空如也」之無，而是有箇無形無狀的東西，就是老子强調的「常道」，亦即理學中的核心概念——形而上的靈光四射的本體。對有形的物質世界言，他是無的，實際上，他是永恒的存在，永恒的實有。橫渠對此義諦，似乎一無所知，只一味强調他想像中的陰陽二氣之凝聚一團，即爲太虛，即爲氣之本體。這能證實嗎？想當然爾。據此抨擊諸子淺妄，才造成「有無」之分辯，若非橫渠之淺妄，其誰能信？

橫渠爲自圓其說，自「太虛無形，氣之本體」，這一基本認識出發，遂衍生出天、道、性、心等等一系列的觀念來。如說：「由太虛有天之名。由『氣化』有道之名。合虛與氣，有性之名。合性與知覺，有心之名。」又說：「故愛惡之情，同出於太虛。」按理學中之天，非自然之天，與本體同義，故「由太虛有天之名」的詮釋，尚屬不差。但「由『氣化』有道之名」，可就發生問題了。問題何在？如認爲陰陽二氣的變化，就是道，顯然承襲《易傳》「一陰一陽之謂道」的觀念而來。伊川認得清：「一陰一陽非道，所以一陰一陽是道。」這就把發生主導作用的本體點出來了。當然是道，一點不差。可是橫渠創「氣化」一詞，以爲這個氣化就是道，未免與「道家」之本恉相乖。至於性與心之詮釋，不免過於牽强。依照橫渠的觀點，陰陽二氣之凝聚，即爲太虛本體；由此本體發散出來，就是陰陽二氣。故太虛本體與陰陽二氣，可說是一體之兩面，怎麼會衍生出「合虛與氣，有性之名」的觀念來？對性的詮釋，不免太牽强了。既有性的認定，再與知覺相合，遂「有心之名」，還順理成章。但是，橫渠對情的詮釋，又發生問題了。人的愛惡之情，怎麼會出於太虛本體？如果橫渠對本體概念有清晰地理解，絕不會說出這樣的話來。

橫渠思想，除上述一些問題外，還有更大的難點，即對「神」的詮釋。如說：「太虛爲清，清則無礙，無礙故神。」難道理學中的前知經驗——神通智慧，就是這樣來的嗎？未免太離譜了。又說：「神者，太虛妙應之目。凡天地法象，皆神化之糟粕爾。」試問：太虛本體，怎麼會妙應爲神，甚至神化一切物質世界的林林總總？單憑陰陽二氣的聚散作用而爲太虛本體，就能擁有這麼大的能耐嗎？橫渠啊！你憑空杜撰，可悲！可嘆！

非但如此，更進而誇大地說：「虛明照鑒，神之明也。無遠近幽深、利用出入，神之充塞無間也。」這幾句話，措詞很妙，惜乎張橫渠沒有這樣的本領。他全憑苦心力索得來，試問：又能「虛明照鑒」個什麼？牟宗三先生不解橫渠思想的底蘊，竟讚爲「太虛神體」云云，溢美之詞，未免太過火了。有人認定橫渠思想爲「氣化論」，簡直是胡謅，不值一提。

橫渠又說：「大其心，則能體天下之物。」這句話，確有顛撲不破的真理；不過，這顆廣漠無垠之心，乃認識心，而非本體心。何以知其然耶？橫渠說：「天之不禦，莫大於太虛。故心知廓之，莫究其極也。」心知廓之，難道不是認識心嗎？須知：理學中的本體概念，不全憑認識心得來的。要靠工夫的證驗，才能明其究竟。

故橫渠言「太虛無形，氣之本體」，實爲其思想之核心。其中太虛一詞，即爲理學中之核心概念——形上光明本體；不過，他以陰陽二氣之聚散作用，視爲本體之基本內涵，極欠妥當。因爲這只是本體的推演解釋，決不可視爲本之自身。橫渠卻不如此，難免不無誤認本體之嫌。他不了解道家言「無」，佛家言「空」的真實意義，所以他對佛老的批評，都是不着邊際的。因他由思索得來，並非證驗而知，故涉及本體的內涵與特性，極爲不妥，近乎瞎猜。尤其講到「神」（即前知經驗或神通智慧）的問題，更是牽强。這一切，都是橫渠認太虛爲氣之本體，全憑苦心力索，卜度臆測所造成的種種誤失。

㈡關於「太和」問題的解答

我們對橫渠言「太虛」的義蘊及其在橫渠思想中占一核心位置和種種誤解錯失外，便可進而剖析橫渠言「太和」的問題。按太和觀念，出自《易經・乾卦》「保合太和」一語；橫渠作《正蒙》一書時，首篇標題，即名〈太和〉，可知橫渠言〈太和〉與《易經》的關連。然而太和觀念，實由太虛本體推演而來。論其理境層次，太虛應居於首要位置，太和觀念，已屬次一層境。必如此畫分得清清楚楚，太虛與太和兩個觀念，才不致混淆夾雜，難以辨識。

《正蒙・太和篇》說：

「太和所謂道，中涵浮沉、升降、動靜相感之性，是生絪緼相盪、勝負屈伸之始。其來也幾微易簡，其究也廣大堅固。起知於易者乾乎！效法簡者坤乎！」

「散殊而可象爲氣，清通而不可象爲神。不如野馬絪緼，不足謂之太和。」

「語道者知此，謂之知道。學《易》者見此，謂之見《易》。」

《宋元學案卷十七橫渠學案上》《正蒙·太和篇》引高忠憲（攀龍）曰：

「太和，陰陽會合沖和之氣也。《易（傳）》曰：『一陰一陽之謂道』，張子本《易》以明器即是道，故指太和以名道。蓋理之與氣，一而二、二而一者也。理無形而難窺，氣有象而可見。假有象者，而無形者可默識矣。」

「浮沉升降動靜者，陰陽二氣，自然相感之理，是其體也。絪緼交密之狀，二氣摩盪，勝負屈伸，如日月寒暑之往來，是其用也。始，猶資始之始，變化皆從此始也。」

「幾微易簡，謂此氣流行，始則潛乎默運而已。廣大堅固，謂如亨利之時，則富有日新，雖金石無間也。」

「起，猶始也。知，猶主也。效，猶呈也。法，謂造化之詳密可見者。此氣一鼓，初無形跡。而萬物化生，不見其難者，爲乾之易。及庶物露生，洪纖畢達，有跡可見，亦不覺其勞者，爲坤之簡。乾以此始物，坤以此成物，明非有他也。」
「散殊可象，有彷彿之謂。清通不可象，明其不可測之意，明非有二也。」
「野馬出《莊子》。喻氣之浮沉升降，如野馬飛騰，無所羈絡；而往來不息，言太和之盛大流行，充塞無間也。」
「太和，即陰陽也。易，即道也。故知此、謂之知道。見此、謂之見《易》。則非陰陽之外，別有所謂道也。」

高景逸（攀龍）是明末程朱派深造有得的理學家。以他優美的文筆，把橫渠言太和這段難懂的話，解釋得清清楚楚，一目了然。所謂太和是什麼？即陰陽二氣是也。說仔細點，就是陰陽二氣會合成一團的沖和之氣也。再用現代語來說，太和觀念是什麼？它就橫渠認定的太虛本體與陰陽二氣糅和在一起，作一種推演解釋的、想像的原始狀態。其價值如何？姑且不論；但高景逸卻能指出橫渠言太和的目的，在「明器即是道」，亦即道器合一論或理氣合一論。簡言之，就是道器論或理氣論。這對理學開拓程朱派的宇宙觀，不無啓迪作用，尤其對清初王船山的思想，發生了鉅大影響力。船山倡「道器論」，即直承橫渠《正蒙》思想而來。實則，高景逸已點出「器即是道」的觀點，又爲船山「道器論」的濫觴，船山是否讀過景逸書，我們不得而知。

現在我要特別指出的，無論張橫渠的「指太和以明道」抑或高景逸的「器即是道」和王船山的「道器論」等等，無一不受華嚴哲學的影響。華嚴的「事理圓融無礙法界觀」，便是他們言哲理的唯一依據。華嚴哲理可以禪宗「破三關」的工夫來證驗，的確有它顛撲不破的真理；而理學中的道器論、理氣論等等，我們今天只能看成理學家的一番哲學臆見而已。然而，張橫渠、王船山排斥佛老最爲激烈，實際上，船山跟橫渠一般，對佛老思想的理解，是極其有限的。「事理圓融」的玄義，他們是否真懂？都值得懷疑；而高景逸證驗工夫之精湛，在程朱派中是不多見的。他受佛老思想的影響甚深，認知的深度不同，他對佛老的態度，就不一樣了。

總之，橫渠對佛老思想認知有限，對太虛本體的詮釋，並不妥當，甚至有誤認本體之嫌；他的太和觀念，只是橫渠的臆見而已。

四、由本體推演的宇宙觀

我們對橫渠言太虛本體及太和觀念，揭穿了它的奧秘，作深度了解以後，進一步即闡釋橫渠由本體推衍的宇宙觀。行文上作這樣的安排，理境上作這樣的剖析，那橫渠學的真面，立可呈現於吾人之前。

㈠與周濂溪的比較

已如本書〈濂溪篇〉所說，周濂溪是根據道教的〈太極圖〉作〈太極圖說〉，刻畫出一個宇宙形成的輪廓，並根據《易傳》「易有太極，是生兩儀」的觀念，就他所證驗的形上本體，視為太極之本體；因此，再就這個形上本體向外大事推演，儘量作擴張解釋，於是即構築成濂溪的宇宙觀，如〈太極圖說〉之所描繪者。就《易經》作義理的推演解釋，肇始於王弼；但王弼是玄學家而非理學家，其所推演出來的理境，只是「虛理」，而非「實理」。濂溪則不然，他根據《易傳》亦作義理的推演解釋。就形式上看，與王弼一般，實際上，它的內涵就全然不同了。濂溪是以極湛深的證驗工夫，識得此形而上靈光四射的本體，作為太極的本體，亦即太極之具體內涵，這是王弼想像不到的。故濂溪言太極本體是「實理」，是實實在在有這個東西；王弼作義理推演，亦可顯出理境來，不過，只是「虛理」，虛擬的、玄想的有其理境而已。而王弼虛擬的、玄想的理境，絕未達致濂溪的境地，由此即可辨識玄學與理學之絕大差異；而義理的推演部份，其內涵亦有霄壤之懸絕。理學與玄學判然各別，是絕不可混爲一談的。然而，哲學大師如牟宗三先生者，其識見似乎尚未及此，其大著《才性與玄理》一書，就把它們混淆了。（按：作者意指牟氏在該書中剖析「境界的體用關係」與「存在的體用關係」，如移用於理學中，解釋程伊川的「體用一源」，最爲貼切；如解釋玄學亦有此雙重體用關係，非但不恰當，且有魚目混珠之嫌。牟氏畢生治哲學，是令人敬佩的，但學術是非，亦不可不辨。）

把上述種種問題釐清以後，便可說張橫渠與周濂溪的宇宙觀之比較了。橫渠是依據《易經》的乾坤二卦的義理，將太虛本體貫入其中，然後作想像的種種推衍解釋，遂建構成橫渠的宇宙觀。這是橫渠與濂溪雖同言宇宙觀，但同中有異之歧異處，不得不辨。

此外，橫渠與濂溪的思路、認知亦各不相牟。按照濂溪的思路、認知出發，他是根據《易傳》「易有太極，是生兩儀」的觀念，把此形上光明本體貫入太極中，作爲太極之本體，於是由太極本體就可產生陰陽二氣或陰陽二元素。橫渠則不然，他極力反對佛老的空無思想，惜乎對佛老思想悟解有限，亟欲擺脫佛老思想的糾纏，獨創其「太虛無形，氣之本體」之新說，以爲由此可以構成「實有」的宇宙觀。殊不知橫渠這一構想，大有商榷餘地。他根據《易經》「一陰一陽之謂道」的觀念，認爲由陰陽二氣或兩種基本元素凝合成一團，其量如「太虛」一般，這就是「道」，亦即他所認定的「本體」，故有「太虛無形，氣之本體」之說。橫渠這樣的認定，是大有問題的。已如本書〈伊川篇〉所說，伊川所以要修正《易傳》這一觀念，特別加上「所以」二字，易詞爲「所以一陰一陽是道」，就把這形上本體凸顯出來了。橫渠全憑苦心力索的工夫，並未見得本體的真實樣狀是如此如此，所以才有對本體概念作如彼的認定。我們不妨說，橫渠這樣認知本體的內涵是錯誤的。儘管前邊引述《正蒙·太和篇》的一大段文字，加上高景逸的妙筆疏解，似乎順理成章；殊不知問題仍出在這本體的認知上。所謂二氣凝合而爲本體云云，只不過是橫渠的臆說而已。試問：以橫渠的苦心力索工夫，真見得此形上光明本體，是由陰陽二氣如此凝合成而成嗎？橫渠差矣。

周濂溪的宇宙觀，其推演的種種理論，固然值得懷疑，是通不過科學的考驗和實證的；但是，他所根據的形上光明本體，全憑工夫證會得來，有它顛撲不破的真理存在，是我們必須肯定的。而張橫渠的宇宙觀，首先在認知本體的內涵上，就發生了問題，所以他們二人的本體觀，非但不同，而且就傳統理學觀點言，在這方面，橫渠不僅遠遜於濂溪，甚至是無從比擬的。橫渠似乎弄巧成拙，認爲可以創立「實有」的本體觀，結果變成「烏有」了。濂溪則反是，這是他們之間的絕大差異處。

關於《易經》的發展，已如本書〈康節篇〉所說，自漢到魏，演變成兩派，一重象數、災異的詮釋，即象數的推演，以前漢京房之《京氏易》為代表；一重義理的分疏，即義理的推演，以曹魏王弼為代表。這兩派性質全然不同的《易學》，兩千餘年來，一直傳承到今天。近人研究《易經》者，愛以部份現代科學知識，摻入其間，大量附會，任意闡釋，竟認為《易傳》言陰陽二氣，含有萊布尼茲發明的二進位的數學原理，實為現代尖端科技電子計算機之濫觴。果真如此，確實擺脫了傳統象數派的束縛，把神秘的《易經》躋入科學領域矣。至於深入哲學研究者，遙承宋明儒的理學傳統，視《周易》為先聖之薪傳，神聖不可侵犯，並以認識有限之理學來闡釋《易傳》，是為義理派之發展；不過，把理學思想與《易傳》又混為一談，不免重蹈宋儒的窠臼，為識者所不取。

㈡與邵康節的比較

現在回頭來說橫渠的宇宙觀與邵康節的比較。康節思想是遙承前漢京房、焦延壽的象數派而來，其鉅著《皇極經世》一書，即由象數推演而成。故就這方面說，橫渠的宇宙觀與濂溪較接近，與康節的重象數推演迥然不同。但是，我們千萬不可忽略，康節說的「先天之學，心學也」這句關鍵語。他仍然是以此形上光明本體為其思想之核心。他接著又說：

「（先天之學，心學也。）圖皆從中起。」是知他就此形上本體作象數的推演，其推演部份，固然與橫渠不同，與濂溪亦大異其趣。但是，如就其所根據本體推演之本體言，橫渠與濂溪、康節截然不同；反而，濂溪、康節在這一面，完全一致，絕無差別。如改就義理推演的立場看，橫渠與濂溪又接近了。

㈢橫渠宇宙觀的思想背景

已如前說，張橫渠是極端排斥佛老思想的。佛家的形上學言「空」，道家老子的形上學言「無」，橫渠則一律排斥到底，反對空、無思想，卻牢守《易傳》作者創立的「一陰一陽之謂道」的陰陽觀念，作爲他思想的主軸，以爲可以脫胎換骨，搖身一變，而創出理學中「實有」的宇宙觀。那知橫渠因受苦思力索的方法的限制，對佛老的空、無思想，了解的程度極爲有限，其所建構的宇宙觀，如說：「太虛無形，氣之本體。」是大有問題的。如前邊的剖析，只是「虛理」，而非「實理」，也許與《易傳》思想較爲接近，卻與濂溪、康節比較對觀，就理境層次言，不但差距極大，甚至無從比擬。我們必須了解，張橫渠是在反對佛老思想的背景下，才完成他的宇宙觀的思想架構的。這一思想背景，對橫渠思想的形成來說，是極爲不利的。不僅排斥佛老思想無功，反而由本體的「實理」，一變而爲「虛理」，以致造成他思想上的一大缺失。

㈣價值的評估

橫渠的宇宙觀要能成立，在理論上，必須作大幅度的修正。即「太虛無形，氣之本體。」這一關鍵語，要重新詮釋。太虛喻本體，無形是狀詞。即無形無象，猶如太虛一般的東西，就是陰陽二氣之本體。如此詮釋，本體概念，就落實了，就是實理，而非虛理，與濂溪的「太極」，康節的「先天」，明道、伊川的「天理」，意涵完全一樣，只是名稱不同罷了。這陰陽二氣的聚散作用，全由本體所主導，於是陰陽二氣與本體就密切關連。這麼一來，本體與二氣的關係是母子關係，是名符其實的「理氣論」，與此後程朱派的理氣論極爲接近。

經如此修正後，仍然以此形上本體作理論上的種種推演解釋，未必符合宇宙形成的事實，也經不起科學的考驗，與濂溪、康節、程朱一般；然而，他所依據本體推演之本體，確實可以由證驗工夫證實其存在。就這方面來說，又合乎科學的。如若不然，依照橫渠的觀點構築的宇宙觀，只能算是理學中濂溪一脈下來義理推演的旁枝，其太虛、太和云云，不過橫渠的臆說而已。其價值如何？我們只好存疑。

五、萬物一體的人生哲學

橫渠根據「太虛無形，氣之本體」的本體思想，遂開出「萬物一體」的人生哲學，此可以〈西銘〉作代表。因橫渠嘗銘其書室之兩牖，東曰〈砭愚〉，西曰〈訂頑〉。程伊川說：「是起爭端，不若曰〈東銘〉、〈西銘〉。〈二銘〉雖同作於一時，而〈西銘〉旨意更純粹廣大。」程明道也說：「〈訂頑〉（〈西銘〉）之言，極純無雜，秦漢以來，學者所未到，意即完備，乃仁之體也。」又說：「〈訂頑〉（〈西銘〉）立心，便可達天德。」朱子亦說：「程門專以《西銘》開示學者。」他們對〈西銘〉的評價很高，明道更是推崇備至，和他的〈識仁篇〉等量齊觀，故有「仁之體」、「立心」及「達天德」種種讚詞。

(一)《西銘》原文

「乾稱父，坤稱母（按：橫渠思想，由《易傳．乾坤二卦及文言》而來。）予茲藐焉，乃渾然中處。故天地之塞，吾其體；天地之帥，吾其性（按：橫渠又以《孟子》養浩然之氣的觀念，作爲其本體與心性的內涵，與《正蒙》說：「太虛無形，氣之本體」的觀點，頗不一致。）民吾同胞，物吾與也。大君者，吾父母宗子，其大臣、宗子之家相也。尊高年，所以長其長，慈孤弱，所以幼其幼。聖合其德，賢其秀也。凡天下疲癃殘疾、惸獨鰥寡，皆吾兄弟之顛連而無告者也。於時保之，子之翼也。樂且不憂，純乎孝者也。違曰悖德，害仁曰賊。濟惡者不才。其踐、唯肖者也。知化，則善述其事。窮神，則善繼其志。（按：以橫渠苦心力索的工夫，要如《易傳》「知化、窮神」《中庸》「繼志述事」，難矣。）不愧屋漏爲無忝，存心養性爲匪懈。惡旨酒，崇伯子之顧養。育英才，潁封人之錫類。不弛勞而底豫，舜其功也。無所逃而待烹，申生其恭也。體其受而全歸者，參乎！勇於從而順令者，伯奇也。富貴福澤，將厚吾之生也。貧賤憂戚，庸玉女於成也。存吾順事，沒吾寧也。」

㈡「理一分殊」哲理之剖析

張橫渠有名的哲學理論，叫做「理一分殊」，而〈西銘〉正是這項哲學理論的最佳說明。故程明道說：「〈西銘〉明『理一分殊』」，確具卓識。我們如仔細省察，這項哲理卻蘊涵各個層境之意義，特述如次。

(1)以「萬物一體」的理念爲核心

已如本書〈明道篇〉所說，明道〈識仁篇〉云「仁者，渾然與物同體」一語，其哲理即根據《莊子·齊物論》「萬物一體」的理論而來。明道所以如此讚賞橫渠的〈西銘〉，因爲他們之間難免不無「相視而笑，莫逆於心」的默契。他們對莊子這項哲理的默契，細剖之，又有顯著之不同，明道是以湛深的「主敬」工夫，不僅識到，而且行到，亦即在工夫證驗中親自見得莊子之「道」——這個形而上的靈光四射的本體，的確是普遍呈現於萬物中，故明道才說出「仁者，渾然與物同體」的話來。橫渠就不同了。橫渠以他苦心力索的工夫，作最高的估計，不過識到而已。果真如此，那橫渠的本體思想，又立刻顯出矛盾來。爲什麼？已如前述，「太虛無形，氣之本體」，關鍵的問題，還是出在對本體的認識上。橫渠的本體思想與莊子萬物一體論，是不相容的。因橫渠認定陰陽二氣之凝聚如太虛一般，這就是氣之本體；由此本體之發散作用，又成陰陽二氣。這只是他個人的臆說，就理學觀點言，很難成立。縱然前述高景逸以體用關係來疏解，亦極爲牽強，試問「體」在哪裡？這就造成橫渠核心思想的致命傷。莊子的萬物一體論，在莊子的基本工夫支撐下，是可以驗證的，有其真理的存在，橫渠的臆說，怎能比擬呢？必須如作者的修正，那橫渠的本體思想就與莊子哲理吻合了。惜乎橫渠見不及此，才造成他思想上的嚴重缺失。而他的人生哲學——〈西銘〉的核心思想，又必須從他的太虛本體推演出來。由於上述的嚴重缺失，就直接影響到他的人生哲學。我不妨在此强調：張橫渠的〈西銘〉思想，必須要在莊子萬物一體論的强力支撐之下，才有其學術貢獻與思想價值。

⑵「理一分殊」的最高層境

按「理一分殊」一語，即伊川的「一物之理，即萬物之理」的變相說法。其思想來源，總脫離不了華嚴「事事圓融無礙法界觀」——「一多相涵」或「一即一切，一切即一」的哲理，不過，理學家把它汲取過來，名稱上加以變化而已。其最高層境，可以明代中葉程朱派理學家羅整菴（欽順）的證知經驗作代表。羅整菴又稱爲「一本萬殊」或「萬殊一本」。據他自己說：他花了二十年的證驗工夫，才能徹底明白理一分殊的奧義。這在程朱派理學家中是極爲罕見的。羅氏《困知記》云：

「此理（按：與本體或理法界之理，意旨無殊。）之在心目間（按：即光明本體呈現於目前之意。）由本而之末，萬象紛紜而不亂。（按：本，指羅氏在證驗工夫中所呈露之本體言。

此爲理學思想之根荄，故謂之本。末，則指圍繞羅氏之種種事物或現象言，與本相對，故謂之末。從本體中把紛紜之現象一一顯現出來，故如是云。伊川所謂：「沖穆無朕，萬象森然已具」，即是此意。）由末而歸本，一眞湛寂而無餘。（按：當紛紜之現象從本體中一旦消失後，仍然回復到本體之湛然靜寂狀態，別無餘事也。特用一「眞」字，意謂本體眞實無妄，不隨外在事物之流轉、變化，而喪失其存在。）惟其無餘，是以至約。乃知聖經（指《尚書·大禹謨篇》所謂『道心惟微』者，其本體誠如是也。）

羅氏又云：

「此理之在天下，由一而之萬，初非安排之力，會萬而歸一，豈容牽合之私？是故察之於身，宜莫先於性情；即有見焉，推之於物而不通，非至理也。察之於物，固無分於鳥獸草木；即有見焉，反之於心而不合，非至理也。必灼有見乎一致之妙，了無彼此之殊；而其分之殊者，自森然其不亂，斯爲格致之極功。」

羅整菴這一大段妙文，把華嚴哲理已全部透顯出來。前一段「此理之在心目間」云云，其意涵已如各節按語所疏釋。羅氏講的是什麽？即華嚴「事理圓融無礙法界觀」的哲理，也是禪宗「涵蓋乾坤」的境界。後一段妙文，在說明他的功力已達致華嚴哲學的極峰境界。如云

「此理之在天下（應說在宇宙萬物），由一之萬，會萬歸一」，即伊川「一物之理，即萬物之理」之意。反過來說，也就是萬物之理，亦即一物之理。通過禪宗「破三關」的工夫後，便可達到這一玄妙境界。佛門高僧能如此，理學家如羅整菴者，亦能如此。這不僅是中國佛學的巔峰，也是理學的極詣。至於所謂「初非安排之力」云云，也就是陳白沙所說的「工夫自然，本體自然」之意。其下文「察之於身」，「察之於物」一段話，無非是說，由羅氏自身顯出來的本體（即此理），如與外在事物隔絕不通，絕非理境之極致。反過來說，如考察外在事事物物，甚至如鳥獸草木之類的東西，其本體（即此理）如與羅氏自己心性中之本體鑿枘不容，亦非理境之極致。必須要達到內外合一之境，即羅氏心性中顯出之本體，與外在事事物物之本體，無貳無別；而外在紛紜雜多之事物之表象，仍舊森然羅列而不失其自然之規律者，才是理境之極致。難道這不是華嚴「事事圓融」——「一多相涵」的最高境界麼？「理一分殊」的哲理能臻此妙境，始爲程朱派所强調的格物致知的終極工夫。這項工夫的極詣，伊川、朱子，固難望其項背，橫渠更無論矣。

以上所說，是羅整菴從極度湛深的證驗工夫中，陳述「理一分殊」的哲理，亦即從本體世界中描繪他自己的親身體驗，並不是單講抽象的理論；同時，他把這項純理論性格的玄理，已變成具體的事實。於是華嚴哲學的「一多相涵」、「一即一切，一切即一」或「事事圓融」的終極境界，經羅氏二十年的工夫，得以證實。這是極度的「哲學智慧」，惜乎今人知道的不多，而前邊引述橫渠說的，「若謂萬象爲太虛中所見之物」（按：以橫渠的工夫和識見，不可能達到這一境界。）云云，如與羅整菴比較，可以看出橫渠瞭解華嚴哲學的深度，就遠不及整菴了。

(3)「理一分殊」的最低層境

有關「理一分殊」的最高層境，已釋之如上，現在，換個角度，來看它的最低層境（按宋明理學家汲取華嚴哲理，加以變化，應用於儒家治平事業，故有各個層境思想之出現與理境之形成。）又是如何呢？其最低層境，可以南宋理學家張南軒（名栻，張浚之子。）的了解作代表。

張南軒說：

「〈西銘〉謂：以『乾爲父，坤爲母』，有生之類，無不皆然，所謂理一也。而人物之生，血脈之屬，各親其親，各子其子，則其分亦安得而不殊哉？是則然矣。然即理一之中，乾則爲父，坤則爲母，民則爲同胞，物則吾與。若此之類，分固未嘗不具焉。龜山所謂『用未嘗離體』者，蓋有見於此也，似須更說破耳。」

南軒又說：

「人之有是身也，則易以私，私則失其正理矣。〈西銘〉之作，唯患夫私勝之流也，故推明理之一，以示『人理』則一，而其分，森然自不可易。惟識夫理一，乃見其分之殊；明其分殊，則所謂理之一者，斯固周流而無弊。此仁義之道，所以常相須也。學者存此意，涵詠體察，求仁之要也。」

（以上節錄《張南軒語錄》，見《宋元學案卷十八橫渠學案下・附錄》。）

上邊引述張南軒的話，清晰明白，不必疏釋。不過，還須補充說明的，南軒雖然就人生社會之「人理」關係，來闡釋理一分殊的哲理；但是，在它的背後，仍然隱含一本體思想作支柱，要使不然，試想：千差萬別之族群現象，如何能達到理一的境界？

(4)「理一分殊」的中間層境

橫渠「理一分殊」的中間層境，是以孔子仁的觀念作中心，上邊引述張南軒的話（如說：「人物之生，血脈之屬，各親其親，各子其子」云云，即是指孔子仁的觀念、孟子「親親仁民」的差等愛、及〈禮運大同章〉「不獨親其親，子其子」等儒家思想，來闡釋人群關係分殊意義的。）即已提到，現在，再看程門高弟楊龜山的說法。龜山云：

「〈西銘〉會古人用心要處爲文，正如杜順（按：杜順和尚，隋唐高僧，被尊爲華嚴宗始祖，著《法界觀門》及《妄盡還源觀》等，爲華嚴宗「法界觀」的創始者。）作《法界觀》樣。〈西銘〉，只是要學者求仁而已。」

此外，明末劉蕺山（名宗周，黃梨洲之師。）說得更透闢。如云：

「……凡以善承天心之仁愛，而死生兩無所憾焉，斯已矣。此之謂立命之學。至此，而君子眞能天地萬物爲一體矣。此求仁之極則也。」

（以上所引，均見《宋元學案卷十八橫渠學案下·附錄》。）

楊龜山以橫渠作〈西銘〉，用華嚴宗的始祖杜順和尚作《法界觀門》來比擬（按：華嚴宗第四祖澄觀，世稱清涼大師。曾把極爲繁瑣的「法界觀」理論，歸納爲「事法界」、「理法界」、「事理圓融無礙法界」及「事事圓融無礙法界」等四法界，詞簡意賅，華嚴的高深哲理，均可全部透顯出來。再配合禪宗工夫的證實，於是華嚴哲理，都能一一顯現於證道者的修證過程中，而禪宗「破三關」的重重悟境，也只有靠華嚴哲學來解析，才能洞知禪功之底蘊。由禪宗可以通華嚴，由華嚴可以明禪理，即以此故。這是中國佛學的終極境界（指「一多相涵」言），不僅禪門中人可以達此極詣，即理學家如羅整菴者，亦同樣可以達此極詣。

可見真理就是真理，放諸四海而皆準，又何必排斥拂老思想呢？）可見程門弟子對橫渠〈西銘〉重視之一斑。而龜山闡釋〈西銘〉，其目的在求仁，不能不說是龜山的一番創見。由此，再與明道〈釋仁篇〉比較對觀，反而覺得〈西銘〉更有系統得多了。無怪程門之重視，常以〈西銘〉開示學者。

至於劉蕺山之詮釋〈西銘〉，純就本體界立論。如說「善承天心之仁愛」云云，其中之「天心」觀念，雖由《易傳·復卦》「復其天地之心」一語而來，究其實際，仍是本體的代號，與明道說「仁者，渾然與物同體」意恉無殊。必須要達致羅整菴的詣境，才能說「死生兩無憾焉」，蕺山不免說得太早了。理學家的「立命之學」的真義，亦自此透顯出來。（按：學問工夫不達此境，怎能安身立命？安身，在求莊子逍遙自適之樂，亦即高度的孔顏之樂。立命，在求「真我」之永恒存在。物質生命之短暫，固不必說，即精神生命，因受時空限制，亦有時而窮，唯獨「真我」之慧命，才可永恒存在於時空中。到此，始爲「立命之學」之終極境界。而天地萬物早就貫通爲一體，孔子的「仁學」臻於此境，亦登峰造極。平情而論，如果沒有佛老思想的浸潤，先秦儒學能夠這麼深度化嗎？劉蕺山的衛道精神最爲强烈，如能洞知佛老思想的底奧及儒家思想形上學的不足，其對學術的態度可能就不一樣了。

以上云云，簡言之，即是由此可以樹立道德主體，「即體顯用」，遂普遍顯發出仁愛之心來，徹底克服了人群的自私，各爲其己的一大難題。再配合伊川「以公釋仁」的義趣，並加以普遍實踐，尤其居於領袖群倫者率先奉行，那天下爲公，世界大同的理念，才有徹底實見之可能。「理一分殊」的中間層境，作如此剖析後，其理境所以居於中間層次者，也就明白了。

橫渠「理一分殊」的義蘊，經宋明理學家的先後發揮，復經作者區分爲最高、最低與中間三個層境來析述，似已暢發得淋漓盡致，義無餘蘊了。

六、修養方法的形上學依據

橫渠的修養方法，是「變化氣質」，這可能與他剛毅複雜的性格有關。而橫渠這樣的修養方法，實有其形上哲依據。變化氣質，成了今人的口頭禪，到底如何變化呢？這就有它哲理的依據了。橫渠常言「天地之性」與「氣質之性」，究其思想來源，實本於《禮記》中〈樂記篇〉的思想。〈樂記篇〉說：「……形而後有氣質之性，善反之，則天地之性存焉。」〈樂記篇〉所謂「氣質之性」與「天地之性」，究竟是何意義？我們不去管它。現在單就理學家，尤其是張橫渠來說，所謂「天地之性」，在橫渠思想中，實無異「太虛本體」

的代號。只要能把駁雜不純的氣質之性，加上主敬的修養工夫，期以證得本體之湛然常明，既能潛存於吾人之心性中，又能時時呈現於目前者。他人不知，惟己獨知，這就「超凡入聖」，徹底變化氣質了。就一般理學家的修養工夫說，應如此：橫渠卻有些例外，理由詳下文。

已如前說，橫渠言「太虛無形，氣之本體」，在形上學的依據上，有其思想上的難點，甚至衝突和矛盾以及認識上的錯誤，必須修正其本體思想，即以此形上光明本體作「太虛無形，氣之本體」之具體內涵，並加以主敬工夫的證驗，確知其靈光四射的本體如是如是，那橫渠所言「天地之性」，就有著落了。必如此，其修養方法，才有堅强的、可實證的形上哲學依據。

我們如把橫渠與伊川這方面比較對觀，橫渠就遜於伊川遠矣。伊川言：「涵養須用敬，進學則在致知」，在方法上，修道與治學作了明確的畫分。也就是說證驗本體、涵養本源，必須要用主敬的工夫。至於知識的攝取與擴充，又須用致知格物的工夫。前者是指內聖學的修養，後者則是外王學的陶鑄。兩套工夫、兩種方法，截然不同，目的各異。這是伊川在修道與治學兩種不同的工夫或方法上，對宋明理學的一大貢獻。以後程朱派理學家，莫不奉爲圭臬，即對近代中國教育及一般知識份子，亦不無深遠影響。

在這一面，橫渠卻大大不然。已如前說，橫渠思想形成的方法，主要用的是苦心力索的思考方法，主敬工夫，僅居於次要位置，外在行爲規範，全靠禮制的約束。如進一層追問：橫渠先生爲何要如此呢？我想：他的回答是，主要在「變化氣質」。要變化氣質，絕對沒錯；然而，單憑這些方法，就能變化氣質嗎？陸象山有句名言：「識到不如行到」；行到，固然可貴，識到，亦是基本要求。而橫渠連識到的工夫，似嫌不足（指對形上光明本體的認識言）於是，在方法上，似乎亦本末倒置，單憑苦心力索的思考，就能認識這個「道」、這個「本體」嗎？由於橫渠對佛老思想的認識有限，回過頭來，卻反對佛老思想，標立「太虛無形，氣之本體」——本體一面的新說，才造成進退維谷，「兩頭都不著實」（陸山評朱子語）的困境。橫渠並不自知，我們今天看來，是他思想上無可彌補的嚴重缺失。就伊川的標準來看，修道與治學，總覺混淆不清，這不能不說是橫渠在方法或工夫上，又一重大缺失。我們今天就學術立場言，不必爲賢者諱，這兩方面的重大缺失，是必須指出來的。

七、橫渠內聖外王學的價值及其缺失

黃百家於《橫渠學案上·橫渠傳》後案語有云：「……其精思力踐，毅然以聖人之詣爲必可至，三代之治爲必可復。嘗語人云：『爲天地立心。爲生民立命。爲往聖繼絕學。爲萬世開太平。』自任之重如此，始不輕與人言學。」橫渠的〈四句教〉（作者常仿王陽明的〈四句教〉，特立此名，便於稱謂言說。）最爲現代國人所稱道。其志抱之宏偉，在理學家中要算第一人。

㈠內聖外王學的價值

我們評估橫渠內聖外王學的價值，即以他的〈四句教〉爲基準。橫渠志抱宏偉、氣吞河嶽，在先秦諸子中，即孔孟視之，或亦不免遜色。故關學勃興，得與洛學爭光；但「其彊心臆度處，亦頗有後學所難安者」。是知關學的缺失，黃百家早就看出來了。橫渠的「彊心臆度」與朱子考評「苦心力索」，可謂同一義趣。橫渠的〈四句教〉「爲天地立心」云云，不易索解，即以此故。現在作者就理學的核心思想——形上光明本體來剖析，應該是這樣的。

⑴爲天地立心

先說「爲天地立心」的意義。《易經·復卦》云：「復其天地之心乎？」橫渠「爲天地立心」之說，本此。試問：天地有何心？還不是藉吾人之心來印證嗎？南宋理學家陸象山早有「心本體」或「本體心」的開示，由此，即可破解天地之心的秘密。因這顆本體心潛藏於吾人之內心深處，只須加以證驗工夫，讓它顯現出來，就是作者常說的，這個形而上的靈光四射的本體。究其量之極限，可與宇宙（天地）同其大，故象山有「宇宙即是吾心，吾心便是宇宙。」之說，更使理學光芒萬丈。因此心體與宇宙同其大，故稱為「天地之心」（按《易傳》本義，未必如此。）或「宇宙心」，又簡稱為「天心」。而橫渠「為天地立心」一語，就理學之核心概念言，應如是理解，亦應作如是詮釋，才不背離理學正統。

⑵為生民立命

其次釋「為生民立命」。其中命字意義，亦不易索解。直到今天科技控制一切的時代，命字在國人心目中仍占極重要位置。茲按命字含有三義：一是性命之命，二是生命之命，三是境遇之命，還有義命之說，已是第四義了。但以性命一義為主軸，其他三義皆可概括於其中。中國哲學思想，如謂從性命觀念出發，亦未嘗不可。性命觀念，在孔孟思想中，早就生根萌芽，如孔子言性、言命、言天命，孟子則言知命、盡性，都是就性與命分開來說。而連詞為用，言性命者，似始於漢代，如諸葛亮說：「苟全性命於亂世」，即其顯例。但蘊含甚深哲理，則自《易傳》始。《易傳》說：「君子窮理、盡性、以至於命」一語，最為伊川所重視，亦即性命觀念蘊含哲理之根源。所謂「窮理」，適如黃梨洲所說「向內覓理」，而非「向外覓理」，因下文有「盡性」一詞，就限制了覓理的範圍。何謂向內覓理？以現代語釋之，就是向吾人內心中覓取真理。試問：吾人內心中有什麼真理存在呢？陸象山說得好：「此理充塞宇宙」，這就是吾人內心中所潛藏的真理。在認識上，有此理解後，就好說下邊如何「盡性」了。

按性字意義，應如〈中庸篇〉所說「天命之謂性」之性字義解析。依照理學家的觀點言，上天付與吾人「靈昭不寐」（王陽明語）之本體，就叫做性。這是吾人善良本性之泉源。孟子性善論，如能說到這裡，便有顛撲不破的真理。禪宗所以要「明心見性」，亦是根據此一思想泉源而來。透過證驗工夫，盡量發揮吾人之善良本性，亦即使此靈昭不寐之本體時時呈現於目前者，叫做「盡性」，那又如何「至於命」呢？按此命字有命定義，但非宿命之意，而是有最大極限的意思。因此靈昭不寐之本體（即光明本體之意。因有靈知智慧，故謂之靈。又因常惺惺不寐，光明時時呈現於目前，故如是云。）最後達到「工夫自然，本體自然」（陳白沙語）的妙境，為理學造詣的顛峰狀態，亦達致最大的極限，應是「至於命」的詮釋。

故「窮理、盡性、以至於命」一語，已把理學家的工夫境界畫分成三個階段，其中蘊含深玄的哲理，亦可由此透顯出來。所以為伊川及其他理學家所重視，也就不無因由了。而《易傳》本義是否如此？那是思想考證的問題，此處暫不涉及。

至於生命之命，其理易明，不必細說。如果沒有物質生命的存在，前邊說的性命之命，即無所依托，亦無從證實。當然，物質生命的存在，又是絕對重要的。而境遇之命，爲世俗一般人常說的「命好」、「命苦」，即指其境遇言。在世俗觀念中，還含有濃厚的宿命的意義。唯此宿命的命定義，是可以改造的，故明代史學家袁了凡有「造命」之說，不啻給予世人莫大的激勵和鼓舞，就不必聽天由命，凡事認命了。由消極的心態轉化爲積極的動力，是值得大事倡導、大力宏揚的，可掙脫傳統觀念的束縛，爲個人及群體開創光明前途。最後說義命之命的意義。按義命之命，是根據《孟子》「捨生取義」一語而來。孔子言「殺身成仁」，孟子言「捨生取義」，都是爲了處特殊情況下設立的生命價值的取捨標準。如文天祥處在無可奈何的境遇之命的限制下，只好去實踐、去完成他的義命了。當然，這是極爲罕見的特殊事例，是不能要求一般社會大衆去實踐的。

現在把命字各個意義總括起來說，盡力發揮吾人善良本性，透過工夫的證驗，時時呈露，並企求達致其極限，如橫渠所謂「清虛一大」之本體世界者，謂之盡性至命。而這項工夫之實踐，端賴個體生命之存在，故生命意義自然渾括於其中。又工夫臻於自然化境的地步，不論外在境遇如何？都能逍遙自適，「無入而不自得」，這就包涵境遇之命了。而社會大衆生活環境之改造，亦在境遇之命之意涵中。如受特殊情況之限制，處無可奈何之境遇，又可以義制命，不爲環境所屈服，以實踐義命之命。而橫渠「爲生民立命」一語，似應概括命字的全部義蘊，才能竟其「立命」之全功。

(3)爲往聖繼絕學

在理學家中最自負的，莫過於張橫渠，除了「爲天地立心」，「爲生民立命」外，還要「爲往聖繼絕學，爲萬世開太平」。其志氣之高昂，氣魄之雄偉，雖孔孟視之，亦望塵莫及。現在，我們要追問：究竟什麼是往聖的絕學？這個問題必須解答後，那橫渠的意思，也就明白了。

先秦儒家思想，孔子重「仁」，孟子重「義」，故有「殺身成仁」、「捨生取義」，這樣超高的道德標準的確立。荀子重「禮」，其門弟子韓非、李斯，一變而爲法家，韓非集法家思想之大成，李斯輔佐秦始皇統一六國，是爲法家治國。其法治思想影響中國政治之鉅大，爲荀子始料所不及。而漢初黃老之治，骨子裡仍是法治思想，如廷尉張釋之執法之嚴峻，最具代表性。及到漢武帝時代，採納董仲舒的建議，以儒家思想治國，史稱「罷除百家，表彰六經。」即是此一意義。近人有謂漢武帝治國，是「儒表法裏」，不錯，這在當時乃情勢使然。正值强盛的漢武帝時代，偌大的中國，如果没有嚴格的法制規範，單憑儒家的禮樂制度能治理這個龐大的中國嗎？所以漢武帝採用「儒表法裏」的政策，是無可厚非的。

就當時政治需要講，董仲舒過於儒家化了，難以滿足這位雄才大略君主的霸圖，故董仲舒被排除權力核心外，又爲勢所必然。但董仲舒就孟子言「四端」擴充爲「仁義禮智信」的五常，對後代的影響亦不小。魏晉南北朝重玄學，隋唐重佛學，儒家思想，湮沒不彰，及到宋代，理學興趣，孔孟思想抬頭，於是儒學即成爲君主治國的指導方針。試問：當時君主爲什麼這樣重視儒學？這就與橫渠所謂的「絶學」有密切關連了。

平情而論，在儒家孔孟思想中，是没有宋儒所謂「絶學」的。宋儒汲取佛老的形上哲學，即作者常説的，這個形而上的靈光四射的本體思想，來建構或發揚儒家的形上哲學，適如橫渠所説「清虛一大」的本體，就孔孟以來的儒學看，實在没有這個東西，故針對宋儒之發現言，似可稱爲「絶學」。伊川讚美明道「發千五百年不傳之學於遺經」，亦指的這個東西。除此之外，就没有什麼絶學了。縱然作者不甚贊同宋儒的觀點，但在儒家、尤其孟子思想中，有些成分確與佛老思想接近，如陸象山「讀《孟子》而自得之於心」，可通禪學爲一有力例證。又如王陽明晚年嘗以《孟子》「必有事焉」教人，與禪宗的參悟禪機、明心見性，並無太大差別。故近人評云：「程朱近華嚴，陸王類禪宗」，一點不錯。這説明由《孟子》可通禪學之顯例，頗堪吾人矚目。而宋儒諱言由汲取佛老思想來宏揚儒學，不能説没有充分理由。在絶學大事宏揚之下，當時的君主不得不向儒學低頭。而橫渠以「爲往聖繼絶學」自任，亦有其時代背景使然，這是我們須要了解的。

(4)爲萬世開太平

橫渠之志抱，偉矣！曠絕古今，或無來者。試問：如何才能「爲萬世開太平」呢？細思之，問題可多了。孔子的抱負，也不過「如有用我者，吾其爲東周乎！」只要能夠維持東周衰世的政局，也就很滿意了。孟子的抱負是「王天下」，即統一中國的構想，惜乎與時代思想脫節，其政治主張不爲時君所接納。（按：齊宣王爲齊威王之子，似是一位年輕有爲的君主，惜乎孟子姿態擺得太高，也就錯過了用世的機會。）儒者之中，除孔孟而外，也只有張橫渠爲「萬世開太平」的宏偉志抱可數了。

要爲萬世開太平，談何容易？夏、商、周三代，盛世之日並不長，橫渠要效法三代之治，就能開出萬世太平基業嗎？這一面，橫渠深受孟子的影響，才有這樣的想法。孟子對齊宣王講：「文王一怒而安天下之民」，是違背西周開國史實的。橫渠如把《史記·周本紀》仔細讀讀，即可證實孟子此言不無誇大之嫌。橫渠愛深思力索，卻以孔孟爲極則，而篤於信古，才會產生這種偉大崇高卻又過份背離史實的想法。

在這方面，深具卓識高見的，一是司馬遷「通古今之變」的觀點，一是東漢仲長統提出長治久安的問題。前者說明古今制度的變遷，而不可拘泥因循於古制，後者卻爲中國歷史的演變發展，提出一個重大問題來。仲長統認爲漢興六百年以來，治世之日少，亂世之日多，歷史不斷向前推進，總是治亂相循，於是仲長統即提出歷史長治久安的問題來。以後儒家學者的論點，始終脫離不了人治與法治的糾纏，而政治現實又打不開歷史的死結，故長治久安的歷史問題，至今仍未獲得合理的解決。八九百年前的橫渠先生要想「爲萬世開太平」，難矣！

橫渠的《四句教》，已申釋如上，不妨視爲橫渠的內聖外王之學，儘管我們有不少微詞，但在中國文化思想裡，仍具有重大價值。它對後代中國學人的鼓舞和激勵，實在太大了。

㈡內聖外王學之缺失

一、橫渠內聖學之缺失

在北宋五子中，張橫渠，的確是很特殊的一位理學家，非但與濂溪、康節、明道、伊川不同，即與此後程朱、陸王兩派理學家，均大異其趣。已如前說，橫渠在思想方法上，是靠苦心力索的工夫，也就是專重思考的方法，與其他理學家用主靜或主敬的證驗工夫，是全然不同的。因此，對理學中的形光上光明本體的認識與描述，亦有極大的差別。於是鑄成橫渠思想似乎別具一格。如就正統理學觀點言，美其名為別具一格，實際上，是大有偏差，甚至是錯誤的。試問：錯誤在那裡？即在此形上光明本體的認識上。如云：「太虛無形，氣之本體。」這句關鍵語，僅就表面觀察，是很正確的；然而省察其下文，問題就來了。橫渠認為陰二氣凝成太虛一般，這就是「氣之本體」；由此本體之發散，遂成陰陽二氣。實際上，本體也，陰陽二氣也，都是一個東西。而此靈光四射的本體，橫渠並未「見」（按：此見字指慧眼或智慧之光言，並非認識心可比。）到，故強為其說。因犯此基本錯誤，於是詮釋心、性、情，甚至理學所以稱為「道學」之「道」，不免一連串都發生了問題。這些，不僅是橫渠思想的難點，而且更造成他思想上無可彌補的缺失。其說如前，茲不贅敘。

本體思想為內聖學之核心。橫渠對此核心思想之認識，已模糊不清，更奢言「太虛中所見之物」及「清虛一大」之本體云云，似乎都是想當然爾。橫渠在內聖學方面，何以會鑄成如此嚴重缺失？是苦思力索的方法把他限制了。如果他和二程一樣，走主敬的證驗工夫路線，我敢斷言，橫渠學，就不是今天的面貌。

2. 橫渠外王學之缺失

至於外王學方面，橫渠思想亦問題多多。已如前說，他「為萬世開太平」一語，近乎放言高論的一句空話，欠缺具體內容。橫渠要效法夏、商、周三代之治，尤其重視《周禮》

（按《周禮》爲僞書，黃百家在案語早已指出。）及周代「井田制」。這一泥古思想的形成，可能由於少年時代深受范仲淹的責難：「儒者自有名教可樂，何事於兵？」的影響。殊不知范仲淹的老師戚同文在睢陽（今河南省商丘縣）講學，際五代之亂世，固屬難得；但與隋末王通講學於河汾，就有天淵之別。王通爲唐代開國作育不少傑出人才，而戚同文的門下，只出了一個范仲淹。戚同文在當時只能算是一位儒者，而非「通儒」或「通人」。其所講之學，恐非「通人之學」。在先秦儒家孔、孟、荀三位大師中，除孟子極富於理想主義！反對「堅甲利兵」外，孔子何嘗不重兵事？如《論語》云：「子之所慎，災、戰、疾。」又云：「足食足兵，民信之矣。」荀子更有《議兵篇》的創作。以後歷代通儒未有不重兵事者。尤其理學中的陸象山與王陽明，以兵事最爲擅長，是范仲淹想像不到的。

張橫渠深受范仲淹的影響，由原來意欲馳騁疆埸、豪邁不羈的個性，一變而爲拘泥板滯、樂於名教的儒家學者，對他泥古思想，不無密切關聯。再則，橫渠似不重視歷史的演變及古今變通的法則，認爲恢復周代的「井田制」，即可解決貧富不均的問題。殊不知這一想法過於天真。假如橫渠執政，井田制行得通嗎？王安石變法，成敗姑且不論，其變法的動機與構想，較諸橫渠，又進步得多了。起碼王安石能面對北方强敵壓境，實行富國强兵的政策，橫渠則反對安石變法，是太不識時務了。

故知橫渠在外王學方面，過於泥古而不能創新，是他唯一的缺失。至於他的《四句教》中「爲萬世開太平」一語，最有氣魄，亦最富於創新精神，惜乎內容空洞，即使配合他要效法的三代之治及恢復周代「井田制」的構想，亦不切合實際。這就是理學家的迂腐處，又不止橫渠一人而已。

八、結論

綜合以上各節所說，可作結論如次。

㈠橫渠思想性格極爲特殊

在宋明諸儒中，張橫渠可算最特殊的一位。其思想，全憑苦心力索得來，其方法，甚似近人所標榜的邏輯推理，專重思考而缺證驗工夫。其精神面貌，既不像程朱，亦不類陸王，故其思想真面目亦最難探索。因專重思考的、近乎邏輯推理的思想方法，與程朱、陸王注重「主敬」的證驗工夫，是大相徑庭、很不一致的。因此，才鑄成橫渠思想的性格最爲特殊，亦最難瞭解。如果沒有「關中大儒」李二曲思想作橋樑，我們今天要想窺探橫渠思想的底奧，幾乎無從著手，困難重重。因爲他講有些高妙玄遠的話，單就表象觀察，很像伊川，甚至其他理學家，但究其實際，又不盡然。這就是探討橫渠思想的難處。

就以作者來說吧！十多年前對橫渠思想的瞭解與今天寫書時，就很不一致。試問：關鍵處何在？最主要的，是對橫渠核心思想的認識問題。十多年前，我認爲「太虛無形，氣之本體」，非但是橫渠思想的核心，而且與其他理學家一樣，沒有什麼差別。殊不知當作者寫本書《橫渠篇》時，多番省察，細心考究，才發現過去對橫渠思想的認識，尚有一箭之隔，影響不真。這說明橫渠思想性格最爲特殊，亦最難理解之緣由。

㈡橫渠的本體思想是鑿空架構的

作者一向認爲橫渠的本體思想與濂溪、康節、明道、伊川一般無二，都是以這個形而上的靈明本體爲核心，絕無差別，只是命名不同，稱爲「太虛」，如此而已。如《正蒙·太和篇》開宗明義即說：「太虛無形，氣之本體。」單就文義省察，無形的「太虛」，豈不是陰陽二氣的本體嗎？同時，在理學中以「太虛」或「太空」來形容本體的，並不乏人。如清初李二曲界定本體有「虛明寂定」四大特性，特別標出：「虛若太空。明若秋月。寂若夜半。定若山嶽。」其中「虛若太空」四字，豈不是「太虛無形，氣之本體」的最佳註腳？因此，作者才作如是認定：無形的太虛，就是陰陽二氣的本體。及到最近寫本書〈橫渠篇〉時，再仔細省察〈太和篇〉全文，並參閱高景逸的疏釋文字，才發現過去的疎失，必須加以修正，才能透顯橫渠言本體的真實意義。

橫渠指陳的本體到底是個什麼東西？請看橫渠的解釋。他的意思是說：當陰陽二氣凝聚一團、無量無形、如太虛或太空般一樣，這就叫做本體。既經凝聚成本體之後，又可通過發散作用，於是由凝聚的本體又發散爲陰陽二氣。實際上，本體與陰陽二氣，完全異名同實，只因凝聚與發散的關係，才標出本體與氣的名稱來。這是橫渠爲本體界定的意義，也是他的本體思的基本內涵。

因橫渠反對佛老的「空」「無」思想，特別建構他認爲氣的聚散作用或「氣化」的屬於「實理」的本體思想，我們今天看來，是大有問題的。他的理論是不能證實的，不過臆說而已。因爲理學中的本體思想，其本體之自身——「這箇圓陀陀光爍爍的東西」（王學泰州派三傳弟子羅近溪語）透過主敬的工夫，是可以證實的，所以宋明理學有它顛撲不破的真理，就在這裡。程朱派的「理氣論」，其中的「理」字，即指「這箇圓陀陀光爍爍的東西」言，至於陰陽二氣如何產生？如何變化？只是就本體之自身加以推演解釋宇宙如何生成而已。如周濂溪之〈太極圖說〉，即其顯例。橫渠不察，單就其推演部份，認定即爲宇宙萬物之本體，實在由於橫渠認識上的偏差，甚至錯誤，才產生鑿空架構的本體思想，與濂溪、康節、明道、伊川，甚至此後程朱、陸王兩派都不相同。這是作者必須指出的，也是作者對橫渠本體思想經嚴格辨析後的新認識。

㈢橫渠言「清虛一大」諸妙義之詮釋

我們對橫渠言本體的意義確切了解後，那他又說「清虛一大」、「虛明照鑒」、「太虛中所見之物」及「心體萬物不而遺」等等玄虛妙義，都可迎刃而解。

按「清虛一大」，都是指本體的特性說的。「澄澈萬里」、「虛若太空」（李二曲語）、「渾淪之一」（禪宗術語）、「至大無外」（朱子釋〈中庸〉藉用名家術語），正是「清虛一大」四字的最佳詮釋。如描繪「這箇圓陀陀光爍爍的」本體特性，最爲恰當，亦最爲貼切。然而橫渠卻用來摩擬他所界定的本體之內涵，或不無張冠李戴之嫌。

「虛明照鑒」的意思是：虛明義，其說如前。照鑒二字，可釋爲「昭靈不昧」（朱子釋〈大學〉明德語）觀照十方，皆指本體的特性及其作用言。橫渠用來形容他所界定的本體，則近乎牽强。因爲他所認知的本體，是不會發生這些作用（即神通智慧之意）的。前面用虛明二字亦屬牽强。

「太虛中所見之物」云云，禪宗謂之「涵蓋乾坤」，華嚴叫做「事理圓融」，程伊川創一新詞，名爲「沖穆無朕，萬象森然已具」，明代羅整菴則說「萬象森然羅列於心目間」，都是通過湛深的證驗工夫後，才有這些妙契的。因從本體中可以印出林林總總的萬象來。橫渠所認定的本體，絶對不能顯出這種靈知智慧的作用。

「心體萬物而不遺」又是什麼意思呢？就陸王派的心學言，這個心字，就是本體的代號。體是顯現義。謂「心體萬物而不遺」，即是說宇宙萬象都可從本體中一一顯現出來，較「太虛中所見之物」，工夫又深得多了。所謂心也，理也，本體也，道也，都指謂的一個東西。橫渠故意神乎其說，謂之「大心」。殊不知其「大心」云云，與本體意義無殊，橫渠在認識上似隔一層，才發生這種認識不清的問題。

我們不妨進一層追問：橫渠爲何要如此立說呢？一個可能是想像之詞，又一可能則是汲取佛老思想的部份精華，另創術語，標立新名，爲恢宏其本體意識，强爲說詞而已。因爲從他界定本體的意涵及其專重思考的方法，是見不到這些東西的。

㈣橫渠〈四句教〉可視爲理學之總綱

縱然我們對橫渠的本體思想不少微詞，但在「北宋五子」中，其思想別具一格，誠不愧爲北宋第五位理學大師。其氣魄之雄渾，真可力敵萬鈞。孟子以後，一人而已。其探求真理精神，令人欽佩。而「志道精思」，「苦心力索」，更須臾不息。似此苦學工夫，在此前此後的哲人中，亦屬罕見。

橫渠的〈四句教〉，更把理學家內聖外王思想，全盤傾出，既可視爲理學的總綱，又可作爲後世哲人致力的標的。其教育意義，非比尋常。如把第一句「爲天地立心」，加以濃縮成「爲中國立心」（胡秋原先生語）；並緊扣當時國家處境和人民生活環境立論，那「爲生民立命」一語的意義，就更爲恢宏，更切實際。果能如此修正，又有如此自任的使命感，我想：張橫渠就不會反對王安石變法了。而橫渠既以效法孔孟爲極則，孔子主張恢復東周的秩序，孟子主張「王天下」——統一中國的構想，都是爲了救民於水火，緊扣春秋、戰國紛亂之世局說的。橫渠如憬悟至此，要古爲今用，其迂腐處，可一掃而空。不僅理學之總綱有著落，抑且依據儒家「時中」的原則，理學亦可應用於現代人生社會。

(五) 橫渠學對王船山的影響

六百年後的王船山與橫渠氣味極爲相投，曾作《正蒙註》。其反對佛老思想的意態與橫渠一般。他根據橫渠本體論的臆說，特創「道器論」，認爲他所研發的，才是「實理」，佛老所言的，只是「虛理」。殊不知船山把可實踐的理學，改頭換面，成爲徹底的思辯哲學。他所說的「道」，說的「理」，才是徹頭徹尾的「虛理」。由橫渠學一變而爲船山學，似成無用之學。不過，開出思辯哲學的路線，可與西方思想銜接，故船山學亦不無啓迪之功。

99・2・16於台北

蘭臺叢書簡訊

蘭臺考古論叢　18K

書名	作者	定價
初學錄	李均明	1800
胡平生簡牘文物論集	胡平生	1800
醫簡論集	張壽仁	1100
雙玉蘭堂文集(上)	何雙全	1800
雙玉蘭堂文集(下)	何雙全	1800
古俗新研	汪寧生	680

文史專著

書名	作者	開數	頁數	定價
簡牘學要義(精)	馬先醒	16k	250	900
簡牘論集(精)	馬先醒	25k	240	600
漢史文獻類目(精)	馬先醒	16k	368	900
中國古代城市論集(精)	馬先醒	16k	290	600
漢簡與漢代城市(精)	馬先醒	25k	399	600
天才王國維及其他	馬先醒	25k	374	320
居延漢簡新編(上)(精)	馬先醒	16k	445	1800
歷史人物與文物	馬先醒	18k		350
李斯相秦之研究	陳守亭	25k		300
大德南海傳	邱炫煜	25k	163	300
明帝國與南海諸番國考	邱炫煜	25k	404	300
嚴復評傳	郭良玉	25k	276	250
我的治學心路歷程	林繼平	25k	290	280
王學探微十講	林繼平	25k	270	320
宋學探微(上)	林繼平	25k	440	460
宋學探微(下)	林繼平	25k	402	420
中國上古史研究專刊	王仲孚	16k	163	680
臺灣宦遊文學研究	謝崇耀	25k	479	440

天文物理

書名	作者	開數	頁數	定價
物理學宇宙(上)	李太楓 鄭興武 蕭耐圓 黃崇源 譯	16k	478	560
物理學宇宙(下)		16k	503	520

其他出版品　25K

書名	作者	定價
代書DIY	周力生	200
勸忍百箴今釋今註	木魚居士註	200
杜鵑含苞早放花	吳自甦	270
戀戀鄉情	何元亨	150

簡牘期刊　16K

書名	頁數	定價
國際簡牘學會會刊第一號	280	900
國際簡牘學會會刊第二號	530	900
國際簡牘學會會刊第三號	678	2500
簡牘學報第一卷(一、二、三期合訂本)	324	1500
簡牘學報第二卷(四、六期合訂本)	314	1500
簡牘學報第三卷(第五期,勞貞一先生七秩榮慶論文集)	496	1800
簡牘學報第四卷(第七期)	464	1500
簡牘學報第五卷(第八期,張曉峰先生八秩榮慶論文集)	652	1800
簡牘學報第六卷(第九期,居延漢簡出土五十年專號)	445	1800
簡牘學報第七卷(第十期)	270	1800
簡牘學報第十一期	317	1500
簡牘學報第十二期(黎東方先生八秩榮慶論文集)	412	1800
簡牘學報第十三期	437	1500
簡牘學報第十四期	380	1800
簡牘學報第十五期	390	1500
簡牘學報第十六期(精)(勞貞一先生九秩榮慶論文集)	616	2500
簡牘學報第十六期(平)(勞貞一先生九秩榮慶論文集)	616	2300

國家圖書館出版品預行編目資料

宋學探微 / 林繼平 .—初版 .—臺北市:
蘭臺出版社 , 民 90
面 : 公分 .--
ISBN 957- 9154-52-X(上冊:平裝)
ISBN 957- 9154-53-8(下冊:平裝)

1.理學-中國-宋(90-1279)

125 90009026

宋學探微（上）

作　　者：林繼平
主　　編：賴傳文
美術編輯：黃翠涵
出 版 者：蘭臺出版社
行政院新聞局出版事業登記臺業字第六二六七號
地　　址：台北市中正區懷寧街七十四號四樓
電話(02)2331-0535　傳真(02)2382-6225
劃撥帳戶：蘭臺網路出版商務股份有限公司
帳號：18995335 號
總 經 銷：成信文化事業股份有限公司
地　　址：台北縣中和市橋和路 112 巷 10 號 2 樓
電　　話：(02)2249-6108
網路書店：WWW.5w.com.tw
E - Mail：service@mail.5w.com.tw
lt5w.lu@msa.hinet.net
印 刷 者：興海印刷有限公司・電話(02)2273-3643
出　　版：中華民國 91 年 3 月
定　　價：新臺幣 460 元
ISBN：957-9154-52-X